विशेष

हिंदी व्याकरण तथा रचना

7

(सातवीं कक्षा के विद्यार्थियों के लिए)

डॉ. अशोक बत्रा

एवं

आल्या

AMANDA
IMPRINT
(An Imprint of Laxmi Publications Pvt. Ltd.)
An ISO 9001:2008 Company

कोचीन • कोलकाता • गुवाहाटी • चेन्नई • जालंधर
बेंगलुरु • मुंबई • राँची • लखनऊ • हैदराबाद • नई दिल्ली
बोस्टन (यू.एस.ए.) • आकरा (घाना) • नैरोबी (केन्या)

विशेष हिंदी व्याकरण तथा रचना-7

भारत में मुद्रित और जिल्दबंद
टाइपसैट : एक्सिलेंट ग्राफिक्स, दिल्ली
नवीनतम संस्करण
ISBN 978-93-80644-35-6

भारत में प्रकाशित, द्वारा–

AMANDA IMPRINT
(An Imprint of Laxmi Publications Pvt. Ltd.)
An ISO 9001:2008 Company

113, गोल्डन हाउस, दरियागंज,
नई दिल्ली–110002, इंडिया
फोन : 91-11-4353 2500, 4353 2501
फैक्स : 91-11-2325 2572, 4353 2528
www.laxmipublications.com info@laxmipublications.com

शाखाएँ

कोचीन	0484-237 70 04,	405 13 03
कोलकाता	033-22 27 43 84	
गुवाहाटी	0361-254 36 69,	251 38 81
चेन्नई	044-24 34 47 26,	24 35 95 07
जालंधर	0181-222 12 72	
बेंगलुरु	080-26 75 69 30	
मुंबई	022-24 93 12 61	
राँची	0651-220 44 64	
लखनऊ	0522-220 99 16	
हैदराबाद	040-27 55 53 83,	27 55 53 93

C—12511/016/09
मुद्रक: M.P. Printer, Noida

'विशेष' के बारे में

हिंदी व्याकरण की यह **विशेष** पुस्तक आपको सौंपते हुए असीम हर्ष का अनुभव हो रहा है। यह पुस्तक केवल नाम से ही विशेष नहीं है, बल्कि अपनी अत्यंत रोचक शैली और स्पष्टता के कारण भी विशेष है। पुस्तक लिखते हुए हमारी आँखों के सामने हमेशा सातवीं कक्षा का एक सजग बच्चा बैठा रहा है। हमने इस पुस्तक का सृजन बड़े-बड़े विद्वानों के लिए नहीं किया है। इसलिए इस पुस्तक की भाषा बच्चों के अनुकूल अत्यंत सरल और सरस रखी है। उदाहरण चुनते हुए हमने सदा यह ध्यान रखा है कि बच्चे उसे रुचिपूर्वक पढ़ें।

बच्चों की रुचि आसपास के जीवन में होती है। दूरदर्शन, क्रिकेट और लोकप्रिय व्यक्तित्वों के सहारे व्याकरण जैसे जटिल विषय को रोचक बनाया गया है। पहले उदाहरण देकर बच्चों की रुचि जगाना और फिर सिद्धांत को समझाना—इस सुगम पथ को अपनाया गया है। हमारा दृढ़ विश्वास है कि सातवीं कक्षा के विद्यार्थियों को यह सरल पद्धति खूब भाएगी।

व्याकरण में निबंधों का विशेष महत्त्व होता है। ये निबंध संक्षिप्त, रोचक और प्रभावी होने चाहिए। आप देखेंगे कि **विशेष व्याकरण** के निबंध बहुत चुस्त, सजीव और प्रभावी हैं। लगभग हर निबंध में कोई-न-कोई सूक्ति या कविता की पंक्ति दी गई है। ये काव्य-पंक्तियाँ सातवीं कक्षा के बच्चों को बहुत आकर्षक लगेंगी। हर कविता में छंद बहुत छोटा रखा गया है। इससे बच्चे उसे कंठस्थ कर सकेंगे।

इस पुस्तक को छात्रोपयोगी और निर्दोष बनाने में **श्रीमती नीलम राय**, **श्रीमती यश गुप्ता** (दिल्ली पब्लिक स्कूल, सेक्टर-19, फरीदाबाद) एवं **श्री मनोज कुमार** (पुलिस मॉडर्न स्कूल, दादरी) सहित जिन-जिन महानुभावों, अध्यापकों और आलोचकों ने अपने अमूल्य सुझाव दिए हैं, उनके प्रति हम आभारी हैं।

विशेष रूप से आपके लिए लिखी गई यह पुस्तक आपको समर्पित !!

—लेखकगण

विषय-सूची

भाषा का अर्थ है– **बोलकर कहना**

मनुष्य के पास अपनी बात कहने के अनेक साधन हैं।

हाथ से इशारे करना

सीटी बजाना

झंडी दिखाना

चौक पर लाल बत्ती

दरवाजा खटखटाना

घंटी बजाना

ये साधन भी हमारी बात दूसरों तक पहुँचाते हैं। परंतु ये संकेतों से बात पहुँचाते हैं। इसलिए इन्हें भाषा नहीं कहा जा सकता। इन्हें हम संकेत-भाषा कह सकते हैं।

भाषा मुँह से बोलकर प्रकट होती है। बोलने में सुनना अपने-आप आ जाता है। यदि भाषा सुनी नहीं जाएगी तो बोलने वाला क्यों बोलेगा? अतः भाषा बोलने और सुनने का साधन है। यही भाषा का मूल रूप है।

सोनू! शाम को खेलने आ जाना।

भाषा लिखकर और पढ़कर भी प्रकट होती है।

इस प्रकार हम कह सकते हैं कि

बोलने-सुनने और लिखने-पढ़ने का वह साधन **भाषा** है जिसके सहारे हम मनुष्य विचारों का आदान-प्रदान करते हैं।

भाषा के दो रूप

मुझे अपने देश पर गर्व है।

मौखिक

लिखित

1. **मौखिक भाषा**–जो भाषा मुख से बोली जाती है, उसे **मौखिक** भाषा कहते हैं। इसे अनपढ़ भी जानते-समझते हैं।

2. **लिखित भाषा**–जो भाषा लिखकर प्रकट की जाती है, उसे **लिखित** भाषा कहते हैं। यह भाषा मौखिक भाषा की तुलना में अधिक शुद्ध और स्पष्ट होती है। इसे केवल शिक्षित लोग ही समझ सकते हैं।

भाषा के अनेक रूप

मातृभाषा–जिस भाषा में कोई शिशु पलता-बढ़ता है, उसे **मातृभाषा** कहते हैं। प्रायः माँ से ही शिशु बोलना सीखता है। अतः उसे मातृभाषा कहना सार्थक है। यदि हम चाहें तो उसे परिवार की या परिवेश की भाषा भी कह सकते हैं। भारत में अनेक भाषाएँ हैं तो मातृभाषाएँ भी अनेक हैं।

राष्ट्रभाषा–पूरा राष्ट्र जिस भाषा में बातचीत करता है, उसे **राष्ट्रभाषा** कहते हैं। भारतवासी जब एक प्रांत से दूसरे प्रांत में जाते हैं और भिन्न भाषा वाले भारतीय से बात करते हैं तो हिंदी बोलते हैं। इसलिए **हिंदी हमारी राष्ट्रभाषा** है। इसे संपर्क भाषा भी कह सकते हैं। यों बंगाली, तमिल, पंजाबी, गुजराती आदि 22 भाषाओं को संविधान में मान्यता प्राप्त है। ये सभी हमारी **राष्ट्रीय भाषाएँ** हैं।

राजभाषा–राजकाज की भाषा को **राजभाषा** कहते हैं। भारत की राजभाषा हिंदी है। हिमाचल, हरियाणा, उत्तर प्रदेश, उत्तरांचल, राजस्थान, मध्य प्रदेश, छत्तीसगढ़, बिहार, झारखंड और दिल्ली की राजभाषा भी हिंदी है।

बोली–किसी भाषा का आरंभिक रूप बोली होता है। बोलचाल के काम आने के कारण उसे **बोली** कहते हैं।

बोली और भाषा में अंतर

बोली और भाषा के अंतर को हम यों समझ सकते हैं–

बोली	भाषा
• यह मुख्यतया बोलचाल के काम आती है।	• यह बोलचाल के साथ-साथ प्रामाणिक लेखन के भी काम आती है।
• इसकी लिपि आवश्यक नहीं।	• इसकी एक लिपि अवश्य होती है।
• इसका व्याकरण सुनिश्चित नहीं होता।	• इसका सुनिश्चित व्याकरण होता है।
• इसमें प्रामाणिक साहित्य नहीं होता। जैसे–गढ़वाली, राजस्थानी या बुंदेली के प्रामाणिक ग्रंथ न के समान हैं।	• इसका प्रामाणिक साहित्य होता है। निराला, प्रसाद, प्रेमचंद, कबीर, तुलसी हिंदी के प्रामाणिक रचनाकार हैं।
• बोली भाषा का आरंभिक रूप है।	• भाषा बोली का विकसित, परिमार्जित और मानक रूप है।
• इसका क्षेत्र बहुत सीमित होता है। जैसे–हरियाणवी केवल हरियाणा तक सीमित है।	• इसका क्षेत्र विस्तृत होता है। जैसे–हिंदी भारत में ही नहीं, भारत के बाहर भी फैल रही है।
• इसे शिक्षा, प्रशासन, जनसंचार और संविधान में मान्यता प्राप्त नहीं होती।	• भाषा शिक्षा, प्रशासन, जनसंचार का साधन होने के साथ-साथ संविधान में भी मान्य होती है।

लिपि

मौखिक भाषा को जिन चिह्नों और अंकों द्वारा लिखा जाता है, उन्हें लिपि कहते हैं।

प्रत्येक भाषा की एक लिपि होती है। हिंदी की लिपि देवनागरी के नाम से जानी जाती है। इसे नागरी लिपि भी कहते हैं। हिंदी के अतिरिक्त *संस्कृत, डोगरी, नेपाली, बोडो, मराठी, कोंकणी* और *संथाली* भाषाएँ भी देवनागरी में लिखी जाती हैं।

अन्य भारतीय भाषाओं की लिपियों के नाम तथा रूप इस प्रकार हैं–

प्रमुख भारतीय भाषाएँ एवं उनकी लिपियाँ

भाषा	लिपि	उदाहरण
1. हिंदी	देवनागरी	हिंदी
2. सिंधी	देवनागरी/फ़ारसी	सिंधी/ سندھی
3. मराठी	देवनागरी	मराठी
4. कोंकणी	देवनागरी	कोंकणी
5. संस्कृत	देवनागरी	संस्कृत
6. नेपाली	देवनागरी	नेपाली
7. संथाली	देवनागरी/ओंल चिकी (Ol Chiki)	संथाली/ ᱥᱟᱱᱛᱟᱲᱤ
8. डोगरी	देवनागरी	डोगरी
9. बोडो	देवनागरी	बड़ो
10. मैथिली	देवनागरी	मैथिली
11. कश्मीरी	फ़ारसी	کشمیری
12. उर्दू	फ़ारसी	اردو
13. उड़िया	उड़िया	ଓଡ଼ିଆ
14. बांग्ला	बांग्ला	বাংলা
15. असमिया	असमिया	অসমীয়া
16. तमिल	तमिल ब्रह्मी	தமிழ்ப் பிராமி
17. तेलुगू	तेलुगू ब्रह्मी	తెలుగు బ్రాహ్మీ
18. मलयालम	Vatta thaulu	മലയാളം
19. कन्नड़	कन्नड़ ब्रह्मी	ಬ್ರಾಹ್ಮಿ
20. मणिपुरी	मणिपुरी	মনিপুরি
21. पंजाबी	गुरमुखी	ਪੰਜਾਬੀ
22. गुजराती	गुजराती	ગુજરાતી

विविध भाषाएँ

भारत में अनेक भाषाएँ बोली जाती हैं। संविधान में **22** भाषाओं को मान्यता दी गई है।

हिंदी भाषा भारत में सबसे अधिक बोली जाती है। यह हिमाचल प्रदेश, चंडीगढ़, हरियाणा, दिल्ली, उत्तरांचल, उत्तर प्रदेश, बिहार, झारखंड, मध्य प्रदेश, छत्तीसगढ़ और राजस्थान की **राजभाषा** है। भारत की राजभाषा भी हिंदी है। अन्य प्रांत भी हिंदी समझते हैं। भारतवासी जब अपना प्रांत छोड़कर किसी अन्य प्रांत में जाते हैं तो हिंदी बोलकर ही लोगों से बातचीत करते हैं। इसलिए इसे **राष्ट्रभाषा** भी कहा जाता है। उर्दू भी भारत के अनेक राज्यों में प्रचलित है।

भाषा नियमों से बँधी है। प्रत्येक वर्ण, शब्द, पद और वाक्य के अपने नियम हैं। इन नियमों का ज्ञान कराने वाला शास्त्र **व्याकरण** कहलाता है।

भाषा के नियमों का शास्त्र व्याकरण कहलाता है।

व्याकरण के चार अंग हैं–

1. **वर्ण–**वह छोटी-से-छोटी ध्वनि जिसके टुकड़े नहीं हो सकते, **वर्ण** कहलाती है। इसके अंतर्गत स्वर-व्यंजन के उच्चारण तथा लेखन पर विचार किया जाता है।

2. **शब्द–**वर्णों के मेल से बने अर्थवान और स्वतंत्र समूह को **शब्द** कहते हैं। इसमें संज्ञा-सर्वनाम, पर्यायवाची-विलोम, संधि-समास आदि पर विचार किया जाता है।

3. **पद–**वाक्य में प्रयोग होने के योग्य शब्द को **पद** कहते हैं। इसके अंतर्गत कर्ता, कर्म आदि कारकों और पदबंधों पर विचार किया जाता है।

4. **वाक्य–**एक आशय को प्रकट करने वाला पद-समूह **वाक्य** कहलाता है। इसके अंतर्गत वाक्य की रचना, अर्थ, रूपांतरण, विराम चिह्न आदि के नियम आते हैं।

अब आप जान गए होंगे

- भाषा बोलकर और लिखकर प्रकट की जाती है।
- हिंदी भारत की **राजभाषा** है। यह अनेक प्रांतों की भी राजभाषा है।
- मौखिक भाषा को लिखने का साधन लिपि है। हिंदी की लिपि **देवनागरी** है।
- **व्याकरण** भाषा के नियमों का शास्त्र है।

अपनी परीक्षा स्वयं लें

1. **भाषा किसे कहते हैं?**
2. **लिपि किस काम आती है?**
3. **व्याकरण का क्या उद्देश्य है?**

4. निम्नलिखित प्रश्नों के उत्तर चार विकल्पों में से दीजिए–

(क) भाषा का मूल रूप कौन–सा है?

लिखित | सांकेतिक | मौखिक | पठित

(ख) अशिक्षित लोग कौन–सी भाषा नहीं समझ सकते?

लिखित | मौखिक | सांकेतिक | चित्र

(ग) हिंदी किस प्रांत की राजभाषा है?

भारत | हरियाणा | गुजरात | बंगाल

(घ) भारत के संविधान में कुल कितनी भाषाओं को मान्यता मिली है?

11 | 22 | 23 | 21

5. रिक्त स्थानों की पूर्ति नीचे दिए गए उत्तरों में से कीजिए–

(क) भाषा .... का साधन है।

मनोरंजन | अभिव्यक्ति | कमाई | ज्ञान

(ख) .... भाषा की लिपि देवनागरी है।

पंजाबी | मराठी | उड़िया | कन्नड़

(ग) भाषा को नियम में बाँधने का काम .... करता है।

वाक्य | लिपि | व्याकरण | कोश

(घ) सबसे अधिक भारतवासी .... भाषा बोलते हैं।

बाँग्ला | संस्कृत | हिंदी | अंग्रेज़ी

(ङ) भारतवासी भारत के अन्य प्रांतों में जाकर लोगों से .... में संपर्क करते हैं।

हिंदी | अंग्रेज़ी | विदेशी | संस्कृत

(च) भारत की राष्ट्रभाषा .... मानी जाती है।

अंग्रेज़ी | हिंदी | प्रांतीय | संस्कृत

(छ) मनुष्य का आशय .... से प्रकट होता है।

शब्द | पद | वर्ण | वाक्य

(ज) भाषा की सबसे छोटी ध्वनि .... कहलाती है जिसके टुकड़े नहीं हो सकते।

शब्द | पद | वर्ण | वाक्य

रचनात्मक गतिविधियाँ (Formative Activities)

❖ नीचे कुछ भाषाएँ और उनकी लिपियाँ दी गई हैं। रेखा खींचकर उनका मिलान कीजिए–

उर्दू	फ़ारसी
असमिया	गुरमुखी
बांग्ला	असमिया
पंजाबी	बंगाली

❖ वर्ग में आई लिपियों को लाल रंग से भरिए और भाषाओं को हरे रंग से।

अ	स	मि	या	गु		उ	र्दू
	दे			ज	बो	डो	
म	व	पं	ते	रा			फ़ा
रा	ना	जा	लु	ती			र
ठी	ग	बी	गू		क		सी
	री	त	मि	ल	न्न		
	हिं	दी			ड़		
				गु	र	मु	खी

❖ भारत के नक्शे में उन प्रांतों को छायांकित (Shaded) कीजिए जिनकी राजभाषा हिंदी है।

❖ मौखिक भाषा में प्रस्तुत की जाने वाली किन्हीं दो मनोरंजक विधाओं के नाम बताइए। उनमें से किसी एक कला का प्रदर्शन कीजिए।

❖ अपनी कक्षा में बच्चों से कोई एक कार्यक्रम करवाइए–

चुटकुले सुनाना, अपने अनुभव सुनाना, कहानी सुनाना, अपना परिचय देना, भाषण देना आदि।

❖ यदि आपकी कक्षा का कोई विद्यार्थी हिंदी या अंग्रेज़ी के अतिरिक्त अन्य भाषा का जानकार है तो उसका उसकी भाषा में अभिवादन कीजिए।

❖ उत्सव वाले दिन बोर्ड पर हर उस भाषा में **स्वागत** या **अभिनंदन** लिखिए जिसका कोई जानकार कक्षा में पढ़ता हो।

आप पढ़ चुके हैं कि–

वर्ण किसी भाषा की छोटी-से-छोटी ध्वनि को कहते हैं, जिसके टुकड़े नहीं हो सकते।

उदाहरण के लिए, ध्यान से सोचें–

'आम' शब्द के टुकड़े हो सकते हैं?

–हाँ, हो सकते हैं– आ + म् + अ = आम

पता चला कि आ, म् तथा अ के और टुकड़े नहीं हो सकते। इसलिए ये वर्ण हैं।

वर्णमाला

हर भाषा में कुछ वर्णों का प्रयोग होता है। ऐसे सभी वर्णों के समूह को वर्णमाला कहते हैं। दूसरे शब्दों में–

किसी भाषा में प्रयोग होने वाले वर्णों के क्रमबद्ध समूह को वर्णमाला कहते हैं।

हिंदी-वर्णमाला

अ	आ	ऑ	इ	ई	उ	ऊ	ऋ	ए	ऐ	ओ	औ
अं	अँ	अः									
क्	ख्	ग्	घ्	ङ्							
च्	छ्	ज्	झ्	ञ्							
ट्	ठ्	ड्	ड़्	ढ्	ढ़्	ण्					
त्	थ्	द्	ध्	न्							
प्	फ्	ब्	भ्	म्							
य्	र्	ल्	व्								
श्	ष्	स्	ह्								
क्ष्	त्र्	ज्ञ्	श्र्								
ज़्	फ़्										

हिंदी वर्णमाला के दो भाग हैं– **स्वर** और **व्यंजन**

स्वर किसे कहते हैं–जिन ध्वनियों को बोलते समय हमारी साँस बिना किसी रुकावट के बाहर निकलती है, उन्हें **स्वर** कहते हैं। देवनागरी लिपि में मूल रूप से ग्यारह स्वर हैं–

अ	आ	इ	ई	उ	ऊ	ऋ	ए	ऐ	ओ	औ

ऑ स्वर अंग्रेज़ी के प्रभाव से हिंदी में स्थान बना चुका है। इसका प्रयोग 'आ' और 'ओ' के बीच की ध्वनि के लिए होता है। जैसे–

बॉल

यदि 'बॉल' पर ॅ न लगाया जाए तो इसका अर्थ 'केश' हो जाएगा। ऑ (ॉ) में अर्थ बदलने की शक्ति भी है। इसलिए इसका प्रयोग किया जाना चाहिए।

स्वर के भेद

उच्चारण में लगने वाले समय के हिसाब से स्वर तीन प्रकार के होते हैं–

ह्रस्व स्वर–ह्रस्व का अर्थ है–लघु। जिन स्वरों के उच्चारण में कम समय लगता है, उन्हें **ह्रस्व स्वर** कहते हैं। हिंदी में ह्रस्व स्वर चार हैं–

अ	इ	उ	ऋ

ऋ मूल रूप से स्वर है। आजकल इसका उच्चारण 'रि' के रूप में हो रहा है। महाराष्ट्र, गुजरात और दक्षिण भारत में इसे 'रु' के रूप में बोला जा रहा है।

दीर्घ स्वर–जिन स्वरों के उच्चारण में ह्रस्व स्वर के उच्चारण से दुगुना समय लगता है, उन्हें **दीर्घ स्वर** कहते हैं। हिंदी वर्णमाला के दीर्घ स्वर ये हैं–

आ	ई	ऊ	ए	ऐ	ओ	औ

प्लुत स्वर–जिसके उच्चारण में दीर्घ स्वर से भी अधिक समय लगता है, उसे **प्लुत** कहते हैं। जैसे–ओ३म्।

स्वरों की मात्राएँ

स्वर जब किसी व्यंजन के साथ (बाद) लगते हैं तो मात्रा के रूप में लिखे जाते हैं। आगे सभी स्वरों के मात्रा-चिह्न तथा उनके प्रयोग दिए जा रहे हैं–

स्वर	मात्रा-चिह्न	प्रयोग		
अ	×	क् + अ = क	**कमल**	**कल**
आ	ा	क् + आ = का	**कान**	**काम**
इ	ि	क् + इ = कि	**किन**	**किताब**
ई	ी	क् + ई = की	**कीचड़**	**कील**
उ	ु	क् + उ = कु	**कुछ**	**अंकुर**
ऊ	ू	क् + ऊ = कू	**कूट**	**चाकू**
ऋ	ृ	क् + ऋ = कृ	**कृश**	**कृति**
ए	े	क् + ए = के	**केला**	**केश**
ऐ	ै	क् + ऐ = कै	**कैसा**	**डकैत**
ओ	ो	क् + ओ = को	**कोमल**	**कोठरी**
औ	ौ	क् + औ = कौ	**कौन**	**कौम**

अयोगवाह

अं , अँ तथा अः ऐसी ध्वनियाँ हैं जो 'अ' आदि स्वर की सहायता से ही बोली जा सकती हैं। देखिए–

अंगार में (ं) का उच्चारण 'अ' के बिना नहीं हो सकता।

अँधेरा में (ँ) का उच्चारण 'अ' के बिना नहीं हो सकता।

प्रातः में (ः) का उच्चारण 'अ' के बिना नहीं हो सकता।

अनुस्वार और अनुनासिक

अनुस्वार का चिह्न ं है। यह नासिक्य व्यंजन है। इसका उच्चारण नाक से होता है। यह स्वर के पश्चात आता है। यह जिस स्वर के पश्चात आता है, उसी के ऊपर लगता है।

उदाहरणतया– कंगन, सुंदर, चंपा।

अनुनासिक का चिह्न ँ है। यह स्वर का गुण है। इसका उच्चारण स्वर के साथ नाक और मुँह दोनों से होता है। जिन स्वरों के ऊपर किसी स्वर की मात्रा नहीं होती, वहाँ यह अपने मूल रूप में लगता है। जैसे–**चाँद**, **कुँवर**।

जिन स्वरों की मात्रा ऊपर होती है, वहाँ यह बिंदु ं के रूप में लगता है। जैसे–**मैं**, **में**, **सींच**, **सौंठ** आदि।

व्यंजन

जो ध्वनियाँ मुख के किसी भाग से टकराकर बाहर आती हैं, उन्हें व्यंजन कहते हैं।

इनका उच्चारण स्वर की सहायता से ही होता है। उदाहरण के लिए 'क्' का अलग से उच्चारण नहीं हो सकता। इसका उच्चारण करने के लिए इसके साथ अ, आ, इ आदि कोई स्वर बोलना आवश्यक है। तभी हम **क**, **का**, **कि** आदि बोल सकते हैं।

व्यंजन के प्रकार

स्पर्श व्यंजन–जिन व्यंजनों को बोलते हुए कंठ से निकली हुई वायु मुँह के किसी भाग को छूते हुए बाहर आती है, उन्हें **स्पर्श व्यंजन** कहते हैं। स्पर्श व्यंजन इस प्रकार हैं–

उच्चारण स्थान	वर्ग	व्यंजन
कंठ	क वर्ग	क् ख् ग् घ् ङ्
तालु	च वर्ग	च् छ् ज् झ् ञ्
मूर्धा	ट वर्ग	ट् ठ् ड् ढ् ण् ड़् ढ़्
वर्त्स (दंत-मूल)	–	स् ल् न् ज़्
दंत	त वर्ग	त् थ् द् ध्
ओष्ठ	प वर्ग	प् फ् ब् भ् म्

अंतस्थ व्यंजन–इन व्यंजनों की स्थिति स्वर और व्यंजनों के बीच की होती है। इन्हें बोलते समय साँस मुँह के किसी भाग से छूती तो है किंतु वह रुकावट बहुत कम होती है। ये व्यंजन हैं–**य्**, **र्**, **ल्**, **व्**

उष्म व्यंजन–इन व्यंजनों को बोलते समय वायु मुँह के किसी भाग से रगड़ खाती हुई निकलती है। ये व्यंजन चार हैं–**श्**, **ष्**, **स्**, **ह्**

उच्चारण के आधार पर व्यंजनों के नाम, उच्चारण-स्थान तथा संबंधित ध्वनियाँ इस प्रकार हैं–

नाम	उच्चारण-स्थान	ध्वनियाँ
कंठ्य	गला	क, ख, ग, घ, ङ
मूर्धन्य	मूर्धा	ट, ठ, ड, ढ, ण, ड़, ढ़, ष

नाम	उच्चारण-स्थान	ध्वनियाँ
तालव्य	तालु	च, छ, ज, झ, ञ, य, श
वर्त्स्य	दाँत की जड़	स, ल, न, ज़
दंत्य	दाँत	त, थ, द, ध
ओष्ठ्य	दोनों होंठ	प, फ, ब, भ, म
दंतोष्ठ्य	ऊपरी दाँत और नीचे का होंठ	व, फ़
स्वरयंत्रीय	स्वरयंत्र	ह
नासिक्य	नाक	ङ, ञ, ण, न, म

चित्र देखिए–

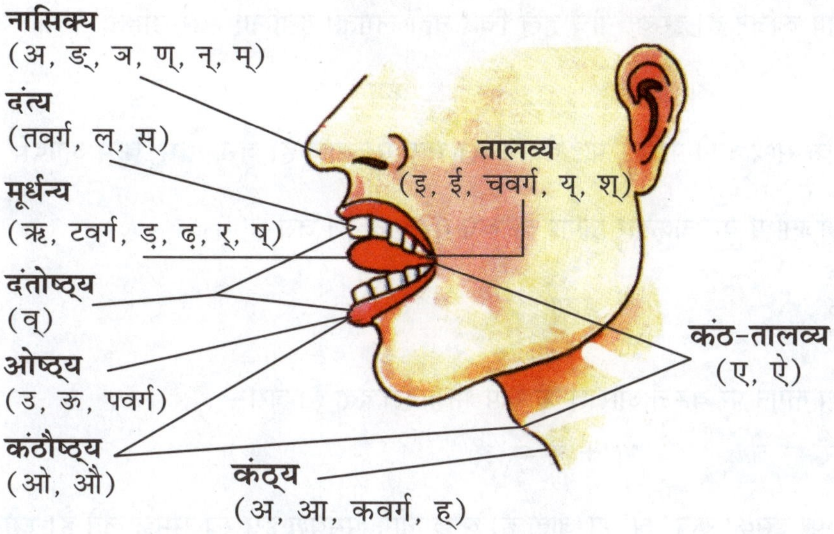

संयुक्त व्यंजन– दो व्यंजनों के योग को **संयुक्त व्यंजन** कहते हैं। हिंदी में चार संयुक्त व्यंजन हैं–

क्ष् (क् + ष्)	त्र् (त् + र्)
ज्ञ् (ज् + ञ्)	श्र् (श् + र्)

आगत व्यंजन– **ज़** और **फ़** अंग्रेज़ी और फ़ारसी भाषा के साथ हिंदी में आ गए हैं। उर्दू और अंग्रेज़ी के शब्दों का सही उच्चारण करने के लिए ज और फ के नीचे नुक्ता (.) लगाया जाता है। जैसे–

मज़दूर, ज़रूरी, विज़न, इज़	रफ़ू, फ़ालसा, फ़ादर, फ्रिज़

अन्य संयुक्त व्यंजन– इन चार विशेष रूपों को छोड़कर हिंदी में अनगिनत संयुक्त व्यंजनों का प्रयोग होता है। ये संयुक्त व्यंजन दो प्रकार से लिखे जा सकते हैं–

मिलाकर – विद्या, उद्देश्य, चिह्न, मिट्टी, द्वारा, द्विज आदि।

अलग – विद्‌या, उद्‌देश्य, चिह्‌न, मिट्‌टी, द्‌वारा, द्‌विज आदि।

हल् चिह्न – व्यंजन को स्वर-रहित लिखने के लिए हल् चिह्न (्) का प्रयोग किया जाता है। जैसे–ट्, क्, ह् आदि।

जहाँ संयुक्त व्यंजन ऊपर-नीचे मिलाकर लिखे जाते हैं, वहाँ स्वर-रहित व्यंजन ऊपर होता है और स्वर-सहित व्यंजन नीचे।

उदाहरणतया–

प्र = प् + र	द्व = द् + व
क्र = क् + र	र्क = र् + क
द्द = द् + द	द्ध = द् + ध

र् का विशेष प्रयोग

हिंदी में 'र' विशेष व्यंजन है। इसके नीचे हल् चिह्न नहीं लगता। इसलिए स्वर-रहित 'र' को आगे वाले स्वर के ऊपर लिखा जाता है। जैसे– आशीर्वाद कर्म

पाई वाले व्यंजन के साथ आने पर यह पाई के निचले भाग में लगता है। जैसे–प्रेम, क्रम आदि।

बिना पाई वाले व्यंजनों में यह नोकदार तिपाई के रूप में लगता है। जैसे–

ट्रक ड्रामा

त् और श् के साथ लगने पर यह त् और श् के रूप भी बदल देता है। जैसे–

त् + र = त्र श् + र = श्र

स् के साथ आने पर इसका रूप 'स्र' हो जाता है। कुछ लोग भ्रमवश इसे स्त्र समझ लेते हैं। स्रोत को स्त्रोत समझने की भूल नहीं करनी चाहिए।

वर्तनी

हर शब्द में वर्णों का एक निश्चित क्रम होता है, उसे वर्तनी कहते हैं।

वर्तनी में थोड़ी-सी भी भूल हो जाए तो शब्द के अर्थ बदल जाते हैं। अत: ठीक वर्तनी का पूरा ध्यान रखना चाहिए।

देखने में आता है कि कुछ शब्द असावधानीवश अशुद्ध लिखे जाते हैं। ऐसे कुछ शब्दों के अशुद्ध और शुद्ध रूप नीचे दिए जा रहे हैं–

अशुद्ध	शुद्ध
कवी	कवि
कलि	कली
बल्की	बल्कि
पक्षि	पक्षी

अशुद्ध	शुद्ध
निरोग	नीरोग
दिवाली	दीवाली
क्योंकी	क्योंकि
श्रीमति	श्रीमती

अशुद्ध	शुद्ध
प्रीक्षा/परिक्षा	परीक्षा
उन्नती	उन्नति
बिमार	बीमार
आशिर्वाद	आशीर्वाद
प्रदर्शिनी	प्रदर्शनी
संसारिक	सांसारिक
नराज़	नाराज़
असान	आसान
आधीन	अधीन
समाजिक	सामाजिक
अहार	आहार
आलौकिक	अलौकिक
रमायण	रामायण
दयालू	दयालु
साधू	साधु
गुरू	गुरु
शुरु	शुरू
हिंदु	हिंदू
रुप	रूप
विदूषी	विदुषी
पुरूष	पुरुष
मूर्ती	मूर्ति
रूपया	रुपया
द्रष्टि	दृष्टि
क्रपा	कृगा
प्रथक	पृथक
भृष्ट	भ्रष्ट
लोकिक	लौकिक
चाहिये	चाहिए
पड़ौस	पड़ोस
त्यौहार	त्योहार
ओरत	औरत
ओजार	औजार

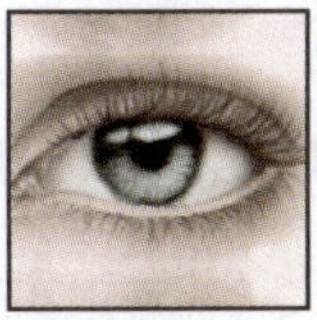

अशुद्ध	शुद्ध
ओषधि	औषधि
ओषधालय	औषधालय
पेसा	पैसा
हंसना	हँसना
माँस	मांस
सन्यासी	संन्यासी
यहां	यहाँ
कुँआ	कुआँ
भांति	भाँति
गांठ	गाँठ
कँधा	कंधा
हूं	हूँ
आंख	आँख
आंच	आँच
समुंद्र	समुद्र
गूंगा	गूँगा
प्राता	प्रातः
रिण	ऋण
रिशि	ऋषि
रितु	ऋतु
ह्रदय	हृदय
श्रृंगार	शृंगार
मात्रि	मातृ
गुन	गुण
गड़ेश	गणेश
हिरन	हिरण
स्मरन	स्मरण
दर्पन	दर्पण
प्रशन्सा	प्रशंसा
कन्ठ	कंठ
विस	विष
बाणी	वाणी
घ्रणा	घृणा

अशुद्ध	शुद्ध
गधांश	गद्यांश
चड़ाई	चढ़ाई
कड़ाई	कड़ाही
बढ़ाई	बढ़ई
चिड़ना	चिढ़ना
आलस्यता	आलस्य
बुद्धिमानता	बुद्धिमत्ता
विग्यान	विज्ञान
योज्ञ	योग्य

अशुद्ध	शुद्ध
उजारना	उजाड़ना
सर्म	शर्म
नमश्कार	नमस्कार
साखा	शाखा
ज्योत्सना	ज्योत्स्ना
उज्जवल	उज्ज्वल
प्रशाद	प्रसाद
कार्यकर्म	कार्यक्रम
चपड़ासी	चपरासी

वर्ण-विच्छेद – किसी शब्द के एक-एक स्वर-व्यंजन को क्रम के अनुसार अलग करके रखना **वर्ण-विच्छेद** कहलाता है। जैसे–

भारत = भ् + आ + र् + अ + त् + अ

गर्व = ग् + अ + र् + व् + अ

विद्या = व् + इ + द् + य् + आ

अब आप जान गए होंगे

- **वर्ण** – छोटी-से-छोटी अटूट ध्वनि के चिह्न को **वर्ण** कहते हैं।
- **वर्णमाला** – वर्णों के समूह को **वर्णमाला** कहते हैं।
- **स्वर** – देवनागरी लिपि में 11 स्वर हैं। इनमें 4 स्वर ह्रस्व हैं और 7 दीर्घ।
- **व्यंजन** – मूल व्यंजन 33 हैं। इनमें से 25 व्यंजन स्पर्श हैं, 4 अंतस्थ हैं और 4 ऊष्म हैं।
- **संयुक्त व्यंजन** – क्ष, त्र, ज्ञ, श्र संयुक्त व्यंजन हैं।
- **आगत ध्वनियाँ** – ऑ, ज़, फ़ विदेशी भाषाओं के प्रभाव से आई नई ध्वनियाँ हैं।
- **मात्राएँ** – व्यंजन के साथ आने पर स्वर मात्राओं के रूप में लिखे जाते हैं।
- **अयोगवाह** – अं, अँ और अः ध्वनियाँ अ आदि स्वरों की सहायता से ही बोली जाती हैं।
- **अनुनासिक** – ँ नाक और मुँह दोनों से बोला जाता है। शिरोरेखा पर मात्रा लगी हो तो ँ की जगह ं का प्रयोग होता है।
- **विशिष्ट वर्ण** – 'र' सबसे विशेष वर्ण है। इसको लिखने के नियम विशिष्ट हैं।

- **वर्ण-विच्छेद** – शब्द के एक-एक स्वर और व्यंजन को अलग करके क्रम से लिखना **वर्ण-विच्छेद** कहलाता है।
- **वर्तनी** – शब्दों में आए वर्णों के सही क्रम को **वर्तनी** कहते हैं।

अपनी परीक्षा स्वयं लें

1. सही उत्तर पर (✓) लगाइए–

(i) भाषा की छोटी-से-छोटी ध्वनि को क्या कहते हैं?

स्वर | व्यंजन | वर्ण | आम

(ii) मुँह से बिना रुकावट के निकलने वाली ध्वनि को क्या कहते हैं?

स्वर | व्यंजन | मात्रा | अनुस्वार

(iii) अंग्रेज़ी के प्रभाव से कौन-सा स्वर हिंदी में स्वीकार हुआ है?

ऑ | फ़ | ढ़ | ज़

2. रिक्त स्थानों की पूर्ति निम्नलिखित उत्तरों में से कीजिए–

(i) .... अयोगवाह नहीं है। — अ, अं, अँ, अः

(ii) .... संयुक्त व्यंजन नहीं है। — क्ष, त्र, ढ़, श्र

(iii) .... अंतस्थ व्यंजन नहीं है। — य, स, र, ल

(iv) .... ऊष्म व्यंजन नहीं है। — व, ह, ष, श

3. निम्नलिखित के अंतर्गत आने वाला सही वर्ण-समूह चुनिए–

ह्रस्व स्वर	अ, इ, उ, ए	अ, इ, उ, ऋ	अ, इ, ए, ओ	अ, इ, उ, आ
दीर्घ स्वर	ऋ, ए, ऐ, औ	आ, ई, ऋ, ओ	आ, ई, ओ, ए	इ, ऐ, ऑ, आ
व्यंजन	क, ख, च, ट	क, ऋ, प, न	क्, प्, ट्, न्	ट्, अ, त्, थ
संयुक्त व्यंजन	क्ष, त्र, ज्ञ, प	क्ष, त्र, ज्ञ, श्र	क्ष, त्र, श्र, ढ़	क्ष, त्र, ज़्, फ़

4. निम्नलिखित संयुक्त व्यंजन किन व्यंजनों के योग से बने हैं?

क्ष	क् + श	क् + ष	क् + स	क् + ख
त्र	त् + र्	र् + त	त् + र	त + र्
ज्ञ	ग् + य	ज + ञ	ज् + ञ	ज् + ञ्

5. **निम्नलिखित वर्णों के योग से कौन-सा शब्द बनता है?**

र् + अ + म् + आ	राम	रामा	रमा	रम
द् + ई + प् + आ	दिप	दीप	दीपा	दिपा
क् + अ + र् + म् + अ	कर्म	करम	क्रम	कमर
क् + आ + ल् + आ	कला	काल	कल	काला

6. **सही वर्तनी पर (✓) का निशान लगाइए–**

सामाजिक ☐	सामाजीक ☐	समाजीक ☐	सामजिक ☐
आर्शिवाद ☐	आर्शीवाद ☐	आशीर्वाद ☐	आशिर्वाद ☐
क्रायक्रम ☐	कार्यक्रम ☐	कार्यकर्म ☐	क्रियाक्रम ☐

रचनात्मक गतिविधियाँ (Formative Activities)

❖ खाली पत्तियों में उपयुक्त वर्ण भरिए–

❖ एक चार्ट तैयार कीजिए जिसमें दिखाया गया हो कि क्ष, त्र, ज्ञ, श्र, द्व, त्त किन-किन व्यंजनों को मिलाकर बने हैं। यह भी दिखाइए कि कुछ संयुक्त व्यंजन इकट्ठे भी लिखे जाते हैं और हल चिह्न सहित भी। जैसे–उद्देश्य = उद्‌देश्य।

❖ अपनी पाठ्यपुस्तक से कुछ ऐसे शब्द चुनिए जिनमें नुक्ता, अनुनासिक, अनुस्वार या हल् चिह्न का प्रयोग हो।

वर्णों के मेल से होने वाले विकार (परिवर्तन) को संधि कहते हैं।

उदाहरण–

नर + इंद्र = नरेंद्र

संधि से बने शब्द को फिर-से अलग करने को **संधि-विच्छेद** कहते हैं।

जैसे– महेंद्र = महा + इंद्र

संधि तीन प्रकार की होती है–

1. स्वर संधि
2. व्यंजन संधि
3. विसर्ग संधि

1. स्वर संधि

दो स्वरों के मेल से हुए परिवर्तन को **स्वर संधि** कहते हैं। जैसे–

पुस्तक + आलय = पुस्तकालय

+

=

☞ ध्यान दें– यहाँ पुस्तक के अंतिम 'अ' और 'आलय' के आरंभिक 'आ' में संधि हुई है। स्वर संधि के पाँच भेद हैं–

स्वर संधि

- दीर्घ
- गुण
- वृद्धि
- यण
- अयादि

(i) **दीर्घ संधि**–जहाँ अ/आ के बाद अ/आ आने पर **आ** हो जाए; इ/ई के बाद इ/ई आने पर **ई** हो जाए तथा उ/ऊ के बाद उ/ऊ आने पर **ऊ** हो जाए तो **दीर्घ संधि** कहलाती है। इसके नियम तथा उदाहरण देखिए–

नियम	उदाहरण	आप भरें
अ + अ = आ	दिन + अंक = दिनांक	दीप + अवली =
अ + आ = आ	हिम + आलय = हिमालय	दश + आनन =

नियम	उदाहरण	आप भरें
आ + अ = आ	विद्या + अर्थी = विद्यार्थी	परीक्षा + अर्थी =
आ + आ = आ	दया + आनंद = दयानंद	विद्या + आलय =
इ + इ = ई	कवि + इंद्र = कवींद्र	रवि + इंद्र =
इ + ई = ई	गिरि + ईश = गिरीश	हरि + ईश =
ई + इ = ई	शची + इंद्र = शचींद्र	मही + ईश =
ई + ई = ई	रजनी + ईश = रजनीश	सती + ईश =
उ + उ = ऊ	सु + उक्ति = सूक्ति	भानु + उदय =
उ + ऊ = ऊ	लघु + ऊर्मि = लघूर्मि	गुरु + ऊर्जा =
ऊ + उ = ऊ	वधू + उत्सव = वधूत्सव	भू + उत्सव =
ऊ + ऊ = ऊ	वधू + ऊर्मि = वधूर्मि	भू + ऊर्जा =

***(ii)* गुण संधि–**इसमें अ/आ से परे इ/ई आने पर ए हो जाता है; अ/आ से परे उ/ऊ आने पर ओ हो जाता है तथा अ/आ के बाद ऋ आने पर अर् हो जाता है। कुछ उदाहरण देखिए–

नियम	उदाहरण	आप भरें
अ + इ = ए	गज + इंद्र = गजेंद्र	देव + इंद्र =
आ + इ = ए	राजा + इंद्र = राजेंद्र	रमा + इंद्र =
अ + ई = ए	नर + ईश = नरेश	गण + ईश =
आ + ई = ए	महा + ईश = महेश	रमा + ईश =
अ + उ = ओ	पर + उपकार = परोपकार	लोक + उक्ति =
अ + ऊ = ओ	नव + ऊढ़ा = नवोढ़ा	जल + ऊर्मि =
आ + उ = ओ	महा + उत्सव = महोत्सव	महा + उदधि =
आ + ऊ = ओ	गंगा + ऊर्मि = गंगोर्मि	यमुना + ऊर्मि =
अ + ऋ = अर्	देव + ऋषि = देवर्षि	ब्रह्म + ऋषि =
आ + ऋ = अर्	महा + ऋषि = महर्षि	राजा + ऋषि =

(iii) **वृद्धि संधि–**इसमें अ/आ के बाद ए/ऐ हो तो **ऐ** हो जाता है और अ/आ के बाद ओ/औ हो तो **औ** हो जाता है।

कुछ उदाहरण देखिए–

नियम	उदाहरण	आप भरें
अ + ए = ऐ	लोक + एषणा = लोकैषणा	एक + एक =
अ + ऐ = ऐ	मत + ऐक्य = मतैक्य	परम + ऐक्य =
आ + ए = ऐ	सदा + एव = सदैव	तथा + एव =
आ + ऐ = ऐ	महा + ऐश्वर्य = महैश्वर्य	माता + ऐश्वर्य =
अ + ओ = औ	वन + ओषधि = वनौषधि	नर + ओज =
अ + औ = औ	परम + औषध = परमौषध	वन + औषध =
आ + ओ = औ	महा + ओजस्वी= महौजस्वी	महा + ओज =
आ + औ = औ	महा + औषध = महौषध	महा + औदार्य =

(iv) **यण संधि–**
- इ/ई से आगे कोई भिन्न स्वर आए तो इ/ई का **य्** हो जाता है।
- उ/ऊ से आगे कोई भिन्न स्वर आए तो उ/ऊ का **व्** हो जाता है।
- ऋ से आगे कोई भिन्न स्वर आए तो ऋ का **र्** हो जाता है।

कुछ उदाहरण देखिए–

नियम	उदाहरण	आप भरें
इ + अ = य	अति + अधिक = अत्यधिक	यदि + अपि =
इ + आ = या	इति + आदि = इत्यादि	अति + आवश्यक =
इ + उ = यु	अति + उत्तम = अत्युत्तम	उपरि + उक्त =
ई + आ = या	नदी + आगम = नद्यागम	नदी + आवेग =
इ + ए = ये	प्रति + एक = प्रत्येक	अति + एषणा =
उ + अ = व	सु + अच्छ = स्वच्छ	सु + अल्प =
उ + आ = वा	सु + आगत = स्वागत	सु + आकार =
उ + ए = वे	अनु + एषण = अन्वेषण	सु + एषणा =
ऋ + आ = रा	पितृ + आज्ञा = पित्राज्ञा	मातृ + आज्ञा =
ऋ + उ = रु	मातृ + उपदेश = मात्रुपदेश	पितृ + उपदेश =

(ए) **अयादि संधि**–यदि ए, ऐ, ओ, औ के बाद कोई भिन्न स्वर आए तो ए का **अय्**, ऐ का **आय्**, ओ का **अव्** और औ का **आव्** हो जाता है। कुछ उदाहरण देखिए–

नियम	उदाहरण	आप भरें
ए + अ = अय्	ने + अन = नयन	चे + अन =
ऐ + अ = आय्	गै + अक = गायक	नै + अक =
ओ + अ = अव	पो + अन = पवन	भो + अन =
औ + अ = आव	पौ + अन = पावन	पौ + अक =

2. व्यंजन संधि

व्यंजन के बाद स्वर अथवा व्यंजन आने पर उनमें जो परिवर्तन होता है, उसे व्यंजन संधि कहते हैं। जैसे–
जगत् + ईश = जगदीश

नियम तथा उदाहरण

1. यदि वर्ग के पहले वर्ण (क्, च्, ट्, त्, प्) के बाद कोई स्वर आ जाए; या वर्ग का तीसरा/चौथा वर्ण (ग्, घ्; ज्, झ्; ड्, ढ्; द्, ध्; ब्, भ्) आ जाए; या य्, र्, ल्, व्, ह् आ जाए तो **पहले वर्ण की** जगह **तीसरा वर्ण** ले लेता है। दूसरे शब्दों में क् का **ग्**, च् का **ज्**, ट् का **ड्**, त् का **द्** तथा प् का **ब्** हो जाता है। जैसे–

क् का ग्	वाक् + ईश = वागीश	दिक् + गज = दिग्गज
	दिक् + अंबर = दिगंबर	दिक् + अंत = दिगंत
ट् का ड्	षट् + आनन = षडानन	षट् + दर्शन = षड्दर्शन
त् का द्	सत् + गति = सद्गति	सत् + आचार = सदाचार

2. यदि वर्ग के पहले वर्ण (क्, च्, ट्, त्, प्) के बाद न् या म् आ जाए तो क् का **ङ्**; च् का **ञ्**; ट् का **ण्**, त का **न्** तथा प् का **म्** हो जाता है। जैसे–

वाक् + मय = वाङ्मय	षट् + मास = षण्मास
जगत् + नाथ = जगन्नाथ	चित् + मय = चिन्मय

3. (क) यदि त् के बाद च्, ज्, ट्, ड् अथवा ल् आ जाए तो त् बाद वाले वर्ण के रूप में ढल जाता है। जैसे–

सत् + चरित्र = सच्चरित्र	उत् + चारण = उच्चारण
सत् + जन = सज्जन	उत् + ज्वल = उज्ज्वल

तत् + लीन = तल्लीन	उत् + डयन = उड्डयन

(ख) त् के बाद छ् आए तो त् का **च्** हो जाता है। जैसे–

जगत् + छाया = जगच्छाया	उत् + छिन्न = उच्छिन्न

(ग) त् के बाद श् आए तो दोनों के योग से **च्छ्** बन जाता है। जैसे–

उत् + श्वास = उच्छ्वास	सत् + शास्त्र = सच्छास्त्र

(घ) त् के बाद ह् आने पर दोनों का **द्ध्** हो जाता है। जैसे–

उत् + हार = उद्धार	तत् + हित = तद्धित

4. (क) म् के बाद कवर्ग, चवर्ग, टवर्ग, तवर्ग या पवर्ग का कोई व्यंजन आ जाए तो म् की जगह उसी वर्ग का पंचम वर्ण आएगा। उस पंचम वर्ण को आजकल अनुस्वार (ं) के रूप में लिखा जाता है। जैसे–

सम् + कल्प = सङ्कल्प (संकल्प)	सम् + गति = सङ्गति (संगति)
सम् + चय = सञ्चय (संचय)	सम् + जय = सञ्जय (संजय)
सम् + तोष = सन्तोष (संतोष)	सम् + देह = सन्देह (संदेह)

(ख) म् के पश्चात् य्, र्, ल्, व्, श्, स्, या ह् आए तो म् की जगह अनुस्वार (ं) ले लेता है। जैसे–

सम् + योग = संयोग	सम् + रक्षक = संरक्षक
सम् + साधन = संसाधन	सम् + वाद = संवाद

(ग) म् के बाद न् या म् आने पर म् बाद वाले वर्ण के अनुरूप ढल जाता है। जैसे–

सम् + निधि = सन्निधि	सम् + मति = सम्मति

(यहाँ द्वित्व ही रहता है। (ं) नहीं लगता।)

यदि किसी स्वर के बाद छ् आ जाए तो छ का **च्छ्** हो जाता है। जैसे–

आ + छादन – आच्छादन	अनु + छेद = अनुच्छेद

✦ अ-आ को छोड़कर अन्य किसी स्वर के बाद स् आ जाए तो वह **ष्** में बदल जाता है। जैसे–

वि + सम = विषम	सु + सुप्त = सुषुप्त

✦ यदि र् के पश्चात् र् ही आ जाए तो पहला र् लुप्त हो जाता है, परंतु उससे पहले आया ह्रस्व स्वर दीर्घ हो जाता है। जैसे–

निर् + रस = नीरस	निर् + रोग = नीरोग

✦ ऋ, रि, र, ष् के बाद न आए तो वह **ण** हो जाता है। जैसे–

परि + नाम = परिणाम	मर + न = मरण

3. विसर्ग संधि

विसर्ग के पश्चात स्वर अथवा व्यंजन आने से जो ध्वनि-परिवर्तन होता है, उसे विसर्ग संधि कहते हैं।

नियम तथा उदाहरण

1. विसर्ग का ओ–यदि विसर्ग से पहले अ या आ हो और बाद में किसी वर्ग के तीसरे/चौथे/ पाँचवें वर्ण (ग्, घ्, ङ्; ज्, झ, ञ्; ड्, ढ्, ण्; द्, ध्, न्; ब्, भ्, म्) में से कोई या अ, य्, र्, ल्, व्, श्, ह् में से कोई वर्ण हो तो विसर्ग का **ओ** हो जाता है। जैसे–

विसर्ग + अ	मनः + अनुकूल = मनोनुकूल (यहाँ 'अ' का भी लोप हो गया है।)
विसर्ग + ग्	अधः + गति = अधोगति
विसर्ग + ज्	तपः + ज्योति = तपोज्योति
विसर्ग + द्	पयः + द = पयोद
विसर्ग + भ्	तपः + भूमि = तपोभूमि
विसर्ग + य्	मनः + योग = मनोयोग
विसर्ग + र्	मनः + रथ = मनोरथ
विसर्ग + व्	मनः + विकार = मनोविकार
विसर्ग + ह्	मनः + हर = मनोहर

2. विसर्ग का र्–विसर्ग से पहले अ या आ से भिन्न स्वर हो और बाद में किसी वर्ग का तीसरा/चौथा/पाँचवाँ वर्ण या अ, आ, य्, र्, ल्, व्, ह् में से कोई वर्ण हो तो विसर्ग का **र्** हो जाता है। जैसे–

विसर्ग + आ	निः + आशा = निराशा
विसर्ग + ज्	निः + जन = निर्जन
विसर्ग + ध्	निः + धन = निर्धन
विसर्ग + य्	निः + यात = निर्यात
विसर्ग + व्	आशीः + वाद = आशीर्वाद

3. विसर्ग का श्–विसर्ग के पश्चात च्, छ्, श् आने पर विसर्ग का **श्** हो जाता है। जैसे–

दुः + चरित्र = दुश्चरित्र   निः + छल = निश्छल   दुः + शासन = दुश्शासन

4. विसर्ग का ष्–विसर्ग से पहले इ/उ हो और बाद में क/ख, ट/ठ, प/फ में से कोई हो तो विसर्ग का **ष्** हो जाता है। जैसे–

विसर्ग + क्	निः + कलंक = निष्कलंक	विसर्ग + ट्	धनुः + टंकार = धनुष्टंकार
विसर्ग + प्	निः + प्राण = निष्प्राण	विसर्ग + फ्	निः + फल = निष्फल

5. विसर्ग का स्–विसर्ग के बाद त् या स् हो तो विसर्ग का स् हो जाता है। जैसे–

नम: + ते = नमस्ते	नि: + तेज = निस्तेज
नि: + संतान = निस्संतान	दु : + साहस = दुस्साहस

6. विसर्ग का लोप–विसर्ग से पहले अ/आ हो और बाद में कोई भिन्न स्वर हो तो विसर्ग का लोप हो जाता है। जैसे–

अत: + एव = अतएव

7. विसर्ग-लोप और दीर्घ स्वर–विसर्ग से पहले ह्रस्व स्वर हो और बाद में र् हो तो विसर्ग का लोप हो जाता है। साथ ही ह्रस्व स्वर दीर्घ हो जाता है। जैसे–

नि: + रस = नीरस	नि: + रोग = नीरोग

8. विसर्ग ज्यों का त्यों–विसर्ग से पहले ह्रस्व अ हो और बाद में क्, ख्, प्, फ् में से कोई वर्ण हो तो विसर्ग ज्यों का त्यों रहता है। जैसे–

प्रात: + काल = प्रात:काल	अध: + पतन = अध:पतन	अंत: + करण = अंत:करण

अब आप जान गए होंगे

- वर्णों के मेल से होने वाले परिवर्तन को **संधि** कहते हैं।
- दो स्वरों के मेल से होने वाले परिवर्तन को **स्वर संधि** कहते हैं।
- व्यंजन के बाद आए स्वर अथवा व्यंजन के मेल को **व्यंजन संधि** कहते हैं।
- विसर्ग के बाद आए स्वर अथवा व्यंजन के मेल को **विसर्ग संधि** कहते हैं।

अपनी परीक्षा स्वयं लें

1. संधि किसे कहते हैं?

2. संधि किनके बीच होती है? उपयुक्त उत्तर छाँटिए–

वर्णों के   शब्दों के   वाक्यों के   पदों के

3. संधि के कितने भेद हैं?

4. स्वर संधि के कितने भेद हैं?

5. **निम्नलिखित की संधि कीजिए–**

(क) सत् + जन	साजन	सज्ज्न	सजन	सज्जन
(ख) उत् + ज्वल	उज्वल	उज्ज्वल	उजवल	उज्जवल
(ग) सम् + न्यासी	सन्यासी	संन्यासी	सनयासी	सन्नयासी
(घ) सम् + गीत	संगीत	सङ्गीत	सन्गीत	सम्गीत

6. **निम्नलिखित शब्दों से बना उपयुक्त संधि शब्द छाँटिए–**

(क) मनः + हर	मनहर	मनुहार	मनःहर	मनोहर
(ख) निः + धन	निधन	निर्धन	निराधन	नीधन
(ग) निः + छल	निछल	निश्छल	निष्छल	निस्छल

7. **निम्नलिखित संधि शब्दों का उपयुक्त विग्रह क्या होगा?**

(क) महेंद्र	मही + इंद्र	मह + इंद्र	महा + इंद्र	महि + इंद्र
(ख) अत्यधिक	अती + अधिक	अत + अधिक	अति + अधिक	अत्या + धिक
(ग) स्वेच्छा	सु + इच्छा	स्व + इच्छा	सू + इच्छा	स्व + ईच्छा
(घ) सदाचार	सद् + अचार	सत् + अचार	सत् + आचार	सदा + अचार

8. **निम्नलिखित शब्दों के मेल से कौन-सा उपयुक्त शब्द बनेगा?**

(क) रमा + ईश	रमेश	रामेश	रम्येश	रमीश
(ख) देव + इंद्र	देविंद्र	देवींद्र	देवेंद्र	देव्येंद्र
(ग) परम + ईश्वर	परमेश्वर	प्रमेश्वर	परमैश्वर	परमीश्वर
(घ) लोक + उक्ति	लोकोक्ति	लोकुक्ति	लोकेक्ति	लोकौक्ति

रचनात्मक गतिविधियाँ (Formative Activities)

- प्रत्येक संधि के दो-दो उदाहरण देते हुए एक चार्ट तैयार कीजिए और उसे अपने कमरे में लगाइए।
- गद्य के किसी पाठ में से ऐसे शब्द चुनिए जिनमें संधि हुई हो। जाँचकर बताइए कि सबसे अधिक कौन-सी संधि प्रचलित है?
- पूर्ति कीजिए–

देव / नर / महा — इंद्र — ______ / ______ / ______

महा — ऋषि / उत्सव / ईश / आशय — ______ / ______ / ______ / ______

अब तक आपने वर्ण के बारे में पढ़ा। अब वर्णों से बने एक समूह की ओर देखिए–

भारत

–इसमें भ् + आ + र् + अ + त् + अ वर्णों का संगम है। इन वर्णों का एक क्रम है। इनसे जो वर्ण-समूह बना–'भारत'–उसका एक अर्थ है। आप जानते हैं–यह हमारे देश का नाम है। यह वर्ण-समूह अर्थवान है। इस वर्ण-समूह को **शब्द** कहते हैं।

वर्णों के सार्थक और स्वतंत्र समूह को शब्द कहते हैं।

पद

एक वाक्य देखिए–मेरा जन्म भारत में हुआ।

–यहाँ 'भारत' शब्द अपने-आप में स्वतंत्र नहीं है। यह उपर्युक्त वाक्य का अंग है। इसलिए इसके साथ 'में' कारक भी लग गया। अतः 'भारत में' शब्द नहीं रहा। यह **पद** बन गया। हम कह सकते हैं–

वाक्य में प्रयुक्त शब्दों को पद कहते हैं।

शब्द के भेद

- स्रोत के आधार पर
- रचना के आधार पर
- प्रयोग के आधार पर
- अर्थ के आधार पर

शब्द के अनेक रूप हैं। उन्हें हम चार भागों में बाँटकर समझ सकते हैं–

स्रोत के आधार पर शब्द

हिंदी में हज़ारों शब्द हैं। ये शब्द कहाँ से आए? इनके आने का स्रोत क्या है? इस आधार पर चार प्रकार के शब्द पाए जाते हैं–

1. तत्सम (संस्कृत)
2. तद्‌भव (संस्कृत से बने)
3. देशज (देशी)
4. विदेशी (विदेशी भाषाओं से)

तत्सम और तद्भव–आप जानते होंगे कि हिंदी की मूल जड़ें संस्कृत में हैं। संस्कृत भाषा ही बनते-सँवरते आज हिंदी बन चुकी है। इसलिए इसके अधिकांश शब्द या तो सीधे संस्कृत से आए हैं या संस्कृत से बिगड़कर नए रूप में ढल गए हैं। हम संस्कृत से आए हुए शब्दों को **तत्सम** और उनसे बने हुए शब्दों को **तद्भव** कहते हैं। उदाहरणतया–'अग्नि' तत्सम शब्द है। उससे बिगड़कर बना 'आग' शब्द तद्भव है। हिंदी में प्रचलित कुछ तत्सम-तद्भव शब्द इस प्रकार हैं–

चन्द्र  चाँद

कपोत  कबूतर

उलूक  उल्लू

वधू  बहू

तत्सम	तद्भव
अक्षर	आखर
अंधकार	अँधेरा
अंध	अंधा
अंबा	अम्मा
अष्ट	आठ
अश्रु	आँसू
आम्र	आम
उलूक	उल्लू
कज्जल	काजल
कच्छप	कछुआ
कर्ण	कान
कर्म	काम
कपोत	कबूतर
काक	कौआ
गर्दभ	गधा
गृध	गीध
ग्राम	गाँव

तत्सम	तद्भव
गृह	घर
घट	घड़ा
घृत	घी
चंद्र	चाँद
चैत्र	चैत
छत्र	छाता
सूर्य	सूरज
जिह्वा	जीभ
नृत्य	नाच
निद्रा	नींद
पक्ष	पंख
पत्र	पत्ता
पुत्र	पूत
पितृ	पिता
पौत्र	पोता
दधि	दही
दुग्ध	दूध

तत्सम	तद्भव
धूम्र	धुआँ
भिक्षा	भीख
मस्तक	माथा
मुख	मुँह
मृत्तिका	मिट्टी

तत्सम	तद्भव
रात्रि	रात
वधू	बहू
शुष्क	सूखा
सर्प	साँप

देशज – तत्सम, तद्भव और अंग्रेज़ी शब्दों को छोड़कर अन्य देशी भाषाओं से आए शब्दों को **देशज** कहते हैं। जैसे–झुग्गी, झाड़ू, खिचड़ी, गाड़ी, चिड़िया, खाट, ठेठ, पगड़ी आदि।

विदेशी – हिंदी में कुछ शब्द विदेशी भाषाओं से आए हैं। जैसे–

अंग्रेज़ी से – डॉक्टर, टी.वी., रेल, बैंक, कार, कंप्यूटर, ऑफिस, कॉलेज, प्रिंसिपल, टीचर, स्कूल, बोर्ड, नंबर, स्कोर, क्रिकेट, रन, आउट, कैच आदि।

अरबी से – अमीर, इस्तीफा, इनाम, किस्मत, वकील, ताकत, मुहावरा, तमाशा, हौंसला आदि।

फ़ारसी से – आसमान, अफ़सोस, आमदनी, किताब, ख़राब, जगह, दरवाज़ा, मज़दूर आदि।

पुर्तगाली से – आलपिन, तौलिया, साबुन, कप्तान।

तुर्की से – कुली, कैंची, कुरता।

रचना के आधार पर शब्द-भेद

शब्द कैसे बना? उसकी बनावट या रचना के आधार पर शब्द के तीन भेद हैं–

1. रूढ़ शब्द **2. यौगिक शब्द** **3. योगरूढ़ शब्द**

1. **रूढ़ शब्द**– रूढ़ का अर्थ है–परंपरा से चले आ रहे। जो शब्द लंबे समय से किसी अर्थ के लिए जाने जाते हैं किंतु उनके सार्थक टुकड़े नहीं हो सकते, **रूढ़** कहलाते हैं। जैसे–रोटी, पानी।

2. **यौगिक शब्द**– दो या अधिक शब्दों अथवा शब्दांशों के योग से बने शब्द **यौगिक** कहलाते हैं।

   जैसे– विद्या + आलय = विद्यालय

   अन्य यौगिक शब्द– घोड़ा + सवार = घुड़सवार, पाठ + शाला = पाठशाला, रसोई + घर = रसोईघर, प्रयोग + कक्ष = प्रयोगकक्ष

3. **योगरूढ़ शब्द**– दो या अधिक शब्दों अथवा शब्दांशों से बने ऐसे शब्द योगरूढ़ कहलाते हैं जिनका अर्थ सामान्य न होकर विशेष होता है। जैसे– चक्र + धर = चक्रधर (श्रीकृष्ण)

☞ चक्र धारण करने वाला कोई भी व्यक्ति चक्रधर नहीं कहलाता। यह शब्द भगवान कृष्ण के लिए रूढ़ हो चुका है।

अन्य योगरूढ़ शब्द देखिए–

हिम + आलय = हिमालय (एक पर्वत)

एक + दंत = एकदंत (गणेश)

पंक + ज = पंकज (कमल)

प्रयोग के आधार पर शब्द-भेद

प्रयोग के आधार पर शब्द दो प्रकार के होते हैं–विकारी और अविकारी। वाक्य में प्रयोग करते समय जिन शब्दों के रूप में परिवर्तन हो सकता है, उन्हें **विकारी** कहते हैं। जो शब्द सदा ज्यों-के-त्यों रहते हैं, वे **अविकारी** कहलाते हैं। इनके भी चार-चार भेद हैं। प्रयोग के आधार पर शब्द-भेद को यों समझा जा सकता है–

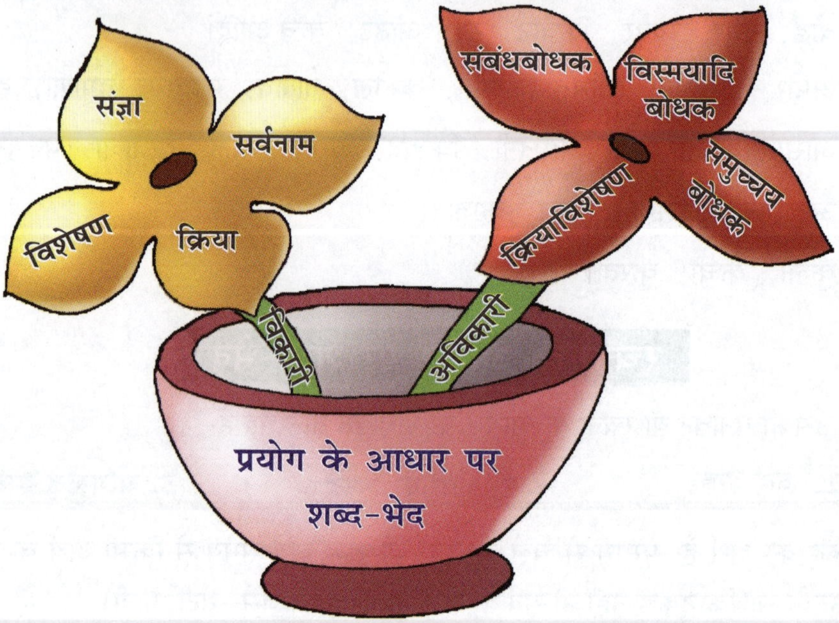

इनका अध्ययन अगले अध्यायों में किया जाएगा।

अर्थ के आधार पर शब्द-भेद

अर्थ के आधार पर शब्द के अनेक भेद किए जा सकते हैं–

1. अनेकार्थी
2. पर्यायवाची
3. विपरीतार्थक
4. अनेक के लिए एक शब्द
5. समरूपी भिन्नार्थक
6. ध्वन्यात्मक
7. समूहवाची
8. शब्द-युग्म

इनका अध्ययन भी अगले अध्यायों में किया जाएगा।

अब आप जान गए होंगे

- सार्थक और स्वतंत्र वर्ण या वर्ण-समूह को **शब्द** कहते हैं।
- वाक्य में प्रयोग किए जाने पर शब्द **पद** कहलाता है।
- हिंदी में चार स्रोतों से शब्द आए हैं–**तत्सम**, **तद्भव**, **देशज** और **विदेशी**।
- शब्द रचना के विचार से शब्द तीन प्रकार के होते हैं–**रूढ़**, **यौगिक** और **योगरूढ़**।
- वाक्य में प्रयोग करने पर दो प्रकार के शब्द मिलते हैं–**विकारी** और **अविकारी**।
- विकारी शब्द चार प्रकार के हैं–**संज्ञा**, **सर्वनाम**, **विशेषण** और **क्रिया**।
- अविकारी शब्द चार प्रकार के हैं–**क्रियाविशेषण**, **समुच्चयबोधक**, **संबंधबोधक** तथा **विस्मयादिबोधक**।
- अर्थ की दृष्टि से शब्द अनेक प्रकार के होते हैं। उनमें प्रमुख हैं– **पर्यायवाची**, **विलोम** तथा **अनेकार्थी**।

अपनी परीक्षा स्वयं लें

1. शब्द किसे कहते हैं?

2. शब्द पद कैसे बनता है?

3. तत्सम शब्द किस स्रोत से हिंदी में आए हैं?

4. तद्भव शब्दों का निर्माण किन शब्दों से हुआ?

5. योगरूढ़ शब्द का उदाहरण देकर स्पष्ट कीजिए।

6. अविकारी शब्दों को अविकारी क्यों कहते हैं?

7. रिक्त स्थानों की पूर्ति नीचे दिए गए उत्तरों में से कीजिए–

(क) जब शब्द वाक्य में प्रयुक्त होता है तो उसे .... कहते हैं।

शब्द   पद   विकारी   अविकारी

(ख) तद्भव शब्द .... शब्दों से बिगड़-सँवर कर बनते हैं।

हिंदी   अंग्रेज़ी   संस्कृत   फ़ारसी

(ग) वाक्य में प्रयोग करने पर .... शब्द ज्यों-के-त्यों रहते हैं।

विकारी   अविकारी   तत्सम   तद्भव

8. निम्नलिखित प्रश्नों के उत्तर दिए गए विकल्पों में से चुनिए–

(क) **वर्षा** का तद्भव शब्द है– बारिश, बरस, वर्ष, वृक्ष

(ख) **आगे** का तत्सम शब्द है– अग्नि, आग, अग्र, अगरु

(ग) **झाड़ू** किस प्रकार का शब्द है– विदेशी, तत्सम्, तद्भव, देशज

(घ) **मज़दूर** किस प्रकार का शब्द है– विदेशी, तत्सम्, तद्भव, देशज

(ङ) **कॉलेज** किस प्रकार का शब्द है– विदेशी, तत्सम्, तद्भव, देशज

9. निम्नलिखित में से यौगिक शब्द छाँटिए तथा उसे खाली बक्से में लिखिए–

(क)	रसोई	रसोईघर	माखनचोर	कलम
(ख)	हाथघड़ी	घड़ी	हाथ	हथकड़ी
(ग)	दशानन	दश	आनन	विद्यार्थी

10. निम्नलिखित तद्भव शब्दों के तत्सम रूप पर (✓) लगाइए–

(क)	**सोना**	स्वर्ण	सवर्ण	सुवर्ण	सोनम
(ख)	**काम**	कर्म	क्रम	करम	कम
(ग)	**चाँद**	चंद	चंद्रमा	चंद्रिका	चाँदनी
(घ)	**घर**	गृह	ग्रह	गेह	ग्रहण

11. निम्नलिखित शब्दों में से रूढ़, यौगिक तथा योगरूढ़ शब्दों को छाँटकर लिखिए–

शब्द	शब्द–रूप	शब्द	शब्द–रूप
हिमालय	....	चिड़ियाघर	....
जलाशय	....	चारपाई	....
मुख	....	तिरंगा	....
फल	....	लालकिला	....
पेड़	....	प्रधानमंत्री	....

12. नीचे दिए गए शब्दों में से संस्कृत, अंग्रेज़ी, उर्दू (अरबी और फ़ारसी) शब्दों को छाँटकर उनके सामने उचित भाषा का नाम लिखिए–

शब्द	भाषा का नाम	शब्द	भाषा का नाम
अमीर	....	औलाद	....
किताब	....	पुस्तक	....
रेडियो	....	आदमी	....

एक अध्यापक समझा रहे हैं–

1. देखो बच्चो! बुराई का **फल** बुरा ही होता है।
2. आम सबसे रसीला **फल** है।
3. चाकू के **फल** से छेड़छाड़ न करो।

आपने देखा–

'फल' शब्द के तीन अर्थ हैं–

1. परिणाम
2. खाद्य फल
3. धार

एक से अधिक अर्थ रखने वाले शब्द अनेकार्थी कहलाते हैं।

उदाहरणतया–'कल' के चार अर्थ हैं–

1. आने वाला दिन 2. बीता हुआ दिन 3. मशीन 4. शोर

हिंदी के कुछ अनेकार्थी शब्द इस प्रकार हैं–

क्रमांक	शब्द	अनेक अर्थ
1.	अंक	गोद, संख्या, नाटक का एक भाग।
2.	अंग	भाग, शरीर का हिस्सा, भागलपुर के आस-पास का प्रदेश।
3.	अग्रज	बड़ा भाई, पहले जन्म लेने वाला, बड़ा।
4.	अर्थ	धन, मतलब।
5.	उत्तर	बाद का, उत्तर दिशा, जवाब।
6.	कनक	सोना, धतूरा, गेहूँ।
7.	कर	हाथ, करना, टैक्स।
8.	कल	आने वाला और बीता हुआ कल, चैन, मधुर ध्वनि, मशीन।
9.	काम	वासना, कर्म, इच्छा।
10.	काल	समय, मृत्यु, यमराज, अवसर।
11.	कृष्ण	काला, श्रीकृष्ण, अँधेरा पक्ष।
12.	गुण	धर्म, स्वभाव, विशेषता, डोरी।
13.	गुरु	भारी, शिक्षक, महान।
14.	ग्रहण	सूर्य-चंद्रमा का आमने-सामने होना, लेना, पकड़ना।
15.	घन	बादल, घना, गहरा, भारी हथौड़ा।
16.	जल	जलना, पानी।
17.	जाल	षड्यंत्र, पशु-पक्षी पकड़ने का जाल।
18.	चरण	कदम, कविता की चार पंक्तियाँ।
19.	ढाल	उतार, अस्त्र-शस्त्र को रोकने का एक साधन
20.	तीर	किनारा, बाण।
21.	ताल	तालाब, हाथ पर हाथ मारने से उत्पन्न शब्द, संगीत की थाप।
22.	तार	लोहे का तार, ताड़, संदेश भेजने का एक साधन।
23.	दंड	डंडा, सज़ा।
24.	दल	पत्ता, पंखुड़ी, समूह, गुट, सेना।
25.	पद	पैर, ओहदा, एक प्रकार का छंद।
26.	पतंग	सूर्य, गुड्डी, पतंगा, पक्षी।
27.	पर	पंख, पराया, दूसरा, बाद का।
28.	फल	परिणाम, वृक्षों पर लगने वाले फल, हथियार का आगे का भाग।
29.	नग	बहुमूल्य पत्थर, पर्वत, सूर्य।
30.	नाग	साँप, एक जाति-विशेष, पर्वत, हाथी, बादल।
31.	नव	नौ, नया।
32.	निशाचर	राक्षस, उल्लू, चोर।
33.	पत्र	पत्ता, चिट्ठी।
34.	मधु	शहद, मीठा, कोमल, सुहावना।
35.	वर	श्रेष्ठ, वरदान, दूल्हा।
36.	वर्ण	रंग, जाति, अक्षर।

क्रमांक	शब्द	अनेक अर्थ
37.	लाल	एक कीमती पत्थर, पुत्र।
38.	साल	वर्ष, एक वृक्ष।
39.	सारंग	मोर, साँप, बादल, भौंरा, कमल, एक राग।
40.	सर	तालाब, सिर, बाण।

अब आप जान गए होंगे

✦ कुछ शब्द एक-से अधिक अर्थ वाले होते हैं। वे संदर्भ के अनुसार भिन्न अर्थ देते हैं। उन्हें **अनेकार्थक** शब्द कहते हैं।

अपनी परीक्षा स्वयं लें

1. निम्नलिखित शब्दों के दो भिन्न अर्थ लिखकर उन्हें वाक्यों में प्रयुक्त कीजिए–

फल, कर, हल, अंक, काम

2. निम्नलिखित शब्दों के दो-दो अर्थ लिखिए–

नव			विधि		
उत्तर			दल		
मुद्रा			गुरु		

3. निम्नलिखित शब्दों का वाक्य में दो बार ऐसे प्रयोग कीजिए कि उसके दोनों अर्थ स्पष्ट हो जाएँ। एक उदाहरण देखिए–

यह **आम** विशेष नहीं **आम** है।

भाग .... **पर** ....

घटा .... **जमा** ....

हाल ....

रचनात्मक गतिविधियाँ (Formative Activities)

❖ विद्यार्थियों के दो दल बनाइए। उन्हें एक अनेकार्थी शब्द दीजिए। जैसे–'कर'। अब दोनों दल बारी-बारी से उसे अलग-अलग अर्थ में प्रयोग करें।

आपने देखा–

सूरज, सूर्य, दिनकर, दिवाकर, रवि–सब एक ही अर्थ को प्रकट करते हैं। ये **पर्यायवाची** कहलाते हैं।

लगभग समान अर्थ वाले शब्दों को **पर्यायवाची** कहते हैं। जैसे–नारी, स्त्री, महिला आदि। हिंदी में पर्यायवाची शब्द बहुत संख्या में हैं। कुछ महत्त्वपूर्ण पर्यायवाची निम्नलिखित हैं–

क्रमांक	शब्द	पर्यायवाची शब्द
1.	अंधकार	अँधेरा, तिमिर, तम, अँधियारा।
2.	अग्नि	अनल, पावक, ज्वाला, हुताशन, आग।
3.	अच्छा	उचित, शुभ, उपयुक्त, सुंदर, ठीक, सही।
4.	अतिथि	मेहमान, आगंतुक, अभ्यागत, पाहुन।
5.	अनुचर	दास, भृत्य, सेवक, नौकर, परिचारक।
6.	अमृत	पीयूष, सुधा, अमिय, सोम।
7.	अश्व	घोड़ा, घोटक, हय, तुरंग, वाजि।
8.	आकाश	अंबर, गगन, व्योम, नभ, आसमान।
9.	आँख	नेत्र, नयन, लोचन, चक्षु, दृग।

क्रमांक	शब्द	पर्यायवाची शब्द
10.	आनंद	हर्ष, मोद, प्रसन्नता, उल्लास, प्रफुल्लता।
11.	इंद्र	सुरेश, सुरेंद्र, देवेंद्र, देवराज।
12.	इच्छा	अभिलाषा, आशा, लालसा, चाह, मनोरथ, कामना।
13.	ईश्वर	ईश, प्रभु, जगदीश, परमेश्वर, परमात्मा।
14.	उपवन	उद्यान, वाटिका, फुलवारी, बगीचा।
15.	कमल	कंज, राजीव, सरोज, सरसिज, नलिन, अरविंद, नीरज, पंकज।
16.	कपड़ा	पट, वस्त्र, अंबर, चीर, परिधान।
17.	किनारा	तट, तीर, कुल, कगार।
18.	किरण	रश्मि, अंशु, मरीचि, कर।
19.	कोयल	पिक, कोकिल, परभृत।
20.	क्रोध	कोप, रिस, रोष, गुस्सा।
21.	गंगा	भागीरथी, सुरसरि, मंदाकिनी, जाह्नवी, त्रिपथगा।
22.	गाय	धेनु, सुरभि, गौ।
23.	घर	गृह, भवन, आलय, निकेत, सदन, गेह।
24.	चंद्रमा	चंद्र, इंदु, सुधांशु, निशापति, सुधाकर, राकेश, हिमकर।
25.	चाँदनी	ज्योत्स्ना, कौमुदी, चंद्रिका।
26.	जल	नीर, वारि, तोय, सलिल, अंबु, पय।
27.	तालाब	सर, तड़ाग, सरोवर, पोखर, जलाशय, पुष्कर।
28.	दाँत	दंत, रद, दशन, द्विज।
29.	देवता	देव, अमर, सुर, निर्जर।
30.	धन	अर्थ, वित्त, लक्ष्मी, श्री, संपत्ति, वैभव।
31.	नदी	सरिता, प्रवाहिनी, तरंगिनी, तटिनी।
32.	नारी	औरत, महिला, कामिनी, ललना, महिला, वनिता।
33.	पत्ता	पात, पत्र, दल, पर्ण।
34.	पक्षी	विहंग, विहंगम, खग, द्विज, शकुंत, विहग, पंखी।
35.	पृथ्वी	भू, भूमि, धरा, धरती, मही, वसुधा, वसुंधरा।
36.	पुष्प	सुमन, कुसुम, फूल, प्रसून।

क्रमांक	शब्द	पर्यायवाची शब्द
37.	पर्वत	गिरि, अचल, शैल, भूधर, नग
38.	पेड़	वृक्ष, विटप, शाल, तरु, महीरूह।
39.	बाल	केश, अलक, कुंतल।
40.	बादल	मेघ, जलद, नीरद, वारिद।
41.	भौंरा	अलि, मधुप, मधुकर, भृंग, भ्रमर।
42.	मनुष्य	मनुज, नर, मानव।
43.	राजा	नृप, नरपति, महीप, भूपति, भूपाल, नरेश।
44.	राक्षस	असुर, पिशाच, निशाचर, दैत्य।
45.	रात्रि	निशा, रजनी, यामिनी, विभावरी, रैन, रात।
46.	लक्ष्मी	हरि-प्रिया, रमा, कमला, श्री, चंचला।
47.	वायु	अनिल, समीर, पवन, मारुत, वात, हवा।
48.	विद्युत	तड़िता, चपला, दामिनी, सौदामिनी।
49.	समुद्र	सागर, रत्नाकर, उदधि, जलधि, नीरधि, पयोधि, सिंधु।
50.	सुंदर	मनोरम, मनोहर, रमणीय, रम्य, चारु, रुचिर।

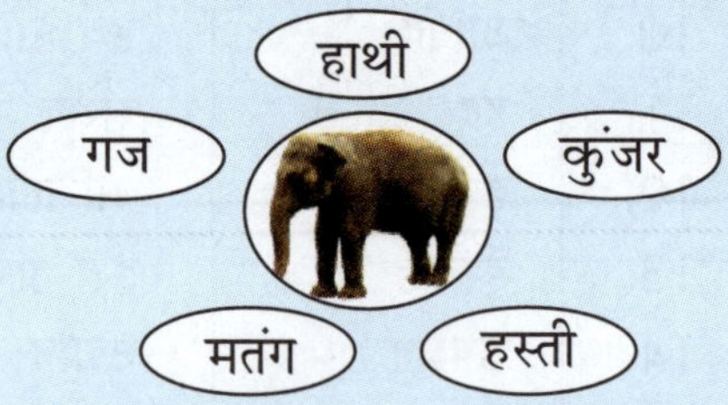

अब आप जान गए होंगे

- जिन शब्दों का अर्थ समान होता है, उन्हें **पर्यायवाची** कहते हैं।

अपनी परीक्षा स्वयं लें

1. निम्नलिखित पर्यायवाची शब्दों में एक अशुद्ध है। उस पर (✓) लगाइए–

1. फूल, सुमन, पुष्प, पत्र, कुसुम
2. पर्वत, विद्युत, शैल, नग, पहाड़
3. सूर्य, दिनेश, राकेश, दिनकर, रवि
4. भूमि, भू, धरती, पवन, वसुधा

2. निम्नलिखित के दो-दो पर्यायवाची लिखिए–

नदी ________ ________ सागर ________ ________

केश			मित्रता		
रात्रि			शिव		

3. काले, मोटे शब्द की जगह अन्य कोई पर्यायवाची शब्द लिखिए–

समस्त प्राणियों से प्रेम करो।

सूरज **हमेशा** पूर्व से निकलता है।

प्रात:काल की वेला अत्यंत सुहावनी होती है।

आकाश में **मेघ** गरज रहे हैं।

रचनात्मक गतिविधियाँ (Formative Activities)

❖ नीचे चित्र दिए गए हैं। उनके चारों ओर चार-चार खाली स्थान हैं। उनमें (चित्रों के) पर्यायवाची शब्द भरिए–

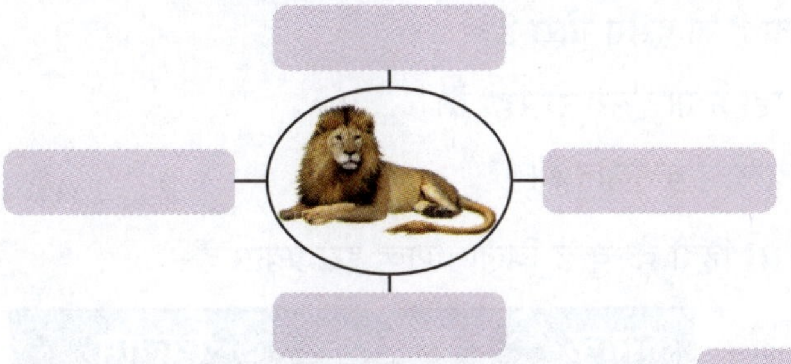

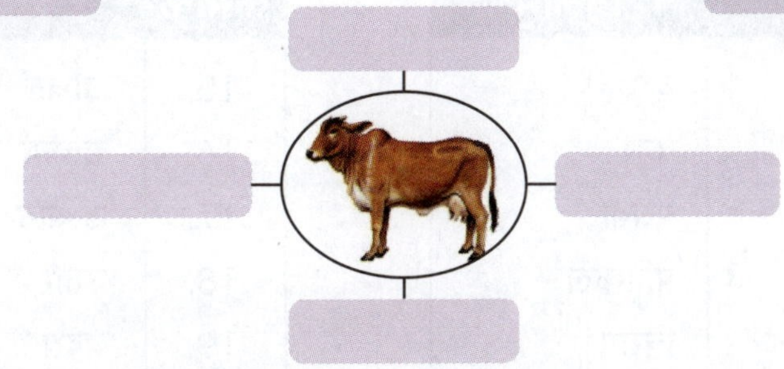

❖ **वर्ग-पहेली**

निम्न वर्ग-पहेली में से भारत की दो प्रसिद्ध नदियों के पर्यायवाची अलग करके लिखिए–

भा	गी	र	थी		ह	दे	का
गं	य	मु	ना		रि	व	लि
गा	न	दि	या		द्वा	न	न्दी
र	वि	त	न	या	र	दी	
स	वि	ता					
सु	र	स	रि	ता			

आपने देखा–

एक **मोटा** है तो दूसरा **पतला** है। एक **काला** है तो दूसरा **गोरा** है।

एक **लंबा** है तो दूसरा **छोटा** है। एक **हँस** रहा है तो दूसरा **रो रहा** है।

ये शब्द अर्थ में विरोधी होने के कारण **विपरीतार्थक** या **विलोम** कहलाते हैं।

जैसे–**रात** का विपरीत है–**दिन**। **हानि** का विलोम है–**लाभ**। हिंदी के कुछ विलोम शब्द इस प्रकार हैं–

क्रमांक	शब्द	विलोम
1.	अच्छा	बुरा
2.	अधिक	कम
3.	अपना	पराया
4.	अनुकूल	प्रतिकूल
5.	अनुराग	विराग
6.	अमृत	विष
7.	आकाश	पाताल
8.	आकर्षण	विकर्षण
9.	आदर	निरादर
10.	आदान	प्रदान
11.	आय	व्यय
12.	आयात	निर्यात
13.	आरंभ	अंत
14.	इच्छा	अनिच्छा

क्रमांक	शब्द	विलोम
15.	उचित	अनुचित
16.	उत्कर्ष	अपकर्ष
17.	उत्थान	पतन
18.	उतार	चढ़ाव
19.	उदय	अस्त
20.	उन्नति	अवनति
21.	उपकार	अपकार
22.	ऊँच	नीच
23.	ऋणी	उऋण
24.	कड़वा	मीठा
25.	कपटी	निष्कपट
26.	कुटिल	सरल, ऋजु
27.	गुण	अवगुण
28.	गृहस्थ	संन्यासी

क्रमांक	शब्द	विलोम
29.	चल	अचल
30.	छाया	धूप
31.	जय	पराजय
32.	जटिल	सरल
33.	जीवन	मरण
34.	थोड़ा	बहुत
35.	धनी	निर्धन
36.	धर्म	अधर्म
37.	नवीन	प्राचीन
38.	निकट	दूर
39.	निरर्थक	सार्थक
40.	निरक्षर	साक्षर
41.	निंदा	स्तुति
42.	निर्गुण	सगुण
43.	नीरस	सरस
44.	निराकार	साकार
45.	पाप	पुण्य
46.	प्राचीन	नवीन
47.	बली	निर्बल
48.	बाहर	भीतर
49.	मधुर	कटु
50.	मान	अपमान
51.	मानव	दानव
52.	मित्र	शत्रु
53.	यश	अपयश
54.	रक्षक	भक्षक
55.	राग	द्वेष

क्रमांक	शब्द	विलोम
56.	राजा	रंक
57.	रोगी	स्वस्थ
58.	लाभ	हानि
59.	लेन	देन
60.	वरदान	अभिशाप
61.	वैर	मैत्री
62.	विष	अमृत
63.	विजय	पराजय
64.	विधवा	सधवा
65.	विरोध	समर्थन
66.	विवाहित	अविवाहित
67.	शांति	अशांति
68.	संपत्ति	विपत्ति
69.	संयोग	वियोग
70.	सजीव	निर्जीव
71.	सज्जन	दुर्जन
72.	सत्कर्म	दुष्कर्म
73.	सदुपयोग	दुरुपयोग
74.	सबल	दुर्बल
75.	स्तुति	निंदा
76.	स्थूल	सूक्ष्म
77.	स्वर्ग	नर्क
78.	स्वाधीन	पराधीन
79.	साकार	निराकार
80.	सुख	दुख
81.	सौभाग्य	दुर्भाग्य
82.	हलका	भारी

अब आप जान गए होंगे

- एक-दूसरे के विपरीत अर्थ देने वाले शब्द **विपरीतार्थक** कहलाते हैं।

अपनी परीक्षा स्वयं लें

1. निम्नलिखित शब्द का सही विपरीतार्थक शब्द सामने दिए गए विकल्पों में से छाँटिए तथा उसे खाली बॉक्स में लिखिए–

प्रकाश	उजाला, अंधड़, ज्योति, अंधकार	
अमृत	मृत, विष, मधु, कटु	
दिन	दिवस, संध्या, साँझ, रात	

2. निम्नलिखित शब्दों के विलोम लिखिए–

जन्म		उत्थान		उपकार	
राग		जय		सक्रिय	
आदर		अनादर		आरंभ	

3. रिक्त स्थानों की पूर्ति रेखांकित शब्दों के विपरीतार्थक से कीजिए–

मैं तेरा <u>मित्र</u> हूँ .... नहीं।

मुझे <u>लाभ</u> हुआ है .... नहीं।

मैं .... को आऊँगा, <u>दिन</u> में नहीं।

भारत <u>स्वतंत्र</u> देश है, ... नहीं।

लड़कियाँ भगवान का <u>वरदान</u> हैं, ... नहीं।

रचनात्मक गतिविधियाँ (Formative Activities)

- दो दल बनाइए। पहला दल कोई ऐसा शब्द बोले जिसका विपरीतार्थक शब्द हो। दूसरा दल उसका विपरीतार्थक बोले। दोनों दलों को 5–5 शब्द बोलने का अवसर दीजिए।
- अपनी पाठ्य-पुस्तक में प्रयोग होने वाले 10 विलोम-युग्म चुनिए तथा उनकी सूची बनाइए।
- वर्ग-पहेली में से विलोम शब्दों के युग्म छाँटिए–

सु	ख		अ	मृ	त
	उ	त्था	न		का
वि	ष				ला
म		प	गो	दु	ख
हा		त	रा		ही
न		न			न

चोरी करने वालों से बचो! – **चोरों** से बचो।

डकैती करने वालों से बचो। – **डाकुओं** से बचो।

वह **उपकार को नहीं मानता।** – वह **कृतघ्न** है।

आपने देखा–

कुछ शब्द अत्यंत संक्षिप्त होते हैं। उनका विस्तार भी हो सकता है। कुशल वक्ता संक्षिप्त शब्दों का प्रयोग करना जानता है।

1.	छोटा भाई	अनुज
2.	बड़ा भाई	अग्रज
3.	जिसका अंत न हो	अनंत
4.	कभी न मरने वाला	अमर
5.	जिसके समान दूसरा न हो	अद्वितीय
6.	जिसका आरंभ न हो	अनादि
7.	जिसकी उपमा न हो	अनुपम
8.	जिसका पार न हो	अपार
9.	जिसे जीता न जा सके	अजेय
10.	कम जानने वाला	अल्पज्ञ
11.	जो सहा न जा सके	असह्य
12.	जिसमें शक्ति न हो	शक्तिहीन
13.	किसी बात को बहुत बढ़ा-चढ़ाकर कहना	अतिशयोक्ति
14.	मन की बात जानने वाला	अंतर्यामी
15.	जो झूठा दिखावा मात्र हो	पाखंड
16.	जिसे छूना मना हो	अस्पृश्य
17.	आधे वर्ष में होने वाला	अर्धवार्षिक
18.	जो खाने योग्य न हो	अखाद्य
19.	बिना थके	अथक
20.	जो दिखाई न दे	अदृश्य
21.	जो अवसर के अनुसार बदल जाता हो	अवसरवादी
22.	ईश्वर को मानने वाला	आस्तिक

23.	ईश्वर को न मानने वाला	नास्तिक
24.	जिसका कोई शत्रु न जन्मा हो	अजातशत्रु
25.	अनुकरण करने योग्य	अनुकरणीय
26.	जो किए हुए उपकार को न मानता हो	कृतघ्न
27.	जो किए गए उपकार को मानता हो	कृतज्ञ
28.	जिसका वर्णन न किया जा सके	अवर्णनीय
29.	जानने की इच्छा रखने वाला	जिज्ञासु
30.	अच्छे आचरण वाला	सदाचारी
31.	बुरे आचरण वाला है जो	दुराचारी
32.	जिसे क्षमा न किया जा सके	अक्षम्य
33.	जो दूर की बात सोच सकता हो	दूरदर्शी
34.	जो सब-कुछ जानता हो	सर्वज्ञ
35.	सदैव स्मरण रखने योग्य	चिरस्मरणीय
36.	साफ बात कहने वाला	स्पष्टवक्ता
37.	जिसके माता-पिता न हों	अनाथ
38.	जिसका पति मर गया हो	विधवा
39.	जिसकी पत्नी मर गई हो	विधुर
40.	दूसरों पर उपकार करने वाला	परोपकारी
41.	मांस खाने वाला	मांसाहारी
42.	कम खाने वाला	अल्पाहारी
43.	पंद्रह दिन में एक बार होने वाला	पाक्षिक
44.	महीने में एक बार होने वाला	मासिक
45.	वर्ष में एक बार होने वाला	वार्षिक
46.	परीक्षा देने वाला	परीक्षार्थी
47.	जिस पर विश्वास किया जा सके	विश्वसनीय
48.	जो अभी-अभी आया हो	नवागंतुक
49.	मीठा बोलने वाला	मृदुभाषी
50.	हाथ से लिखा हुआ	हस्तलिखित
51.	जो किसी का शुभ चाहता हो	शुभचिंतक
52.	राजनीति का ज्ञान रखने वाला	राजनीतिज्ञ
53.	जो सब जगह व्याप्त हो	सर्वव्यापी
54.	जिसे काटा न जा सके	अकाट्य

अपनी परीक्षा स्वयं लें

1. निम्नलिखित अनेक शब्दों के लिए एक-एक शब्द चुनिए तथा उस पर (✓) लगाइए–

जिसके समान दूसरा न हो	असमान ☐	अद्वितीय ☐	अद्‌भुत ☐	विचित्र ☐
जो सहा न जा सके	सहनीय ☐	असह्य ☐	सहनशील ☐	असहनशील ☐
जिसे जीता न जा सके	अजेय ☐	अजय ☐	अपराजेय ☐	अजित ☐
मांस खाने वाले	मांसल ☐	मांसाहारी ☐	मासिक ☐	निरामिष ☐
कम खाने वाला	अल्पाहारी ☐	अल्पज्ञ ☐	मितभाषी ☐	बहुभोजी ☐
मन की बात जानने वाला	अंतर्यामी ☐	मनस्वी ☐	मनीषी ☐	मननशील ☐

2. निम्नलिखित संक्षिप्त शब्दों के अर्थ लिखिए–

अनुपम .... पाखंडी ....
अखाद्य .... अथक ....
अदृश्य .... नास्तिक ....
कृतज्ञ .... अक्षम्य ....

रचनात्मक गतिविधियाँ (Formative Activities)

❖ दो दल बनाइए। पहला दल एक ऐसा वाक्य बनाए जिसके किसी भाग को संक्षिप्त किया जा सकता हो। दूसरा दल उस वाक्य को संक्षिप्त करके बोले। जैसे–

पहला दल – शेर मांस खाने वाला पशु है।
दूसरा दल – शेर मांसाहारी पशु है।

समरूपी भिन्नार्थक शब्द

बहुत से शब्द बोलने अथवा लिखने में बहुत-कुछ समान दिखाई देते हैं, पर उनके अर्थ में बहुत अंतर होता है। उनके प्रयोग के विषय में बहुत सावधानी रखनी चाहिए। यहाँ कुछ समरूपी भिन्नार्थक शब्द दिए जा रहे हैं–

ग्रह

गृह

नग

नाग

क्रमांक	समरूपी शब्द	अर्थ-भेद
1.	अनल	अग्नि
	अनिल	हवा
2.	अवधि	समय-सीमा
	अवधी	अवध की भाषा
3.	अन्न	अनाज
	अन्य	दूसरा कोई
4.	आदि	आरंभ
	आदी	अभ्यस्त
5.	अतल	बहुत गहरा
	अतुल	जिसकी तुलना न हो
6.	असमान	जो समान न हो
	आसमान	आकाश
7.	आसन	बैठने का ढंग
	आसन्न	पास

क्रमांक	समरूपी शब्द	अर्थ-भेद
8.	अवलंब	सहारा
	अविलंब	फौरन
9.	उपेक्षा	अनदेखा, अनादर
	अपेक्षा	आवश्यक, मुकाबले में
10.	उपकार	भलाई
	अपकार	बुराई
11.	अशक्त	शक्तिहीन
	आसक्त	मोहित
12.	कोश	शब्दकोश
	कोष	खजाना
13.	कृपण	कंजूस
	कृपाण	तलवार
14.	कपट	धोखा
	कपाट	किवाड़

क्रमांक	समरूपी शब्द	अर्थ-भेद
15.	कुपथ्य	हानिकारक भोजन
	कुपथ	बुरा मार्ग
16.	अलि	भौंरा
	आली	सहेली
17.	उद्यत	तैयार
	उद्धत	उद्दंड (उद्दंड)
18.	उपयुक्त	ठीक, उचित
	उपर्युक्त	ऊपर बताया हुआ
19.	उदर	पेट
	उदार	विशाल, खुला
20.	उधार	कर्ज़
	उद्धार	उबारना
21.	कुल	खानदान, परिवार
	कूल	किनारा
22.	दिन	दिवस
	दीन	गरीब, दुर्बल
23.	नग	पत्थर, पर्वत
	नाग	साँप
24.	नीयत	उद्देश्य
	नियत	तय, निश्चित
25.	निधन	मृत्यु
	निर्धन	धनहीन
26.	ग्रह	आकाश के ग्रह
	गृह	घर
27.	चर्म	चमड़ा
	चरम	अंतिम
28.	जूठ	खाकर छोड़ा हुआ
	झूठ	असत्य

क्रमांक	समरूपी शब्द	अर्थ-भेद
29.	तरंग	लहर
	तुरंग	घोड़ा
30.	बात	बातचीत
	वात	हवा
31.	शर	तीर
	सर	तालाब
32.	हंस	एक पक्षी
	हँस	हँसने की क्रिया
33.	नीरज	कमल
	नीरद	बादल
	नीरधि	समुद्र
34.	निशाचर	राक्षस
	निशाकर	चंद्रमा
35.	परिमाण	नाप-तोल
	परिणाम	नतीजा
36.	प्रमाण	सबूत
	प्रणाम	नमस्कार
37.	प्रसाद	भोजन, कृपा
	प्रासाद	ऊँचा मकान, महल
38.	पवन	हवा
	पावन	पवित्र
39.	लक्ष	लाख
	लक्ष्य	उद्देश्य
40.	वारिद	बादल
	वारिधि	समुद्र
41.	समान	बराबर
	सम्मान	आदर

समूहवाची शब्द

ढेर

झुंड

टोली/मंडली

चित्र देखें। क्या भक्तों का ढेर हो सकता है? नहीं। क्या गेहूँ की मंडली या टोली हो सकती है? नहीं। प्रत्येक भाषा में तरह-तरह के समूहों के लिए अलग-अलग शब्द प्रचलित हो जाते हैं। हिंदी के कुछ समूहवाची शब्द इस प्रकार हैं–

समूहवाची शब्द	जिसके साथ प्रयोग किया जाता है।
1. गट्ठर	लकड़ियों का
2. गड्डी	नोटों की
3. गिरोह	डाकुओं का
4. गुच्छा	अंगूरों का
5. गुलदस्ता	फूलों का
6. छत्ता	मधुमक्खियों का
7. जत्था	यात्रियों का
8. जोड़ा	वर-वधू का
9. झुंड	पशुओं का
10. टुकड़ी	सेना की

समूहवाची शब्द	जिसके साथ प्रयोग किया जाता है।
11. ढेर	रेत का
12. दल	सैनिकों का
13. भीड़	हड़तालियों की
14. मंडली	भक्तों की
15. माला	पर्वत की
16. रेवड़	भेड़-बकरियों का
17. लश्कर	सेना का
18. श्रृंखला	पर्वत की
19. समूह	दर्शकों का

ध्वनिवाची शब्द

म्याऊँ

फटफट

धाँय

आप जानते हैं कि हर प्राणी अलग ढंग से आवाज़ करता है। सबके चलने और गिरने की ध्वनियाँ भी भिन्न होती हैं। प्रेम, क्रोध या अन्य दशाओं में भी विशेष प्रकार की आवाज़ें निकलती हैं। इन सब ध्वनियों को **ध्वनिवाची शब्द** कहते हैं। हिंदी में प्रचलित कुछ ध्वनिवाची शब्द इस प्रकार हैं–

पशुओं की बोलियाँ

ऊँट	बलबलाता है।
कुत्ता	भौंकता है।
गधा	रेंकता है।
गाय	रँभाती है।
गीदड़	हुआँ-हुआँ करता है।
घोड़ा	हिनहिनाता है।
बंदर	किलकिलाता है।
बकरी/भेड़	मिमियाती है।

पक्षियों की आवाजें

उल्लू	हू-हू करता है।
कबूतर	गुटर-गूँ करता है।
कोयल	कूकती है।
कौआ	काँव-काँव करता है।
चिड़िया	चहचहाती है।
तोता	टैं-टैं करता है।
बत्तख	कूजती है।
बाज	चीखता है।

पशुओं की बोलियाँ

बिल्ली	म्याऊँ-म्याऊँ करती है।
बैल	हँकड़ता है।
भँवरा	गुंजार करता है।
मेंढक	टर्राता है।
शेर	दहाड़ता है।
साँप	फुँफकारता है।
सूअर	हुरड़ता है।
हाथी	चिंघाड़ता है।

पक्षियों की आवाजें

मक्खी	भिनभिनाती है।
मुर्गा	कुकड़ू-कूँ करता है।

अन्य ध्वनियाँ

आँसू	छलछलाते हैं।
इंजन	घर्र-घर्र करता है।
गाड़ी	छुकछुक करती है।
गोली	सनसनाती है।
घंटा	टनटन करता है।
घटा	घुमड़ती है।

अन्य ध्वनियाँ

घड़ी	टिकटिक करती है।
घुँघरू	रुनझुन बजते हैं।
चारपाई	चूँ-चूँ करती है।
जीभ	लपलपाती है।
झरना	झर-झर करता है।
तोप/बंदूक	दनदनाती है।
दरवाजा	खटखटाया जाता है।
दाँत	किटकिटाते हैं।
धनुष	टंकार करता है।

अन्य ध्वनियाँ

पंख	फड़फड़ाते हैं।
पैर	पटके जाते हैं।
बादल	गरजते हैं।
बिजली	कड़कती है।
मोटर साइकिल	फटफट करती है।
रुपये का सिक्का	खनखनाता है।
तेज हवा	सनसनाती है।
मंद वायु	सरसराती है।
आँधी	साँय-साँय करती है।

शब्द-युग्म

आपने ऐसे वाक्य भी सुने होंगे–

भाई, मेहमानों को पानी-वानी पिलाओ, खाना-वाना खिलाओ।

यहाँ 'पानी' तो समझ में आता है, परंतु 'वानी' समझ में नहीं आता। 'खाना' तो हम समझते हैं किंतु 'वाना' नहीं जानते। वास्तव में 'वानी' और 'वाना' अपने-आप में अर्थहीन हैं, परंतु जब ये 'पानी' और 'खाना' के हमदम दोस्त बनकर साथ निभाते हैं तो इनका भी अर्थ निकल आता है। यहाँ 'वानी' का अर्थ है–पानी के साथ खाने या पीने की कोई चीज़। 'वाना' का अर्थ है–खाने की कोई चीज़। इस प्रकार 'पानी-वानी' और 'खाना-वाना' शब्द-युग्म हैं। इनका अर्थ जोड़े के रूप में ही निकलता है। हिंदी में अनेक प्रकार के शब्द-युग्म हैं।

कुछ उदाहरण देखिए–

पुनरुक्ति वाले युग्म

घर-घर	गाँव-गाँव	किनारे-किनारे	क्या-क्या
खुशी-खुशी	काले-काले	खाते-खाते	पास-पास

समान अर्थ या वर्ग वाले युग्म

माता-पिता	अन्न-जल	खाना-पीना	आस-पास
छिन्न-भिन्न	जात-पात	रिश्ते-नाते	आदर-सत्कार

विलोम युग्म

दिन-रात	लाभ-हानि	सुख-दुख	पाप-पुण्य
जाने-अनजाने	जीत-हार	आशा-निराशा	आदान-प्रदान

सार्थक-निरर्थक युग्म

चाय-वाय	आमने-सामने	अलग-थलग	चटक-मटक
हेरा-फेरी	नाश्ता-वाश्ता	साड़ी-वाड़ी	फल-वल

निरर्थक-युग्म

अनाप-शनाप	अंट-शंट	ऊबड़-खाबड़	ताबड़-तोड़

परसर्ग-सहित युग्म

कुछ-न-कुछ	कोई-न-कोई	कभी-न-कभी	बात-ही-बात में

अब आप जान गए होंगे

- दीखने में एक जैसे किंतु अर्थ में भिन्न शब्दों को **समरूपी भिन्नार्थक** कहते हैं।
- किसी समूह के लिए प्रयुक्त होने वाले शब्दों को **समूहवाची** कहते हैं।
- ध्वनियों को प्रकट करने वाले शब्द **ध्वनिवाची** कहलाते हैं।
- जब दो शब्द मिलकर अर्थ प्रकट करते हैं, उसे **शब्द-युग्म** कहा जाता है।

अपनी परीक्षा स्वयं लें

1. रिक्त स्थानों की पूर्ति कोष्ठक में दिए गए उपयुक्त शब्दों में से कीजिए–

(क) भूकंप के बाद सारे मकान मलबे के .... में बदल गए। (झुंड/गट्ठर/ढेर/समूह)

(ख) बेलों पर अंगूरों के .... लगे हुए हैं। (जत्थे/गुच्छे/छत्ते/दल)

(ग) सामने से भजन गाते हुए भक्तों की .... आ रही है। (टुकड़ी/मंडली/भीड़/शृंखला)

(घ) दूर-दूर तक फैली पर्वत .... को देखिए। (दल/टुकड़ी/मंडली/शृंखला)

2. रिक्त स्थानों की पूर्ति निम्नलिखित उत्तरों में से कीजिए–

हवा मंद गति से (1) .... हुई चल रही थी। भँवरे (2) .... कर रहे थे। चिड़ियाँ (3) .... रही थीं। कोयल (4) .... रही थी। कबूतर (5) .... करने लगे।

संभावित उत्तर

1. सरसराती/सनसनाती/साँय-साँय करती/मुसकराती
2. टिटकार/गुंजार/हिनहिनाहट/भिनभिन
3. किलकिला/चहचहा/काँव-काँव/कूक
4. कूक/कुकड़ू-कूँ/गुटर-गूँ/रुनझुन
5. कुकड़ू-कूँ/गुटर-गूँ/काँव-काँव/कूजन

निम्न कहानी में प्रयुक्त हुए तीन शब्द-युग्मों को हरा रंग लगाइए।

प्रणवीर बालक प्रताप

महाराणा प्रताप का जन्म सन् 1540 ई. में हुआ था। वे महाराणा उदयसिंह के ज्येष्ठ पुत्र थे। उनकी शिक्षा-दीक्षा मेवाड़ राजवंश-परंपरा के अनुकूल हुई थी। अस्त्र-शस्त्र, सेना-संचालन, मृगया तथा राज्योचित प्रबंध की दक्षता उन्होंने बाल्यावस्था में ही पूर्ण रूप से प्राप्त कर ली थी। राणा उदयसिंह अपने कनिष्ठ पुत्र जगमल को बहुत प्यार करते थे और उसी को अपना उत्तराधिकारी घोषित करने का उन्होंने निश्चय कर लिया था। प्रताप पितृभक्त बालक थे, उन्होंने पिता के निर्णय का तनिक भी विरोध नहीं किया। प्रताप को बाल्यकाल में सदा यही बात खटकती रहती थी कि भारतभूमि विदेशियों की दासता की हथकड़ी और बेड़ियों में सिसक रही है। वे स्वदेश की मुक्ति-योजना में सदा चिंतनशील रहते थे। उनके मामा झालोड़ के राव अक्षयराज बालक प्रताप की पीठ पर सदा हाथ रखते थे।

प्रताप बड़े साहसी बालक थे। स्वतंत्रता और वीरता के भाव उनके रग-रग में भरे हुए थे। कभी-कभी बालक प्रताप घोड़े की पीठ से उतरकर बड़ी श्रद्धा और आदर से महाराणा कुंभ के विजय-स्तंभ की परिक्रमा कर तथा मेवाड़ की पवित्र धूलि मस्तक पर लगाकर कहा करते थे कि 'मैंने वीर क्षत्राणी का दुग्ध-पान किया है, मेरे रक्त में महाराणा साँगा का ओज प्रवाहित है; चित्तौड़ के विजय-स्तंभ! मैं तुमसे स्वतंत्रता और मातृ-भूमि-भक्ति की शपथ लेकर कहता हूँ और विश्वास दिलाता हूँ कि तुम सदा उन्नत और सिसौदिया-गौरव के विजय-प्रतीक बने रहोगे।'

बालक प्रताप के सामने सदा राणा साँगा का आदर्श रहता था। वे प्राय: श्रद्धांजलि समर्पित करते समय कहा करते थे कि 'मैं महाराणा साँगा के अधूरे कार्य को अवश्य पूरा करूँगा। वह दिन दूर नहीं है, जब दिल्ली का अधिपति साँगा के वंशज से प्राणों की भीख माँगेगा।'

प्रताप ने बचपन में ही यह सिद्ध कर दिखाया कि बाप्पा रावल की संतान का सिर किसी मनुष्य के आगे नहीं झुक सकता। बालक प्रताप ने राज्य-प्राप्ति का नहीं, देश की बंधनमुक्ति का व्रत लिया था।

उपसर्ग

जो शब्दांश किसी शब्द से पहले लगकर नए शब्द का निर्माण करते हैं, उपसर्ग कहलाते हैं।

उदाहरण– अ + मर = अमर

'अ' शब्द नहीं, शब्दांश है। यह 'मर' शब्द से पहले लगा। इससे नए शब्द 'अमर' का निर्माण हो गया। अतः 'अ' उपसर्ग है।

उपसर्ग की विशेषताएँ

- उपसर्ग शब्दांश होता है। उसका स्वतंत्र अर्थ नहीं होता।
- उपसर्ग किसी-न-किसी अर्थ को प्रकट तो करता है किंतु अलग से प्रयोग नहीं किया जाता।
- यह किसी शब्द से पहले लगता है।
- यह शब्द से जुड़कर उसका अर्थ बदल देता है। जैसे 'अमर' में 'अ' ने 'न' के भाव को प्रकट किया।

उपसर्ग के प्रकार–प्रत्येक भाषा के अपने उपसर्ग होते हैं। हिंदी भाषा में संस्कृत, तद्भव (हिंदी), अंग्रेज़ी और अरबी-फ़ारसी (उर्दू) भाषाओं के शब्द हैं। इसलिए उनके उपसर्ग भी अलग-अलग हैं। संस्कृत शब्द के साथ संस्कृत का उपसर्ग लगता है तो उर्दू शब्द के साथ उर्दू का उपसर्ग। नीचे कुछ उपसर्ग दिए जा रहे हैं।

संस्कृत के उपसर्ग

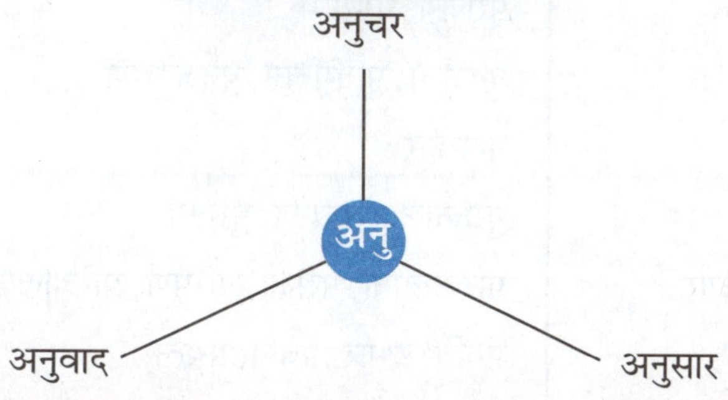

उपसर्ग	अर्थ	उदाहरण
अंतर	के मध्य (Inter)	अंतरराष्ट्रीय, अंतरराज्यीय, अंतरक्षेत्रीय
अंतर्	भीतर (Intra)	अंतर्राष्ट्रीय, अंतर्राज्यीय, अंतर्मुखी, अंतरात्मा

उपसर्ग	अर्थ	उदाहरण
अ	नहीं	अधर्म, अन्याय, अभाव, अनाथ
अति	अधिक	अतिरिक्त, अत्याचार, अत्यधिक, अतिसुंदर
अध:	नीचे	अध:पतन
अधि	ऊँचा	अधिकार, अध्यक्ष, अधिनायक, अधिपति
अन्	नहीं	अनादर, अनेक, अनुपस्थित
अप	बुरा	अपशब्द, अपयश, अपमान
अभि	सामने	अभिनय, अभिनव, अभिनेता
अव	बुरा	अवशेष, अवगुण, अवनति
आ	तक, पूर्ण	आजन्म, आजीवन, आमरण
उत्	ऊँचा	उन्नति, उत्थान, उद्योग
उप	निकट, छोटा	उपहार, उपकार, उपनाम
कु	बुरा	कुपुत्र, कुमार्ग, कुपथ
चिर	बहुत देर तक	चिरकाल, चिरस्थायी, चिरजीवी, चिरपरिचित
तिरस्/तिर:	निषेध	तिरस्कार, तिरोहित, तिरोभाव
दुस्/दुर्	बुरा	दुर्घटना, दुर्दशा, दुर्बल, दुस्साहस, दुष्कर्म
नि	निषेध/निपुणता	नियम, निबंध, निवारण
निस्/निर्	रहित, निषेध	निरादर, निस्संकोच, निराशा, निर्मल, निरपराध
पर	अन्य	परदेश, पराधीन, परलोक
परा	विपरीत	पराजय, पराक्रम
पुनर्	फिर	पुनर्जन्म, पुनर्मिलन, पुनर्जागरण
पुरस्	सामने	पुरस्कार
पुरा	पहले	पुराकाल, पुरातत्त्व, पुरातन
परि	चारों ओर	परिकल्पना, परीक्षा, परिपूर्ण, परिचालक
प्र	आगे	प्रगति, प्रभार, प्रबल, प्रयत्न
प्राक्	पहले	प्राक्कथन, प्रागैतिहासिक
प्रादुर	प्रकट होना	प्रादुर्भाव
प्रति	हर, विरुद्ध	प्रतिध्वनि, प्रतिक्षण, प्रतिहिंसा, प्रत्यक्ष
बहिर्	बाहर	बहिष्कार, बहिर्गमन, बहिरंग

उपसर्ग	अर्थ	उदाहरण
वि	विशेषता	विजय, विदेश, वियोग, विपक्ष
सत्	सच्चा	सज्जन, सदाचार, सत्पुरुष
सम्	अच्छा	संगति, संगम, संन्यासी
सम	समान	समकालीन, समकोण, समकालिक
सह	साथ	सहपाठी, सहचर, सहगान, सहमति
सु	अच्छा	सुगम, सुफल, सुशील, सुपुत्र
स्व	अपना	स्वराज्य, स्वजन, स्वदेश
स्वयं	अपना	स्वयंसेवक, स्वयंवर, स्वयंपाठी

हिंदी के उपसर्ग

उपसर्ग	अर्थ	उदाहरण
अ	अभाव	अजान, अटल, अभागा
अध	आधा	अधखिला, अधखाया, अधजला
अन	अभाव	अनजान, अनपढ़, अनदेखी, अनमेल
उन	एक कम	उनचास, उन्नीस, उनसठ
क/कु	बुरा	कपूत, कुढंग, कुचाल
चौ	चार	चौमासा, चौपाया, चौराहा, चौकन्ना
नि	रहित	निडर, निहत्था, निठल्ला
पर	दूसरी पीढ़ी का	परदादा, परपोता, परनाना
बिन	बिना	बिनब्याहा, बिनमाँगा, बिनबात
स/सु	सहित, अच्छा	सुजान, सुडौल, सुफल

उर्दू-फ़ारसी के उपसर्ग

उपसर्ग	अर्थ	उदाहरण
कम	थोड़ा/हीन	कमज़ोर, कमबख्त, कमअक्ल
गैर	भिन्न	गैरहाज़िर, गैरसरकारी, गैरकानूनी

उपसर्ग	अर्थ	उदाहरण
ना	नहीं	नालायक, नासमझ, नाबालिग, नापसंद
बद	बुरा	बदनीयत, बदतमीज, बदकिस्मत
बे	बिना	बेवजह, बेदाग, बेकसूर, बेइज्जत
ला	बिना	लावारिस, लापरवाह, लाइलाज

प्रत्यय

जो शब्दांश किसी शब्द के पीछे जुड़कर उसके अर्थ को बदल देते हैं, प्रत्यय कहलाते हैं।

उदाहरण– लघु + ता = लघुता

यहाँ 'ता' प्रत्यय के लगने से लघु (विशेषण) लघुता (भाववाचक संज्ञा) बन गया।

प्रत्यय की विशेषताएँ

- यह शब्दांश होता है, शब्द नहीं।
- यह अकेला प्रयोग में नहीं आता।
- इसका अपना कोई अर्थ नहीं होता किंतु किसी शब्द के साथ लगकर अर्थ दे देता है।
- यह शब्द के पीछे लगता है।

प्रत्यय के प्रकार– प्रत्यय मुख्य रूप से दो प्रकार के होते हैं–

1. **कृत् प्रत्यय–** क्रिया के साथ लगने वाले प्रत्यय कृत् प्रत्यय कहलाते हैं। जैसे–

   आ – दौड़ा, नाचा

2. **तद्धित प्रत्यय–** संज्ञा, सर्वनाम, विशेषण आदि शब्दों के साथ लगने वाले प्रत्यय तद्धित प्रत्यय कहलाते हैं। जैसे–

   पन – बचपन, बड़प्पन

प्रत्येक भाषा के अपने प्रत्यय होते हैं। संस्कृत (तत्सम) शब्दों के साथ संस्कृत प्रत्यय लगते हैं तो हिंदी, उर्दू, अंग्रेज़ी शब्दों के साथ अपनी-अपनी भाषाओं के प्रत्यय लगते हैं। यहाँ कुछ महत्त्वपूर्ण प्रत्यय दिए जा रहे हैं–

संस्कृत के प्रत्यय

प्रत्यय	उदाहरण
अक	पाठक, लेखक, गायक, सेवक
अन	भवन, जलन, चलन
अनीय	गोपनीय, पठनीय, स्मरणीय
आलु	कृपालु, दयालु, श्रद्धालु
इक	सामाजिक, नैतिक, ऐतिहासिक
इत	आनंदित, अंकित, हर्षित
इमा	महिमा, लालिमा, कालिमा
ईय	राष्ट्रीय, भारतीय, स्वर्गीय
तः/तया	साधारणतः, विशेषतः, विशेषतया, उदाहरणतया
तम	लघुतम, न्यूनतम, उच्चतम
तर	लघुतर, न्यूनतर, उच्चतर
ता	लघुता, कविता, दाता
त्व	गुरुत्व, लघुत्व, कवित्व
मान	श्रीमान, बुद्धिमान, गतिमान
मती	श्रीमती, बुद्धिमती
वती	धनवती, गुणवती, सरस्वती
वान	गुणवान, धनवान, दयावान

हिंदी के प्रत्यय

प्रत्यय	उदाहरण
अक्कड़	घुमक्कड़, भुलक्कड़, बुझक्कड़
आ	देखा, प्यासा, भूखा, सुना
आई	लड़ाई, भलाई, चढ़ाई
आऊ	कमाऊ, खाऊ, टिकाऊ
आका	लड़ाका

प्रत्यय	उदाहरण
आकू	पढ़ाकू, लड़ाकू
आन	उड़ान, मिलान, उठान
आनी	देवरानी, भवानी, इंद्राणी
आपा	मोटापा, बुढ़ापा
आर	सुनार, लुहार, चमार
आड़ी	खिलाड़ी, अनाड़ी
आव	बहाव, बचाव, खिंचाव
आवट	लिखावट, थकावट, सजावट
आवा	दिखावा, पहनावा, बुलावा
आस	प्यास, निकास, मिठास
आहट	घबराहट, मुसकराहट, कड़वाहट
इया	चुहिया, कुटिया, दुखिया
इयल	मरियल, दढ़ियल, सड़ियल
ई	धनी, गरीबी, बुद्धिमानी
ईला	चमकीला, रंगीला, फुर्तीला
ऊ	खाऊ, पेटू, रट्टू
एँ	किताबें, पुस्तकें, गायें
एरा	लुटेरा, कमेरा, फुफेरा, सँपेरा
ऐया	गवैया, खवैया
क	लेखक, पाठक, वादक
कर	खाकर, गिनकर, सोकर
कार	चित्रकार, मूर्तिकार, चाटुकार
दार	पत्तेदार, फलदार, रेशेदार
नी	जाटनी, शेरनी, मोरनी, ओढ़नी
पन	बचपन, बड़प्पन, भोंदूपन
पूर्वक	श्रद्धापूर्वक, स्नेहपूर्वक, प्रेमपूर्वक
वाला	रिक्शावाला, चायवाला, इक्केवाला
हार	होनहार
हारा	लकड़हारा, सर्वहारा

उर्दू के प्रत्यय

प्रत्यय	उदाहरण
अंदाज	तीरंदाज, गोलंदाज
आना	सालाना, मेहनताना
ई	आसमानी
ईन	रंगीन, शौकीन, नमकीन
इयत	इंसानियत, हैवानियत
खोर	गोताखोर, रिश्वतखोर, आदमखोर
गर	जादूगर, बाजीगर, रफ़ूगर
गार	मददगार, खिदमतगार
दानी	चूहेदानी, मच्छरदानी
नाक	शर्मनाक, खतरनाक, दर्दनाक
पोश	नकाबपोश, सफ़ेदपोश, मेजपोश
बाज़	कबूतरबाज़, दगाबाज़, धोखेबाज़
मंद	अक्लमंद, दौलतमंद, जरूरतमंद

दो प्रत्ययों का एक साथ प्रयोग

शब्द		प्रत्यय		प्रत्यय		निर्मित शब्द
भारत	+	ईय	+	ता	=	भारतीयता
इतिहास	+	इक	+	ता	=	ऐतिहासिकता
बन	+	आवट	+	ई	=	बनावटी

दो उपसर्गों का एक साथ प्रयोग

उपसर्ग		उपसर्ग		शब्द		निर्मित शब्द
अ	+	सम्	+	यम	=	असयम
अ	+	सम्	+	गत	=	असंगत

उपसर्ग और प्रत्यय का एक साथ प्रयोग

उपसर्ग		शब्द		प्रत्यय		निर्मित शब्द
सम्	+	न्यास	+	ई	=	संन्यासी
उप	+	लब्ध	+	ता	=	उपलब्धता
अप	+	मान	+	इत	=	अपमानित

अब आप जान गए होंगे

- उपसर्ग वे शब्दांश हैं जो किसी शब्द से पहले लगकर नए-नए शब्दों का निर्माण करते हैं।
- प्रत्यय वे शब्दांश हैं जो किसी शब्द के पीछे लगकर नए-नए शब्दों का निर्माण करते हैं।
- उपसर्ग और प्रत्यय दोनों का स्वतंत्र अर्थ नहीं होता।
- इन दोनों का अलग प्रयोग भी नहीं होता।
- हर भाषा के अपने उपसर्ग और प्रत्यय होते हैं।

अपनी परीक्षा स्वयं लें

1. **उपसर्ग किसे कहते हैं? कोई दो उदाहरण दीजिए।**
2. **प्रत्यय किसे कहते हैं? कोई दो उदाहरण दीजिए।**
3. **ऐसे दो शब्द लिखिए जिसमें दो उपसर्गों का प्रयोग किया गया हो।**
4. **ऐसे दो शब्द लिखिए जिसमें दो प्रत्ययों का प्रयोग किया गया हो।**
5. **ऐसे दो शब्द लिखिए जिसमें एक उपसर्ग और एक प्रत्यय का प्रयोग हो।**
6. **निम्नलिखित शब्द में कौन-सा उपसर्ग प्रयुक्त हुआ है? नीचे दिए गए उत्तरों में से छाँटिए-**

दुराचार	दु	दुः	दुर्	दुर
निरपराध	नि	निर्	निर	निरा
संन्यासी	स	सम्	सन्	सम
अनुपम	अ	अन्	अन	अनु

7. **निम्नलिखित उपसर्ग से निर्मित उपयुक्त शब्द नीचे दिए गए उत्तरों में से छाँटिए-**

सु	स्वजन	स्वागत	स्वार्थ	स्वधर्म
अप	अपार	अपच	अपेय	अपमान
अ	आहार	अवगुण	अनाचार	अपार

8. निम्नलिखित शब्द का निर्माण किस प्रत्यय से हुआ है? उपयुक्त उत्तर पर (✓) लगाइए–

बिकाऊ	उ	ऊ	आऊ	अक
बिटिया	या	आ	ईय	इया
झगड़ालू	लू	आलू	आलु	एलू

9. निम्नलिखित प्रत्यय से निर्मित उपयुक्त शब्द पर (✓) लगाइए–

आर	पत्रकार	मोटरकार	सुनार	बेकार
ता	देवता	लता	पता	कुरता
इक	मालिक	मलिक	धार्मिक	ब्रिक

10. निम्नलिखित शब्द के साथ कौन-सा प्रत्यय लगाकर उसे स्त्रीलिंग बनाया जा सकता है?

भील	नी	अनी	इनी	आइन
लुहार	नी	इन	अनी	इनी
गुरु	ई	इनी	आइन	ईन

रचनात्मक गतिविधियाँ (Formative Activities)

- तीन दल बनाइए। पहला दल ऐसा शब्द बोले जिसमें एक नहीं, दो प्रत्यय ठीक बैठ सकते हों। जैसे–**थक**। दूसरा दल उसमें प्रत्यय लगाकर एक शब्द बनाए। जैसे–**थकान**। अब तीसरा दल उससे एक और शब्द बनाए। जैसे–**थकावट**।
- तीन दल बनाइए। पहला दल (शब्द) ऐसा शब्द बोले जिसमें उपसर्ग भी लग सकता हो और प्रत्यय भी। दूसरा दल (उपसर्ग) उसमें उपसर्ग लगाकर एक शब्द बनाए। तीसरा दल (प्रत्यय) उसमें प्रत्यय लगाकर एक शब्द बनाए। जैसे–

  पहला दल – ज्ञान   दूसरा दल – विज्ञान   तीसरा दल – ज्ञानी
- वर्ग-पहेली में खाली स्थान भरकर नए-नए शब्द बनाइए–

प्र	....	र	अ	अ	नि
प्र	....	र	प	प	....
			....	....	र
अन	....	य	श	न	कु
अ	नु	....	न		....
उ	प	....	र		न

समास का अर्थ है—संक्षिप्त करना अर्थात छोटा करना।

एक उदाहरण देखिए—

उस **कमल जैसे नयनों वाले** को बुलाओ।

उस **कमलनयन** को बुलाओ।

'कमल जैसे नयनों वाले' को बिना उसका अर्थ बिगाड़े संक्षिप्त कर दिया गया है। संक्षिप्त करने की इस विधि को **समास** कहते हैं। 'कमलनयन' संक्षिप्त पद है। इसे समास की भाषा में **समस्तपद** कहते हैं। यदि इस समस्तपद को तोड़कर फिर से 'कमल जैसे नयनों वाले' कर दिया जाए तो इसे **समास-विग्रह** या **विग्रह** कहते हैं। अतः स्पष्ट हुआ कि—

दो या अधिक शब्दों के मेल से संक्षिप्त शब्द बनाने की क्रिया को समास कहते हैं।

एक अन्य उदाहरण देखिए—

रसोई के लिए **घर** = **रसोईघर**

इसमें दो पद हैं—

1. रसोई
2. घर

'रसोई' पहले आया है। यह **पूर्वपद** है। 'घर' बाद में आया है। यह **उत्तरपद** है।

समास के भेद (प्रकार)

समास के चार भेद हैं—

1. अव्ययीभाव (पूर्वपद प्रधान)
2. तत्पुरुष (उत्तरपद प्रधान)
3. द्वंद्व (दोनों पद समान)
4. बहुव्रीहि (तीसरा पद प्रधान)

1. अव्ययीभाव समास

जिस समास में पूर्वपद प्रधान हो और अव्यय हो, उसे अव्ययीभाव समास कहते हैं।

अव्ययीभाव का समस्तपद भी अव्यय (अविकारी) की तरह काम करता है।

कुछ उदाहरण देखिए–

समस्तपद	विग्रह
यथाशक्ति	शक्ति के अनुसार
यथासंभव	जैसा संभव हो, जहाँ तक संभव हो
आजीवन	जीवन भर
प्रतिक्षण	हर क्षण
बेखटके	बिना खटके के
रातोंरात	रात-रात में

2. तत्पुरुष समास

तत्पुरुष समास में दूसरा पद प्रधान होता है। इसे बनाते समय शब्दों के बीच के कारक चिह्न हटा दिए जाते हैं। जैसे–आराम कुर्सी– आराम के लिए कुर्सी।

तत्पुरुष समास के भेद

कारक चिह्न (विभक्ति) के लोप होने के आधार पर तत्पुरुष समास के निम्नलिखित छः भेद हैं–

1. **कर्म तत्पुरुष**–इस तत्पुरुष में कर्म की विभक्ति **'को'** का लोप हो जाता है। जैसे–

समस्तपद	विग्रह
स्वर्गगामी	स्वर्ग को जाने वाला
गिरहकट	गिरह को काटने वाला
यशप्राप्त	यश को प्राप्त
परलोकगमन	परलोक को गमन

2. **करण तत्पुरुष**–इस तत्पुरुष में करण कारक की विभक्ति **'से'** का लोप हो जाता है। जैसे–

समस्तपद	विग्रह
हस्तलिखित	हस्त से लिखित
ईश्वरदत्त	ईश्वर द्वारा दिया हुआ
तुलसीकृत	तुलसी द्वारा कृत
मनचाहा	मन से चाहा हुआ

3. **संप्रदान तत्पुरुष**–इस तत्पुरुष में संप्रदान कारक की विभक्ति **'के लिए'** का लोप हो जाता है। जैसे–

समस्तपद	विग्रह
यज्ञभूमि	यज्ञ के लिए भूमि
परीक्षा-भवन	परीक्षा के लिए भवन
मार्गव्यय	मार्ग के लिए व्यय
डाकघर	डाक के लिए घर

4. **अपादान तत्पुरुष**–इस तत्पुरुष में अपादान कारक की विभक्ति **'से'** (अलग होने का भाव) का लोप हो जाता है। जैसे–

समस्तपद	विग्रह
धर्मभ्रष्ट	धर्म से भ्रष्ट
बंधनमुक्त	बंधन से मुक्त
राहभ्रष्ट	राह से भ्रष्ट

5. **संबंध तत्पुरुष**–इस तत्पुरुष समास में संबंध कारक की विभक्ति **का/की/के** का लोप हो जाता है। जैसे–

समस्तपद	विग्रह
सूर्यपुत्र	सूर्य का पुत्र
राजमहल	राजा का महल
करोड़पति	करोड़ का पति

6. **अधिकरण तत्पुरुष**–इस तत्पुरुष में अधिकरण कारक की विभक्ति **'में'/'पर'** का लोप हो जाता है। जैसे–

समस्तपद	विग्रह
शोकमग्न	शोक में मग्न
गृहप्रवेश	गृह में प्रवेश
वनवास	वन में वास
घुड़सवार	घोड़े पर सवार

तत्पुरुष समास के अन्य भेद

तत्पुरुष समास के अन्य तीन भेद निम्नलिखित हैं–

(क) **नञ् तत्पुरुष**–जिस शब्द में 'अ' अथवा 'अन' का प्रयोग 'नहीं' के अर्थ में हो, उसे **नञ् तत्पुरुष** कहते हैं। जैसे– अभाव (नहीं भाव)।

अन्य उदाहरण–

समस्तपद	विग्रह
अनचाहा	न चाहा
अनाथ	न नाथ
असत्य	न सत्य

(ख) **कर्मधारय समास**–जिस समास पद में पहला खंड **विशेषण** और दूसरा खंड **विशेष्य** हो अथवा पहला खंड **उपमेय** और दूसरा **उपमान** हो, उसे **कर्मधारय समास** कहते हैं।

उदाहरण–

समस्तपद	विग्रह
नीलगगन	नीला गगन
चंद्रमुख	चंद्रमा जैसा मुख
कमलमुख	कमल जैसा मुख
कमलनयन	कमल जैसे नयन

(ग) **द्विगु समास**–जहाँ पहला पद **संख्यावाचक** हो और समस्तपद समूहवाचक बन जाए, उसे **द्विगु समास** कहते हैं। जैसे– चौराहा (चार राहों का समाहार)

अन्य उदाहरण–

समस्तपद	विग्रह
चौमासा	चार मासों का समूह
पंचकोण	पाँच कोणों का समूह
नवरत्न	नौ रत्नों का समूह
अठन्नी	आठ आनों का समूह

3. द्वंद्व समास

जिस समास में दोनों पद समान या प्रधान होते हैं, उसे द्वंद्व समास कहते हैं।

उदाहरण– रात-दिन = रात और दिन

–यहाँ 'रात' और 'दिन' दोनों प्रधान पद हैं। समास होने पर बीच के योजक **'और'** का लोप हो गया है।

कुछ अन्य उदाहरण देखिए–

समस्तपद	विग्रह
लाभ-हानि	लाभ और हानि
अन्न-जल	अन्न और जल
उतार-चढ़ाव	उतार और चढ़ाव
सुख-दुख	सुख और दुख
माता-पिता	माता और पिता
यश-अपयश	यश और अपयश

4. बहुव्रीहि समास

जिस समास में दोनों पद किसी तीसरे अर्थ की ओर संकेत करते हैं, उसे बहुव्रीहि समास कहते हैं।

उदाहरण– चक्रधर = चक्र को धारण करने वाला अर्थात कृष्ण

–यहाँ न 'चक्र' प्रमुख है और न 'धर'; न ही चक्र धारण करने वाला कोई व्यक्ति। यहाँ भगवान कृष्ण की ओर संकेत है।

अन्य उदाहरण देखिए–

समस्तपद	विग्रह
गजानन	गज के समान आनन वाला (गणेश)
पंकज	पंक में उत्पन्न हुआ (कमल)
चतुरानन	चार मुखों वाला (ब्रह्मा)
एकदंत	एक दाँत वाला (गणेश)
गोपाल	गायों का पालक (कृष्ण)
मृगनयनी	मृग जैसे नयनों वाली (विशेष स्त्री)

बहुव्रीहि और कर्मधारय समास में अंतर

कर्मधारय समास में दूसरा पद प्रधान होता है। पूर्वपद विशेषण या उपमान का काम करता है। जबकि बहुव्रीहि में दोनों पद मिलकर किसी तीसरे अर्थ की ओर संकेत करते हैं।

उदाहरणतया–

समस्तपद	विग्रह
महावीर	महान वीर (कर्मधारय)। 'महान' विशेषण है 'वीर' का।
महावीर	महान वीर है जो (बहुव्रीहि)। यहाँ **जो** अर्थात **हनुमान** की ओर संकेत है।

बहुव्रीहि और द्विगु समास में अंतर

द्विगु समास में पूर्वपद संख्यात्मक होता है और वह दूसरे पद का विशेषण होता है। बहुव्रीहि में दोनों पद मिलकर तीसरे पद की ओर संकेत करते हैं।

उदाहरण–

समस्तपद	विग्रह
त्रिनेत्र	तीन नेत्र (कर्मधारय)। यहाँ 'तीन' विशेषण हैं 'नेत्र' का।
त्रिनेत्र	तीन नेत्रों वाला (बहुव्रीहि)। यहाँ **वाला** अर्थात **शिवजी** की ओर संकेत है।

अब आप जान गए होंगे

- दो से अधिक शब्दों के मेल से एक संक्षिप्त शब्द बनाने को **समास** कहते हैं।
- शब्दों के मेल से बने संक्षिप्त शब्द को **समस्तपद** कहते हैं।
- समस्तपद को तोड़कर उसे मूल रूप में लिखने को **विग्रह** कहते हैं।
- समास के लिए कम-से-कम दो पदों का होना आवश्यक है। पहले पद को **पूर्वपद** कहते हैं और दूसरे को **उत्तरपद**।
- समास चार प्रकार के हैं–अव्ययीभाव, तत्पुरुष, द्वंद्व और बहुव्रीहि।
- अव्ययीभाव में **पूर्वपद** प्रधान होता है।
- तत्पुरुष में **उत्तरपद** प्रधान होता है।

- द्वंद्व समास में **दोनों पद समान** होते हैं।
- बहुव्रीहि समास में कोई **तीसरा पद** प्रधान होता है।

अपनी परीक्षा स्वयं लें

1. समास किसे कहते हैं? उदाहरण सहित समझाइए।

2. समस्तपद किसे कहते हैं? उदाहरण देकर समझाइए।

3. समास के कितने भेद होते हैं? उनके नाम लिखिए।

4. अव्ययीभाव समास का उदाहरण देकर उसका स्वरूप स्पष्ट कीजिए।

5. बहुव्रीहि और कर्मधारय का अंतर स्पष्ट कीजिए।

6. निम्नलिखित समस्तपदों का मिलान दाईं ओर दिए गए समासों से कीजिए–

उद्योगपति	बहुव्रीहि
आमरण	कर्मधारय
दिन–रात	अव्ययीभाव
कमलनयन	तत्पुरुष
नीलगाय	द्विगु
त्रिभुवन	नञ् तत्पुरुष
अन्याय	द्वंद्व

7. निम्नलिखित समस्तपदों के समास का नाम लिखिए–

(क) **यज्ञशाला**	तत्पुरुष	अव्ययीभाव	कर्मधारय	बहुव्रीहि
(ख) **गंगा–यमुना**	तत्पुरुष	अव्ययीभाव	द्वंद्व	बहुव्रीहि
(ग) **नीलकमल**	तत्पुरुष	अव्ययीभाव	कर्मधारय	बहुव्रीहि
(घ) **बेखटके**	तत्पुरुष	अव्ययीभाव	कर्मधारय	बहुव्रीहि

8. निम्नलिखित पदों में से बहुव्रीहि समास के उदाहरण पर (✓) लगाइए–

(क)	राजकुमार ☐	गोपाल ☐	भयभीत ☐	चौराहा ☐
(ख)	रसोईघर ☐	गजानन ☐	उतार–चढ़ाव ☐	प्रत्येक ☐
(ग)	मृगनयनी ☐	गंगाजल ☐	अन्न–जल ☐	गुणहीन ☐

9. 'महावीर' बहुव्रीहि समास का विग्रह क्या होगा?

(क) महान वीर (ख) महान जो वीर

(ग) महान वीर है जो (हनुमान) (घ) महान और वीर

10. निम्नलिखित समस्तपदों में से तत्पुरुष के उदाहरण खोजिए–

(क) देशप्रेम (ख) रात-दिन (ग) महात्मा (घ) आजीवन

(क) सुख-दुख (ख) सिरदर्द (ग) बेखटके (घ) अन्याय

(क) परलोकगमन (ख) स्वर्गलोक (ग) धनी-निर्धन (घ) एकदंत

(क) नीलकंठ (ख) नीलकमल (ग) नल-नील (घ) शोकाकुल

11. निम्नलिखित समस्तपदों के सही विग्रह पर (✓) लगाइए–

चारपाई	चार पाँव	चार पायों वाली	चार पायों का समूह
चरणकमल	चरण और कमल	चरण जैसे कमल	कमल जैसे चरण
गोपाल	गो का पालक	गो का पालन	गो पालने वाला (कृष्ण)

12. निम्नलिखित समस्तपदों का विग्रह करके समास का नाम लिखिए–

(क) पथभ्रष्ट ....

(ख) पंकज ....

(ग) यथाशक्ति ....

(घ) परीक्षा-भवन ....

(ङ) गृहप्रवेश ....

(च) राजमहल ....

रचनात्मक गतिविधियाँ (Formative Activities)

- चार्ट बनाकर कर्मधारय और बहुव्रीहि समास का अंतर सोदाहरण स्पष्ट कीजिए।
- चार्ट बनाकर समास के सभी भेदों का उल्लेख कीजिए।
- पाठ्यपुस्तक के किसी एक पृष्ठ में से समस्तपदों के उदाहरण खोजिए और उनकी सूची बनाइए।

आपने देखा–

ताजमहल एक भवन है। उसकी सुंदरता के बारे में सबने सुना है।

दशरथ एक राजा थे। उनकी महानता के बारे में सब जानते हैं।

इन वाक्यों में **ताजमहल** एक विशेष भवन का नाम है। **दशरथ** एक विशेष राजा का नाम है। **भवन** एक समूह या जाति का नाम है। **राजा** भी एक समूह या जाति का नाम है। **सुंदरता** और **महानता** भावों के नाम हैं। ये सभी नाम **संज्ञा** कहलाते हैं। संज्ञा का अर्थ है–नाम।

किसी व्यक्ति, जाति और भाव के नाम को संज्ञा कहते हैं।

संज्ञा के प्रकार

संज्ञा तीन प्रकार की होती है–

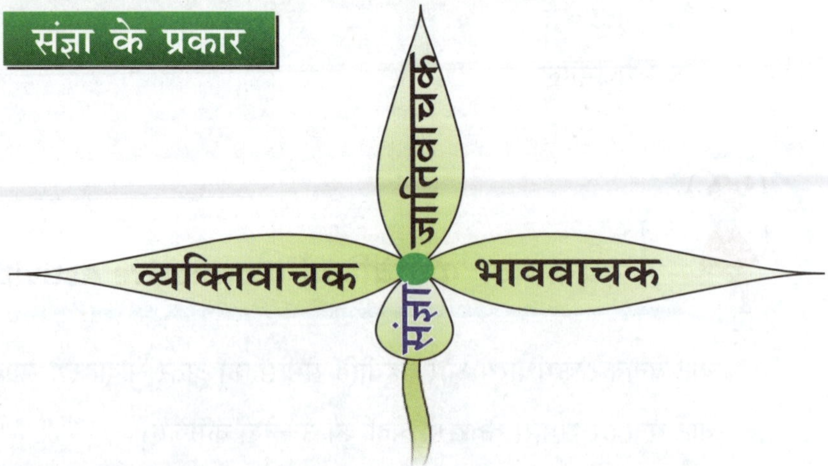

1. व्यक्तिवाचक संज्ञा

किसी विशेष व्यक्ति, विशेष स्थान या विशेष वस्तु के नाम को व्यक्तिवाचक संज्ञा कहते हैं।

ऊपर दिए गए उदाहरणों में 'ताजमहल' और 'दशरथ' व्यक्तिवाचक संज्ञाएँ हैं।

अन्य उदाहरण हैं–

(चेतक)

(ऐरावत)

(कामधेनु)

रमेश, सीता, सावित्री, दुष्यंत (विशेष व्यक्ति)
चेतक, मोती, ऐरावत, कामधेनु (विशेष पशु)
दिल्ली, जयपुर, जॅलंधर, भोपाल (विशेष स्थान)
गीता, कुरान, रामायण, बाइबिल (विशेष पुस्तक)

2. जातिवाचक संज्ञा

किसी प्राणी, स्थान या वस्तु के समूह अथवा जाति को जातिवाचक संज्ञा कहते हैं।

उदाहरण– राजा, लड़का, पशु, घोड़ा, हाथी, गाय (प्राणियों की जाति)
भवन, देश, गाँव, राज्य, बाज़ार, गली (स्थानों की जाति)
बर्तन, पुस्तक, कापी, गेंद, बल्ला (वस्तुओं की जाति)

3. भाववाचक संज्ञा

किसी भाव, स्वभाव, गुण या दशा के नाम को भाववाचक संज्ञा कहते हैं।

उदाहरण– सुंदरता, महानता, दया, क्रोध, ममता, लंबाई, ऊँचाई आदि।

दो अन्य प्रकार

कुछ लोग **समूहवाचक** और **द्रव्यवाचक** संज्ञा को जातिवाचक संज्ञा से अलग मानते हैं। इनके उदाहरण देखिए–

समूहवाचक संज्ञा– सेना, परिवार, झुंड, छत्ता, टोली आदि।
इनसे एक समूह का बोध होता है।

द्रव्यवाचक संज्ञा– दूध, सोना, चाँदी, चावल आदि।
इनसे किसी मापी-तोली जाने वाली वस्तु या धातु का बोध होता है।
भाववाचक संज्ञाएँ पाँच प्रकार के शब्दों से बनती हैं–

भाववाचक संज्ञाओं की रचना

1. जातिवाचक संज्ञा से
2. सर्वनाम से
3. विशेषण से
4. क्रिया से
5. अव्यय से

जातिवाचक संज्ञा से भाववाचक संज्ञा

जातिवाचक	भाववाचक
जवान	जवानी
दानव	दानवता
दास	दासता
देवता	देवत्व
नारी	नारीत्व
पशु	पशुता
बच्चा	बचपन
बूढ़ा	बुढ़ापा

जातिवाचक	भाववाचक
भाई	भाईचारा
मनुष्य	मनुष्यता
मित्र	मित्रता
लड़का	लड़कपन
शत्रु	शत्रुता
स्त्री	स्त्रीत्व
स्वामी	स्वामित्व
हिंदू	हिंदुत्व

सर्वनाम से भाववाचक संज्ञा

सर्वनाम	भाववाचक
अपना	अपनत्व, अपनापन
अहं	अहंकार
आप	आपा

सर्वनाम	भाववाचक
निज	निजता
मम	ममता
सर्व	सर्वस्व

विशेषण से भाववाचक संज्ञा

विशेषण	भाववाचक
आलसी	आलस्य
उज्ज्वल	उज्ज्वलता
ऊँचा	ऊँचाई
कटु	कटुता
कठोर	कठोरता
काला	कालिमा
खट्टा	खटास
गरम	गरमी, गरमाहट
तरल	तरलता

विशेषण	भाववाचक
नरम	नरमी, नरमाहट
महँगा	महँगाई
मलिन	मलिनता
मीठा	मिठास
लाल	लालिमा, लाली
वीर	वीरता
सफेद	सफेदी
सरल	सरलता
हरा	हरियाली

क्रिया से भाववाचक संज्ञा

क्रिया	भाववाचक
उठना	उठान
उड़ना	उड़ान
खेलना	खेल
गाना	गायन
घबराना	घबराहट
चढ़ना	चढ़ाई
चलना	चाल
चुनना	चुनाव
जीतना	जीत
दिखना	दिखावा

क्रिया	भाववाचक
पहनना	पहनावा
पूजना	पूजा
बढ़ना	बढ़त
बुनना	बुनावट, बुनाई
मिलाना	मिलावट
रोना	रुलाई
लगाना	लगाव
सजाना	सजावट
सीना	सिलाई
हँसना	हँसी
हारना	हार

अव्यय से भाववाचक संज्ञा

अव्यय	भाववाचक
दूर	दूरी
धिक्	धिक्कार
निकट	निकटता

अव्यय	भाववाचक
वाह-वाह	वाहवाही
हा-हा	हाहाकार

अब आप जान गए होंगे

- किसी व्यक्ति, जाति अथवा भाव के नाम को **संज्ञा** कहते हैं।
- संज्ञा के तीन प्रकार हैं—व्यक्तिवाचक, जातिवाचक और भाववाचक।
- समूहवाचक और द्रव्यवाचक संज्ञाएँ जातिवाचक ही हैं।
- भाववाचक संज्ञाएँ पाँच प्रकार के शब्दों से बनती हैं—

  1. संज्ञा से 2. सर्वनामों से 3. विशेषणों से 4. क्रियाओं से 5. अव्ययों से।

अपनी परीक्षा स्वयं लें

1. संज्ञा किसे कहते हैं?
2. संज्ञा के प्रकार बताते हुए प्रत्येक के दो-दो उदाहरण भी दीजिए।
3. जातिवाचक संज्ञा किसे कहते हैं? उदाहरण सहित समझाइए।
4. व्यक्तिवाचक संज्ञा के दो उदाहरण दीजिए।
5. भाववाचक संज्ञा किसे कहते हैं? उदाहरण देते हुए समझाइए।
6. निम्नलिखित वाक्यों से जातिवाचक, भाववाचक और व्यक्तिवाचक संज्ञाएँ छाँटकर उपयुक्त खानों में लिखिए–

   बीरबल अकबर के दरबार का एक बुद्धिमान मंत्री था। वह अपनी बुद्धिमानी, चालाकी और हाज़िरजवाबी के लिए प्रसिद्ध था। सम्राट अकबर उसकी सूझबूझ पर मुग्ध थे। समय पड़ने पर वह युद्ध में भाग लेकर अपनी वीरता का परिचय भी देता था। सभी दरबारी उसकी सराहना करते थे।

जातिवाचक संज्ञाएँ	व्यक्तिवाचक संज्ञाएँ	भाववाचक संज्ञाएँ
....	....	....
....	....	....
....	....	....
....	....	....

7. नीचे लिखे शब्दों के सामने संज्ञा-भेद लिखिए–

शब्द	संज्ञा-भेद	शब्द	संज्ञा-भेद
खटास	....	रहमान	....
उन्नति	....	अकबर	....
विकास	....	लोहा	....
नीचता	....	सोना	....
घर	....	अखबार	....

8. **नीचे दिए गए शब्द-भंडार में से व्यक्तिवाचक, जातिवाचक और भाववाचक संज्ञा शब्दों के खाने अलग-अलग रंगों से भरिए–**

स	चि	न			बा	ज़ा	र
खि	ला	ड़ी	सो	नि	या		
मि	ठा	स	गा	य			
सौ	र	व		च	र	वा	हा
	धो	बी	ह	र	भ	ज	न
रा	हु	ल		सुं	द	र	ता
वी	र	ता	सु	नी	ल	द	या
ग	ली		म	का	न	वी	रू

9. **निम्नलिखित वाक्यों की पूर्ति सही शब्दों से कीजिए–**

(क) इस दूध की .... देखो। (सफेद, सफेदपन, सफेदी, सफीदी)

(ख) मैं गुलाब की .... पर मुग्ध हूँ। (गंध, सुगंध, सुगंधित, सुगंधी)

(ग) मुझे .... की बातें याद आती हैं। (बचपन, बचपने, बालककाल, बच्चापन)

(घ) माधुरी की .... मनोहर है। (मुस्कार, मुसकान, मुसकाई, मुसकाहट)

10. **निम्नलिखित शब्दों की भाववाचक संज्ञा पर (✓) लगाइए–**

कम	कमी	कामी	कमाना	कमजोरी
कठोर	कुठार	कटारी	कठोरता	कोठरी
देव	देवी	देवा	देवता	देवत्व
लड़का	लड़की	लड़ाकापन	लड़कत्व	लड़कपन

11. **निम्नलिखित संज्ञा के भेद पर (✓) लगाइए–**

आदमी	व्यक्तिवाचक	जातिवाचक	भाववाचक	समूहवाचक
मोहन	व्यक्तिवाचक	जातिवाचक	भाववाचक	समूहवाचक
मानवता	व्यक्तिवाचक	जातिवाचक	भाववाचक	समूहवाचक
सोना	व्यक्तिवाचक	जातिवाचक	भाववाचक	द्रव्यवाचक
चेतक	व्यक्तिवाचक	जातिवाचक	भाववाचक	द्रव्यवाचक
घोड़ा	व्यक्तिवाचक	जातिवाचक	भाववाचक	समूहवाचक

रचनात्मक गतिविधियाँ (Formative Activities)

- दो दल बनाइए। पहला दल किसी व्यक्तिवाचक संज्ञा से संबंधित एक वाक्य बोले। दूसरा दल उस व्यक्तिवाचक संज्ञा को जातिवाचक में बदलकर फिर से एक वाक्य बनाए। जैसे–

  पहला – **हिमालय** पर बर्फ जमी है।

  दूसरा – **पर्वत** पर बर्फ जमी है।

- दो दल बनाइए। पहला दल वाक्य में किसी ऐसी जातिवाचक संज्ञा का प्रयोग करे जिसकी भाववाचक संज्ञा बन सकती है। दूसरा दल उस जातिवाचक संज्ञा से भाववाचक संज्ञा बनाकर एक अलग वाक्य बनाए। जैसे–

  पहला – वह **बूढ़ा** हाँफ रहा है।

  दूसरा – **बुढ़ापा** काटना कठिन होता है।

- **निम्न कविता में संज्ञा शब्दों को हरा रंग लगाइए।**

देश को स्वस्थ बनाओ

–प्रहलाद श्रीमाली

सर ने पूछा,
"बोलो बबलू मास्टर,
नेता बनोगे या बनोगे डॉक्टर?"
सुनकर बबलू चकराया
फिर सोच-समझकर मुसकाया
शान से बोला, "मैं बनूँगा
डॉक्टर
नेताओं का इलाज करूँगा
डाँटकर,
कहूँगा अपनी तोंद घटाओ
आम आदमी के चेहरे पर
मुसकानों की लाली लाओ
कार नहीं लो, पैदल जाओ
प्रदूषण मुक्त सरकार चलाओ
और देश को स्वस्थ बनाओ।"

चित्र देखिए–

आपने चित्रों में देखा–

लड़का केला खा रहा है।

लड़की ककड़ी खा रही है।

आप जानते हैं– **लड़का** पुरुष जाति का है। अतः पुल्लिंग है।

लड़की स्त्री जाति की है। अतः स्त्रीलिंग है।

केला शब्द भी पुल्लिंग माना जाता है।

ककड़ी शब्द स्त्रीलिंग माना जाता है।

शब्द के जिस रूप से उसके पुरुष या स्त्री होने का बोध हो, उसे लिंग कहते हैं।

लिंग के भेद

हिंदी भाषा में प्रत्येक शब्द या तो पुल्लिंग होता है या स्त्रीलिंग।

पुल्लिंग–जिन शब्दों का प्रयोग पुरुष के रूप में होता है, उन्हें **पुल्लिंग** कहते हैं। जैसे–मानव, हाथी, शेर, चूहा, बल्ला, डंडा आदि।

स्त्रीलिंग–जिन शब्दों का प्रयोग स्त्री के रूप में होता है, उन्हें **स्त्रीलिंग** कहते हैं। जैसे– नारी, सीता, शेरनी, हथिनी, चुहिया, गेंद, फुटबॉल आदि।

लिंग की पहचान

कुछ शब्द स्वाभाविक रूप से स्त्री या पुरुष होते हैं। जैसे–लड़का-लड़की, पुरुष-स्त्री।

नित्य पुल्लिंग–कुछ प्राणी पुरुष रूप में जाने जाते हैं। जैसे–मच्छर, तोता, उल्लू, कछुआ, भेड़िया, भालू, खरगोश आदि। इन्हें **नित्य पुल्लिंग** कहते हैं। यदि इनसे स्त्रीलिंग शब्द बनाना हो तो इनसे पहले **मादा** जोड़ दिया जाता है। जैसे–मादा मच्छर, मादा भेड़िया आदि।

नित्य स्त्रीलिंग–कुछ प्राणी स्त्री रूप में जाने जाते हैं। जैसे–मक्खी, मछली, कोयल, चिड़िया, चील, मकड़ी आदि। इन्हें **नित्य स्त्रीलिंग** कहते हैं। यदि इनसे पुल्लिग बनाना हो तो इनसे पहले **नर** लगाया जाता है। जैसे–नर मक्खी, नर कोयल आदि।

जो शब्द स्त्री या पुरुष जैसे नहीं होते, उनके लिंग का निर्णय परंपरा के आधार पर होता है। जैसे–'दिल्ली' और 'दया' स्त्रीलिंग माने जाते हैं। 'जापान' और 'क्रोध' पुल्लिग माने जाते हैं। ऐसे कुछ नियम इस प्रकार हैं–

1. पुल्लिग संज्ञाएँ

दिनों के नाम–सोमवार, शनिवार, रविवार आदि।

भारतीय महीनों के नाम–चैत्र, वैशाख, सावन आदि।

आव, पा, पन, त्व, आवा, औड़ा, खाना, दान, वाला, एरा प्रत्ययों वाले शब्द–बहाव, मोटापा, बचपन, लघुत्व, भगौड़ा, पागलखाना, पानदान, लुटेरा आदि।

देशों के नाम–भारत, अमरीका, चीन, पाकिस्तान, श्रीलंका।

लगभग सभी पर्वत, समुद्र, ग्रह, रत्न, पेड़, द्वीप पुल्लिग माने जाते हैं। इनके अपवाद भी पाए जाते हैं। जैसे–

पर्वत–हिमालय, विंध्याचल।

ग्रह–चंद्र, शुक्र, शनि, मंगल **(पृथ्वी स्त्रीलिंग)**।

रत्न–हीरा, पन्ना, मोती, मूँगा, नीलम।

पेड़–बरगद, पीपल, आम, सफेदा, अशोक।

द्वीप–जावा, सुमात्रा, क्यूबा, अंडमान।

2. स्त्रीलिंग संज्ञाएँ

- ता, आवट, आहट, इया, आई, नी, इनी, आनी, आइन, इमा, इका, मती, वती प्रत्यय वाली संज्ञाएँ स्त्रीलिंग होती हैं। जैसे–

  लघुता, मिलावट, गरमाहट, चुहिया, चढ़ाई, जाटनी, सेठानी, पंडाइन, कालिमा, गायिका, श्रीमती, गुणवती आदि।

- नदियों के नाम–गंगा, यमुना, कावेरी, नर्मदा, सतलुज।

पुल्लिग से स्त्रीलिंग बनाना

पुल्लिग संज्ञा से स्त्रीलिंग बनाने के कुछ नियम और उदाहरण इस प्रकार हैं–

'आ' प्रत्यय से

पुल्लिग	स्त्रीलिंग	पुल्लिग	स्त्रीलिंग
पूज्य	पूज्या	महोदय	महोदया
प्रिय	प्रिया	वृद्ध	वृद्धा

‘ई’ प्रत्यय से

पुल्लिग	स्त्रीलिंग
कबूतर	कबूतरी
घोड़ा	घोड़ी
चाचा	चाची

पुल्लिग	स्त्रीलिंग
पहाड़	पहाड़ी
बेटा	बेटी
मामा	मामी

‘इया’ प्रत्यय से

पुल्लिग	स्त्रीलिंग
कुत्ता	कुतिया
चूहा	चुहिया
डिब्बा	डिबिया

पुल्लिग	स्त्रीलिंग
बंदर	बंदरिया
बूढ़ा	बुढ़िया
लोटा	लुटिया

‘नी’ प्रत्यय से

पुल्लिग	स्त्रीलिंग
ऊँट	ऊँटनी
जाट	जाटनी
जादूगर	जादूगरनी

पुल्लिग	स्त्रीलिंग
मज़दूर	मज़दूरनी
मोर	मोरनी
शेर	शेरनी

‘आनी’ प्रत्यय से

पुल्लिग	स्त्रीलिंग
क्षत्रिय	क्षत्राणी
चौधरी	चौधरानी
जेठ	जेठानी

पुल्लिग	स्त्रीलिंग
देवर	देवरानी
नौकर	नौकरानी
सेठ	सेठानी

‘इन’ प्रत्यय से

पुल्लिग	स्त्रीलिंग
ग्वाला	ग्वालिन
धोबी	धोबिन
नाग	नागिन

पुल्लिग	स्त्रीलिंग
पापी	पापिन
भक्त	भक्तिन
मालिक	मालकिन

‘इनी/इणी’ प्रत्यय से

पुल्लिग	स्त्रीलिंग
अभिमानी	अभिमानिनी
ओजस्वी	ओजस्विनी
तपस्वी	तपस्विनी

पुल्लिग	स्त्रीलिंग
वनवासी	वनवासिनी
स्वामी	स्वामिनी
हाथी	हथिनी

'इका' प्रत्यय से

पुल्लिंग	स्त्रीलिंग
अध्यापक	अध्यापिका
गायक	गायिका
नायक	नायिका

पुल्लिंग	स्त्रीलिंग
पुस्तक	पुस्तिका
बालक	बालिका
लेखक	लेखिका

'आइन' प्रत्यय से

पुल्लिंग	स्त्रीलिंग
गुरु	गुरुआइन
चौधरी	चौधराइन
पंडा	पंडाइन

पुल्लिंग	स्त्रीलिंग
पंडित	पंडिताइन
बनिया	बनियाइन
बाबू	बबुआइन

'त्री' प्रत्यय से

पुल्लिंग	स्त्रीलिंग
अभिनेता	अभिनेत्री
कर्ता	कर्त्री
दाता	दात्री

'वती' तथा 'मती' प्रत्यय से

पुल्लिंग	स्त्रीलिंग
गुणवान	गुणवती
धनवान	धनवती
पुत्रवान	पुत्रवती

पुल्लिंग	स्त्रीलिंग
रूपवान	रूपवती
बुद्धिमान	बुद्धिमती
श्रीमान	श्रीमती

कुछ रूढ़ लिंग-युग्म

पुल्लिंग	स्त्रीलिंग
कवि	कवयित्री
नर	नारी
पिता	माता
पति	पत्नी
पुरुष	स्त्री
बाप	माँ

पुल्लिंग	स्त्रीलिंग
बैल	गाय
भाई	बहन
राजा	रानी
वर	वधू
सम्राट्	सम्राज्ञी
ससुर	सास

अब आप जान गए होंगे

- ✦ स्त्री या पुरुष होने की पहचान को **लिंग** कहते हैं।
- ✦ हिंदी में सभी शब्द पुल्लिग या स्त्रीलिंग होते हैं।

अपनी परीक्षा स्वयं लें

1. लिंग किसे कहते हैं?

2. हिंदी में कितने लिंग होते हैं? उनके नाम लिखिए।

3. पुल्लिंग की परिभाषा देकर उसके दो उदाहरण दीजिए।

4. स्त्रीलिंग किसे कहते हैं? दो उदाहरण दीजिए।

5. लिंग की दृष्टि से निम्नलिखित वाक्यों को शुद्ध करके लिखिए—

(क) मुझे आपकी नाम याद नहीं रही।

(ख) मेरा मित्रता आपके साथ कभी टूट नहीं सकता।

(ग) हमारी देश संसार की सबसे सुंदर देश है।

(घ) यह पंखा बहुत तेज चल रही है।

6. निम्नलिखित के सामने उसके लिंग का उल्लेख कीजिए—

शब्द	लिंग	शब्द	लिंग
परिवार	....	हँसी	....
मच्छर	....	खाट	....
नाखून	....	भावना	....
कविता	....	झील	....

7. निम्नलिखित शब्दों के सही स्त्रीलिंग शब्द पर (✓) लगाइए—

(क)	**पड़ोसी**	पड़ोसन	☐	पड़ोसिनी	☐	पड़ोसाइन	☐	पड़ोसनी	☐
(ख)	**ससुर**	ससुरी	☐	ससुरनी	☐	ससुराइन	☐	सास	☐
(ग)	**सिंह**	सिंही	☐	सिंहाइन	☐	सिंहनी	☐	सिंहिन	☐

(घ) **खरगोश** खरगोशी ☐ खरगोशिन ☐ खरगोशाइन ☐ मादा खरगोश ☐

(ङ) **पुत्र** पुत्री ☐ बहन ☐ पुत्रवधू ☐ बेटी ☐

(च) **पंडित** पंडाइन ☐ पंडिता ☐ पंडितानी ☐ पंडिताइन ☐

8. कौन-सा युग्म गलत है? उस पर (×) लगाइए–

1. (क) गाय-बैल ☐ (ख) नर-नारी ☐
   (ग) बंदर-बांदरी ☐ (घ) शेर-शेरनी ☐
2. (क) पति-पत्नी ☐ (ख) तोता-मैना ☐
   (ग) हलवाई-हलवाइन ☐ (घ) मच्छर-मादा मच्छर ☐
3. (क) कोयल-कोयली ☐ (ख) कबूतर-कबूतरी ☐
   (ग) कुत्ता-कुतिया ☐ (घ) सूअर-सूअरी ☐

9. निम्नलिखित वाक्य की पूर्ति नीचे दिए गए विकल्प में से कीजिए–

1. समारोह में **कवि** और .... आए थे।
   (क) कवयत्री (ख) कविता (ग) कवियत्री (घ) कवयित्री
2. मैं अपने **नाती** और .... को घुमा लाया।
   (क) नितिन (ख) नातिन (ग) नाते (घ) भानजे
3. बेटे की नौकरी लगने से **सेठ** और .... फूल उठे।
   (क) सेठी (ख) सेठाइन (ग) सेठनी (घ) सेठानी

रचनात्मक गतिविधियाँ (Formative Activities)

❖ छात्रों के तीन दल बनाइए। एक दल **पुल्लिंग कर्ता** से एक वाक्य बनाए। दूसरा दल पुल्लिंग से **स्त्रीलिंग** बनाकर वाक्य बनाए। तीसरा दल दोनों को इकट्ठा रखकर वाक्य बनाए। जैसे–

पहला दल – मेरा भाई आ रहा है।

दूसरा दल – मेरी बहन आ रही है।

तीसरा दल – मेरे भाई-बहन आ रहे हैं।

❖ वर्ग–पहेली में दिए गए पुल्लिंग शब्दों में प्रत्यय लगाकर उन्हें स्त्रीलिंग शब्दों में बदलिए–

बं	नौ	क	र	....	प
द	बे	टा	मा	मा	हा
र	मो	र	....		ड़
....	म	ज़	दू	र	....
भ	क्त		घो	ड़ा	
से	ठ	....	शे	र	....

❖ छात्रों के चार दल तैयार कीजिए। पहले दल में एक लड़का हो (पुल्लिंग)। दूसरे में एक लड़की (स्त्रीलिंग)। तीसरे दल में दो लड़के (पुल्लिंग बहुवचन)। चौथे दल में दो लड़कियाँ (स्त्रीलिंग बहुवचन)। अब अध्यापक एक प्रश्न करेगा। जैसे–आम कौन खाएगा?

चारों दल अपने-अपने नाम के अनुसार उत्तर देंगे। उदाहरणतया–

पहला (पुल्लिंग) – मैं आम खाऊँगा।
दूसरा (स्त्रीलिंग) – मैं आम खाऊँगी।
तीसरा (बहु. पुल्लिंग) – हम आम खाएँगे।
चौथा (बहु. स्त्रीलिंग) – हम आम खाएँगी।

इस प्रकार के अन्य वाक्य बनाकर गतिविधि चलाइए।

❖ **निम्न चुटकले में स्त्रीलिंग शब्द को हरा रंग लगाइए व पुल्लिंग को लाल रंग लगाइए।**

टीचर : यदि तुम्हारे पास दस रुपये हों और तुम अपने लिए पिताजी से बीस और माँग लो, तो तुम्हारे पास कितने रुपये होंगे?

रिक्की : दस रुपये।

टीचर : तुम हिसाब नहीं जानतीं।

रिक्की : आप मेरे पिताजी को नहीं जानतीं।

आपने चित्र में देखा–

1. लड़की गा रही है।
2. लड़कियाँ गा रही हैं।

लड़की शब्द से उसके 'एक' होने का ज्ञान होता है।
लड़कियाँ शब्द से उनके 'अनेक' होने का ज्ञान होता है।

शब्द के जिस रूप से उसके एक या अनेक होने का बोध हो, उसे वचन कहते हैं।

वचन के भेद

वचन दो प्रकार के होते हैं–एकवचन और बहुवचन।

एकवचन

शब्द के जिस रूप से उसके एक होने का पता चले, उसे एकवचन कहते हैं।
जैसे–लड़की, पतंग, कटोरी, पुस्तक आदि।

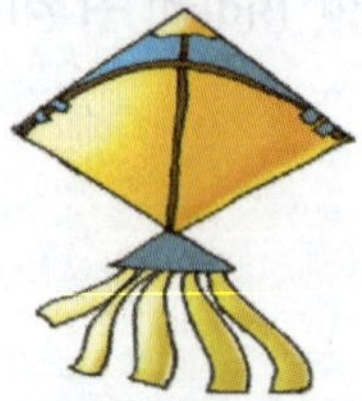

बहुवचन

शब्द के जिस रूप से उसके अनेक होने का ज्ञान हो, उसे **बहुवचन** कहते हैं।

जैसे–लड़कियाँ, पतंगें, कटोरियाँ, पुस्तकें आदि।

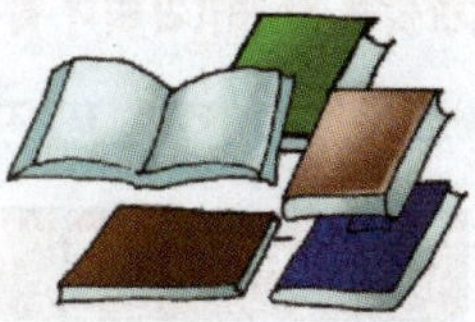

विशेष नियम

- आदर प्रकट करने के लिए एकवचन का बहुवचन के रूप में प्रयोग किया जाता है। जैसे–

  मेरे **पिताजी** आए हैं।

  गुरुजी पढ़ा रहे हैं।

  शादी पर **भाईसाहब** जाएँगे।

- अपने सम्मान के लिए कुछ लोग 'मैं' की जगह 'हम' का प्रयोग करते हैं। जैसे–

  मोहन ने कहा–**हम** अकेले जा रहे हैं।

- सामने वाले को भी 'तू' की जगह 'आप' या 'तुम' कहा जाता है। जैसे–

  भैया जी ! **आप** कहाँ जा रहे हैं?

  मोहन ! **तुम** कहाँ जा रहे हो?

नित्य एकवचन शब्द–**जनता, वर्षा, सेना, पुलिस, सत्य, झूठ, पृथ्वी, आकाश** आदि शब्द एकवचन के रूप में प्रयोग होते हैं। जैसे–

जनता जाग गई है।

वर्षा हो रही है।

पुलिस आ गई।

सेना चली गई।

- 'वृंद', 'वर्ग', 'मंडल', 'दल', 'गण' लगने पर प्रयोग होने वाले शब्द एकवचन की तरह प्रयुक्त होते हैं। जैसे–

  छात्रवर्ग इन दिनों पढ़ाई में लगा हुआ है।

  शिक्षकमंडल परीक्षाओं में व्यस्त है।

  हमारा **सैनिकदल** सबसे आगे रहा।

नित्य बहुवचन शब्द–**हस्ताक्षर, दर्शन, प्राण, आँसू, होश** का हमेशा बहुवचन के रूप में प्रयोग होता है। जैसे–

प्राचार्य ने **हस्ताक्षर** कर दिए।

मैं आपके **दर्शन** करना चाहता हूँ।

उसके **प्राण** निकल गए।

मित्र की आँखों में **आँसू** आ गए।

एकवचन से बहुवचन बनाने के नियम

1. 'आ' को 'ए' में बदलकर ('आ' से समाप्त होने वाले पुल्लिंग शब्द)

एकवचन	बहुवचन	एकवचन	बहुवचन	एकवचन	बहुवचन
कमरा	कमरे	गधा	गधे	जूता	जूते
केला	केले	घड़ा	घड़े	डंडा	डंडे
खरबूजा	खरबूजे	घोड़ा	घोड़े	बच्चा	बच्चे

अपवाद–सम्मान और रिश्तासूचक शब्दों के बहुवचन ज्यों-के-त्यों रहते हैं। जैसे–
पिता, भाई, देवता, मामा, दाता, काका, चाचा, दादा, फूफा।

2. ज्यों-के-त्यों ('आ' से समाप्त होने वाले शब्दों को छोड़कर शेष पुल्लिंग शब्द ज्यों-के-त्यों रहते हैं।)

एकवचन	बहुवचन	एकवचन	बहुवचन	एकवचन	बहुवचन
अखबार	अखबार	कवि	कवि	बालक	बालक
अध्यापक	अध्यापक	डाकू	डाकू	मुनि	मुनि
ऋषि	ऋषि	पेड़	पेड़	शिक्षक	शिक्षक

3. स्त्रीलिंग शब्दों के 'अ' को 'एँ' में बदलकर

एकवचन	बहुवचन	एकवचन	बहुवचन	एकवचन	बहुवचन
आँख	आँखें	गर्दन	गर्दनें	बोतल	बोतलें
किताब	किताबें	पुस्तक	पुस्तकें	भैंस	भैंसें
गाय	गायें	बात	बातें	रात	रातें

4. 'आ' से समाप्त होने वाले स्त्रीलिंग शब्दों में 'आ' को 'एँ' करने से

एकवचन	बहुवचन	एकवचन	बहुवचन	एकवचन	बहुवचन
अध्यापिका	अध्यापिकाएँ	क्रिया	क्रियाएँ	माला	मालाएँ
कला	कलाएँ	पाठशाला	पाठशालाएँ	शिक्षिका	शिक्षिकाएँ
कामना	कामनाएँ	महिला	महिलाएँ	सफलता	सफलताएँ

5. स्त्रीलिंग शब्दों के अंतिम 'ई' को 'इयाँ' में बदलकर

एकवचन	बहुवचन	एकवचन	बहुवचन	एकवचन	बहुवचन
कहानी	कहानियाँ	चींटी	चींटियाँ	मछली	मछलियाँ
कुर्सी	कुर्सियाँ	दवाई	दवाइयाँ	लड़की	लड़कियाँ
खिड़की	खिड़कियाँ	नदी	नदियाँ	सब्ज़ी	सब्ज़ियाँ

6. 'इ' से समाप्त होने वाले स्त्रीलिंग शब्दों के अंत में 'याँ' लगाकर

एकवचन	बहुवचन	एकवचन	बहुवचन	एकवचन	बहुवचन
जाति	जातियाँ	निधि	निधियाँ	प्रति	प्रतियाँ
तिथि	तिथियाँ	पंक्ति	पंक्तियाँ	शक्ति	शक्तियाँ

7. 'या' से समाप्त होने वाले स्त्रीलिंग शब्दों को 'याँ' में बदलकर

एकवचन	बहुवचन	एकवचन	बहुवचन	एकवचन	बहुवचन
बुढ़िया	बुढ़ियाँ	चुहिया	चुहियाँ	चिड़िया	चिड़ियाँ
गुड़िया	गुड़ियाँ	डिबिया	डिबियाँ	कुटिया	कुटियाँ

8. 'उ' तथा 'औ' से समाप्त होने वाले शब्दों के अंत में 'एँ' लगाकर

एकवचन	बहुवचन	एकवचन	बहुवचन	एकवचन	बहुवचन
ऋतु	ऋतुएँ	जूँ	जुएँ	वधू	वधुएँ
गौ	गौएँ	बहू	बहुएँ	वस्तु	वस्तुएँ

अब आप जान गए होंगे

- एक या अनेक होने का पता देने वाले शब्द को **वचन** कहते हैं।
- हिंदी में दो वचन होते हैं—एकवचन और बहुवचन।
- संख्या में एक होने का बोध कराने वाले शब्द **एकवचन** कहलाते हैं।
- एक से अधिक संख्या का बोध कराने वाले शब्द **बहुवचन** कहलाते हैं।
- हिंदी में सम्मान प्रकट करने के लिए एकवचन का बहुवचन के रूप में प्रयोग किया जाता है।

अपनी परीक्षा स्वयं लें

1. वचन किसे कहते हैं?

2. हिंदी में कितने वचन हैं? उनके नाम बताइए।

3. एकवचन का उदाहरण देते हुए उसकी परिभाषा दीजिए।

4. समझाकर लिखिए कि बहुवचन किसे कहते हैं?

5. सम्मान के कारण एकवचन में क्या परिवर्तन होता है? उदाहरण सहित लिखिए।

6. निम्नलिखित में से सही बहुवचन रूप पर (✓) लगाइए–

1. (क) चाचा ☐ (ख) चाचे ☐ (ग) चाचाओं ☐ (घ) चाचाओ ☐
2. (क) आँख ☐ (ख) आँखें ☐ (ग) अखिड़ियाँ ☐ (घ) अँखियाँ ☐
3. (क) रानी ☐ (ख) रानिएँ ☐ (ग) रानियो ☐ (घ) रानियाँ ☐
4. (क) पत्नी ☐ (ख) पत्नियाँ ☐ (ग) पत्निएँ ☐ (घ) पत्नियो ☐

7. निम्नलिखित वाक्यों की पूर्ति कोष्ठक में दिए गए शब्द के बहुवचन रूप से कीजिए–

(क) समारोह में अनेक .... आई थीं। (अभिनेता/अभिनेत्री/अभिनेत्रियाँ/अभिनेते)

(ख) उसने अपने .... पोंछ डाले। (आँसू/आँसुओं/आँसुएँ/आँसु)

(ग) शादी के दिनों में .... की माँग बढ़ जाती है। (घोड़ी/घोड़िएँ/घोड़ियो/घोड़ियों)

(घ) .... मैदान में खेल रहे हैं। (बच्चा/बच्चे/बच्चा-लोग/बच्चन)

(ङ) .... रस्सा कूद रही हैं। (लड़की/लड़किएँ/लड़कियाँ/लड़कियो)

(च) मैदान में अनेक .... एकत्र थे। (योद्धे, योद्धा, योद्धागण, योद्धाएँ)

(छ) इस तालाब में .... नहीं है। (मछली/मछलिएँ/मछलियाँ/मछलियों)

(ज) सारे .... खेल रहे हैं। (लड़के/लड़का/लड़कियाँ/लड़का-लोग)

8. नीचे कुछ वाक्य वचन की दृष्टि से अशुद्ध हैं। उन्हें शुद्ध करके लिखिए–

अशुद्ध	शुद्ध
(क) बिजली चमक रही हैं।	....
(ख) वर्षा हो रहे हैं।	....
(ग) सूरज छिप गए हैं।	....
(घ) तालाब में पानी भर गए हैं।	....
(ङ) पेड़ों पर बहुत मीठा आम लगा है।	....
(च) आपका झूठ जल्दी पकड़ में आ गए हैं।	....

रचनात्मक गतिविधियाँ (Formative Activities)

- एक चार्ट बनाइए। उस पर 1. **एक हाथी** 2. **कई हाथी** 3. **एक हथिनी** 4. **अनेक हथिनियों** के चित्र हों। उनके नीचे उनसे संबंधित एक-एक वाक्य हो। इसी प्रकार के चित्र कुत्ता, गेंडा, शेर, बिल्ली, चूहा आदि से संबंधित भी हो सकते हैं।
- छात्रों के चार वर्ग बनाइए। पहला वर्ग **एकवचन पुल्लिंग कर्ता** से एक वाक्य बनाए। दूसरा वर्ग उसके **बहुवचन** से। तीसरा वर्ग उसके **एकवचन स्त्रीलिंग कर्ता** से वाक्य बनाए। चौथा वर्ग उसके **बहुवचन स्त्रीलिंग** से। उदाहरणतया–

पहला वर्ग – चूहा कूद रहा है। **तीसरा वर्ग** – चुहिया कूद रही है।
दूसरा वर्ग – चूहे कूद रहे हैं। **चौथा वर्ग** – चुहियाँ कूद रही हैं।

- **एकवचन शब्दों को हरा रंग लगाइए–**

1. *टिंकू (गब्बू से)* : यार, यह बैल मिठाई देखकर क्या सोच रहा होगा?
गब्बू : यही कि काश, यह मिठाई भी घास होती।

2. *टीचर* : बिट्टू, क्या तुमने पाठ याद कर लिया?
बिट्टू : मैम, जब मैं पढ़ने बैठा तो बत्ती गुल हो गई। फिर मैं दोबारा इस डर से पढ़ने नहीं बैठा कि फिर बत्ती गुल न हो जाए।

एक वाक्य देखिए–

राम ने सीता की रक्षा के लिए रावण को लंका में बाणों से मारा।

इस वाक्य में क्रिया है– मारा।

किसने मारा	–	राम ने	(राम क्रिया करने वाला 'कर्ता' है।)
किसको मारा	–	रावण को	(रावण पर क्रिया का फल पड़ा। वह 'कर्म' है।)
किससे मारा	–	बाण से	(क्रिया का साधन 'करण' है।)
किसलिए मारा	–	सीता की रक्षा के लिए	(क्रिया का लक्ष्य 'संप्रदान' है।)
कहाँ पर मारा	–	लंका में	(क्रिया का स्थान 'अधिकरण' है।)

एक और वाक्य देखिए–

ओ मोहन! प्रज्ञा का भाई दिल्ली से आ गया होगा।

इसमें 'आना' क्रिया कहाँ से (चलकर, निकलकर, अलग होकर) हुई?

दिल्ली से। क्रिया के प्रस्थान का स्थान 'अपादान' है।

'ओ' का संबंध सुनने वाले से है।

'का' का संबंध क्रिया से न होकर अन्य किसी संज्ञा या सर्वनाम से है।

संज्ञा या सर्वनाम का जो रूप क्रिया अथवा अन्य किसी शब्द से संबंध स्थापित करे, उसे कारक कहते हैं।

परसर्ग–किसी कारक के रूप में ढलने पर संज्ञा या सर्वनाम के साथ **ने, को, से** आदि जो संबंधवाचक शब्द लगते हैं, उन्हें **परसर्ग** कहते हैं। जैसे–

कृष्ण **ने** बाँसुरी बजाई।

यहाँ 'ने' परसर्ग है।

कारक के भेद

कारक के आठ भेद हैं–

	कारक (Case)		चिह्न (Sign)
1.	**कर्ता**	Nominative Case	**ने, X**
2.	**कर्म**	Objective Case	**को, X**
3.	**करण**	Instrumental Case	**से (के साथ, के द्वारा)**
4.	**संप्रदान**	Dative Case	**के लिए**
5.	**अपादान**	Ablative Case	**से (पृथकता)**
6.	**अधिकरण**	Locative Case	**में, पर**
7.	**संबंध**	Genitive Case	**का, के, की**
8.	**संबोधन**	Vocative Case	**हे!, अरे!**

ध्यान दें–कर्ता से संबंध कारक तक सभी के विभक्ति-चिह्न शब्दों के अंत में लगाए जाते हैं, जबकि संबोधन कारक के चिह्न (हे!, अरे! आदि) शब्दों से पूर्व (पहले) लगते हैं।

1. कर्ता कारक–क्रिया करने वाला संज्ञा या सर्वनाम शब्द **कर्ता कारक** कहलाता है। जैसे–

भगत सिंह ने क्रांति की।

यहाँ 'भगत सिंह' क्रांति करने वाला है। अत: कर्ता कारक है। 'ने' परसर्ग है।

कर्ता कारक का मूल परसर्ग 'ने' है। किंतु कर्ता बिना परसर्ग के भी प्रयुक्त होता है। जैसे–

नेहा पढ़ती है। अशोक खेलता है।

कुछ वाक्यों में कर्ता के साथ 'द्वारा', 'से' तथा 'को' भी लगता है। जैसे–

गुंडों द्वारा पिटाई कराई गई। **बच्चों से** लड्डू खाए गए। **अभिषेक को** जल्दी जाना है।

2. कर्म कारक–क्रिया का फल जिस संज्ञा या सर्वनाम पर पड़ता है, उसे **कर्म कारक** कहते हैं। इसका चिह्न 'को' है।

एक उदाहरण देखिए–

मैं **बेटे को** पढ़ाता हूँ।

यहाँ 'बेटे को' कर्म कारक है।

यदि कर्म अप्राणिवाचक हो तो परसर्ग 'को' नहीं लगता। जैसे–

मैंने **केला** खाया।

किसी-किसी वाक्य में दो कर्म होते हैं। जैसे–

उसने **मोहन को मिठाई** दी।

दो कर्म आने पर प्राणिवाचक कर्म पहले आता है। उसके साथ परसर्ग लगता है। दूसरा कर्म बाद में लगता है। उसके साथ परसर्ग नहीं लगता।

3. करण कारक–क्रिया जिस साधन से होती है, उसे **करण कारक** कहते हैं। इसका चिह्न 'से' है। जैसे–

गुरु जी **गाड़ी से** आए हैं।

मैंने रस्सी को **चाकू से** काटा।

4. संप्रदान कारक–क्रिया जिसके लिए की जाए, या जिसे कुछ दिया जाए, उसे **संप्रदान कारक** कहते हैं। इसका चिह्न 'के लिए' है। कहीं-कहीं 'को' चिह्न का प्रयोग होता है। जैसे–

सैनिक **देश के लिए** लड़ते हैं।

उसने **भिखारी को** रोटी दी।

5. अपादान कारक–जो संज्ञा या सर्वनाम क्रिया के साथ अलगाव प्रकट करता है, उसे **अपादान कारक** कहते हैं। इसका चिह्न 'से' है।

उदाहरण के लिए–

बच्चा **स्कूल से** आया है।

पत्ता **पेड़ से** गिरा है।

6. अधिकरण कारक–क्रिया के स्थान को प्रकट करने वाला संज्ञा या सर्वनाम शब्द **अधिकरण कारक** कहलाता है। इसका चिह्न 'में' या 'पर' है।

उदाहरणतया–

मैं **सरोवर में** नहाया।

गुरु जी **कुर्सी पर** बैठे हैं।

7. संबंध कारक–जो संज्ञा या सर्वनाम शब्द किसी दूसरे संज्ञा या सर्वनाम के साथ संबंध प्रकट करता है, उसे **संबंध कारक** कहते हैं। इसका चिह्न 'का-के-की' या 'रा-रे-री' है।

उदाहरणतया–

मेरा बेटा **आपका** कोट उठा लाएगा।

राधा **कृष्ण जी की** भक्तिन थीं।

8. संबोधन कारक–किसी को पुकारने के लिए काम आने वाले संज्ञा शब्द **संबोधन कारक** कहलाते हैं। इसके चिह्न 'हे', 'अरे', 'ओ' हैं।

उदाहरणतया–

ऐ बालक! इधर आ।

संज्ञा शब्दों की रूप-रचना

लिंग, वचन और कारक के कारण संज्ञा-रूपों में अंतर आ जाता है। कुछ रूप देखिए–

अकारांत पुल्लिग शब्द 'बालक'

कारक	एकवचन	बहुवचन
कर्ता	बालक, बालक ने	बालक, बालकों ने
कर्म	बालक, बालक को	बालक, बालकों को
करण	बालक से, बालक द्वारा, बालक के द्वारा	बालकों से, बालकों द्वारा, बालकों के द्वारा
संप्रदान	बालक के लिए, बालक को	बालकों के लिए, बालकों को
अपादान	बालक से	बालकों से
अधिकरण	बालक में, बालक पर	बालकों में, बालकों पर
संबंध	बालक का , बालक के, बालक की	बालकों का, बालकों के, बालकों की
संबोधन	हे बालक!	हे बालको!

नर, **मनुष्य**, **देव**, **छात्र** आदि शब्दों के रूप इसी प्रकार बनते हैं।

आकारांत पुल्लिग शब्द 'लड़का'

कारक	एकवचन	बहुवचन
कर्ता	लड़का, लड़के ने	लड़के, लड़कों ने
कर्म	लड़के को	लड़कों को
करण	लड़के से	लड़कों से
संप्रदान	लड़के के लिए, लड़के को	लड़कों के लिए, लड़कों को
अपादान	लड़के से	लड़कों से
अधिकरण	लड़के में, लड़के पर	लड़कों में, लड़कों पर
संबंध	लड़के का, लड़के के, लड़के की	लड़कों का, लड़कों के, लड़कों की
संबोधन	हे लड़के!	हे लड़को!

घोड़ा, **बच्चा**, **पाजामा**, **गधा** आदि शब्दों के रूप इसी प्रकार बनते हैं।

इकारांत पुल्लिंग शब्द **'कवि'**

कारक	एकवचन	बहुवचन
कर्ता	कवि, कवि ने	कवि, कवियों ने
कर्म	कवि को	कवियों को
करण	कवि से	कवियों से
संप्रदान	कवि के लिए, कवि को	कवियों के लिए, कवियों को
अपादान	कवि से	कवियों से
अधिकरण	कवि में, कवि पर	कवियों में, कवियों पर
संबंध	कवि का, कवि के, कवि की	कवियों का, कवियों के, कवियों की
संबोधन	हे कवि!	हे कवियो!

मुनि, **रवि** के रूप इसी तरह बनेंगे।

ईकारांत पुल्लिंग शब्द **'माली'**

कारक	एकवचन	बहुवचन
कर्ता	माली, माली ने	माली, मालियों ने
कर्म	माली को	मालियों को
करण	माली से	मालियों से
संप्रदान	माली के लिए, माली को	मालियों के लिए, मालियों को
अपादान	माली से	मालियों से
अधिकरण	माली में, माली पर	मालियों में, मालियों पर
संबंध	माली का, माली की, माली के	मालियों का, मालियों की, मालियों के
संबोधन	हे माली!	हे मालियो!

हाथी, **धोबी**, **तपस्वी** के रूप इसी प्रकार बनेंगे।

उकारांत पुल्लिग शब्द **'साधु'**

कारक	एकवचन	बहुवचन
कर्ता	साधु, साधु ने	साधु, साधुओं ने
कर्म	साधु को	साधुओं को
करण	साधु से	साधुओं से
संप्रदान	साधु के लिए, साधु को	साधुओं के लिए, साधुओं को
अपादान	साधु से	साधुओं से
अधिकरण	साधु में, साधु पर	साधुओं में, साधुओं पर
संबंध	साधु का, साधु की, साधु के	साधुओं का, साधुओं की, साधुओं के
संबोधन	हे साधु!	हे साधुओ!

गुरु, **भानु**, **शत्रु** के रूप इसी प्रकार बनेंगे।

अब आप जान गए होंगे

- क्रिया तथा अन्य शब्दों से संबंध स्थापित कराने वाले रूप **कारक** कहलाते हैं।
- कारक के आठ भेद हैं। उनके चिह्न इस प्रकार हैं–

कर्ता	× अथवा ने
कर्म	× अथवा को
करण	से/के द्वारा
संप्रदान	के लिए
अपादान	से (अलगाव)
अधिकरण	में/पर
संबंध	का-के-की/रा-रे-री/ना-ने-नी
संबोधन	हे !, अरे !, ओ !

अपनी परीक्षा स्वयं लें

1. कारक किसे कहते हैं?

2. कारक के कितने भेद हैं? उनके नाम तथा चिह्न लिखिए।

3. करण और अपादान कारक का अंतर बताइए।

4. निम्नलिखित रंगीन पदों के कारक का नाम छाँटिए–

(क) **मित्रो!** शोर न करो। (कर्ता/अधिकरण/संबंध/संबोधन)

(ख) यमुना **हिमालय से** निकलती है। (करण/अधिकरण/अपादान/कर्म)

(ग) चिड़िया **पेड़ पर** बैठी है। (संप्रदान/अधिकरण/कर्म/कर्ता)

(घ) खेल **अक्तूबर में** होंगे। (कर्म/अधिकरण/अपादान/करण)

(ङ) राम **पुस्तक** पढ़ता है। (करण/अधिकरण/संबंध/कर्म)

5. निम्नलिखित रिक्त स्थानों की पूर्ति कोष्ठक में लिखे कारक के अनुसार कीजिए–

(क) खिलाड़ी .... फल दो। (संप्रदान)

के लिए | को | का | वाला

(ख) कुत्ते को पत्थर .... मारो। (करण)

से | में | मत | तो

(ग) वह घर .... है। (अधिकरण)

पर | नहीं | तो | से

6. कोष्ठक में लिखे शब्दों में से सही रूप छाँटिए और रिक्त-स्थानों की पूर्ति कीजिए–

(क) एक-एक करके सब .... को बुलाया गया। (लड़की, लड़कियों, लड़कियो, लड़किएँ)

(ख) सभी .... चले गए। (बच्चा, बच्चा लोग, बच्चो, बच्चे)

(ग) मैंने हाथ जोड़कर सभी .... से माफी माँगी। (गुरुजन, गुरु, गुरुओं, गुरुवृंद)

7. निम्नलिखित विभक्ति-चिह्नों के सामने उनके कारकों के नाम छाँटकर लिखिए–

(क) से (द्वारा) __________ कारक (करण/अधिकरण/अपादान/संप्रदान)

(ख) से (अलग होने का भाव) __________ कारक (करण/अधिकरण/अपादान/संप्रदान)

(ग) में __________ कारक (करण/अधिकरण/कर्ता/कर्म)

(घ) ने __________ कारक (कर्ता/कर्म/संप्रदान/अपादान)

रचनात्मक गतिविधियाँ (Formative Activities)

- पाठ्यपुस्तक में से सभी कारकों के दो-दो उदाहरण खोजिए।

- **निम्न कहानी को पढ़िए। सभी कारकों पर नीले रंग से निशान लगाइए।**

सिद्धार्थ कुमार

बुद्ध भगवान् का बचपन का नाम सिद्धार्थ कुमार था। अपने बगीचे में वे एक दिन टहल रहे थे। इतने में आकाश से एक हंस पक्षी चीखता हुआ गिर पड़ा। राजकुमार सिद्धार्थ ने दौड़कर उस पक्षी को गोद में उठा लिया। किसी ने हंस को बाण मारा था। वह बाण अब भी हंस के शरीर में चुभा था। कुमार सिद्धार्थ ने पक्षी के शरीर से बाण निकाला।

कुमार सिद्धार्थ ने हंस के घाव धोये, उसके घाव पर पत्तियों का रस निचोड़ा और उसे गोद में लेकर प्यार से सहलाने लगे। इतने में दूर से कुमार देवदत्त का स्वर सुनायी पड़ा–'मेरा हंस यहाँ गिरा है क्या?'

राजकुमार देवदत्त सिद्धार्थ कुमार के चचेरे भाई थे। वे बड़े कठोर स्वभाव के थे। शिकार करने में उन्हें आनंद आता था। सिद्धार्थ कुमार की गोद में हंस को देखकर वे वहाँ दौड़े आये और बोले–'यह हंस तो मेरा है। मुझे दे दो।'

सिद्धार्थ बोले–'तुमने इसे पाला है?'

देवदत्त ने कहा–'मैंने इसे बाण मारा है। वह देखो मेरा बाण पड़ा है।'

कुमार सिद्धार्थ बोले–'तुमने इसे बाण मारा है? बेचारे निरपराध पक्षी को तुमने क्यों बाण मारा? बाण चुभने से बड़ी पीड़ा होती है, यह मैंने अपनी भुजा में बाण चुभाकर देखा है। मैं हंस तुम्हें नहीं दूँगा; यह जब अच्छा हो जायगा, मैं इसे उड़ जाने के लिये छोड़ दूँगा।'

कुमार देवदत्त इतने सीधे नहीं थे। वे हंस के लिये झगड़ने लगे। बात महाराज शुद्धोदन के पास गयी। महाराज ने दोनों राजकुमारों की बातें सुनीं। उन्होंने देवदत्त से पूछा–'तुम हंस को मार सकते हो?'

देवदत्त ने कहा–'आप उसे मुझे दीजिए, मैं अभी उसे मार देता हूँ।'

महाराज ने पूछा–'तुम फिर उसे जीवित भी कर दोगे?'

देवदत्त ने कहा–'मरा प्राणी कहीं फिर जीवित होता है?'

महाराज ने कहा–'शिकार का यह नियम ठीक है कि जो शिकारी जिस पशु-पक्षी को मारे उस पर उसी का अधिकार होता है। यदि हंस मर गया होता तो उस पर तुम्हारा अधिकार होता; लेकिन मरते प्राणी को जो जीवन-दान दे; उसका उस प्राणी पर उससे अधिक अधिकार है, जिसने कि उसे मारा हो। सिद्धार्थ ने हंस को मरने से बचाया है। अत: हंस सिद्धार्थ का है।'

कुमार सिद्धार्थ हंस को ले गये। जब हंस का घाव अच्छा हो गया, तब उन्होंने उसे उड़ा दिया।

कुछ वाक्य देखिए–

सुखविन्दर गायक है। **वह** अच्छा गाता है। लाखों लोग **उसे** चाहते हैं। मैं भी **उसे** चाहता हूँ। भगवान करे, **वह** और अच्छा गाए।

आपने देखा–सारी बात सुखविन्दर के बारे में है। पहले वाक्य में सुखविन्दर का नाम आया। बाद वाले वाक्यों में सुखविन्दर की जगह 'वह', 'उसे' आदि शब्द आए। ये शब्द संज्ञा की जगह आए। इन्हें **सर्वनाम** कहते हैं।

संज्ञा के स्थान पर आने वाले शब्दों को सर्वनाम कहते हैं।

सर्वनाम के भेद

सर्वनाम छः प्रकार के होते हैं–

1. पुरुषवाचक
2. निश्चयवाचक
3. अनिश्चयवाचक
4. प्रश्नवाचक
5. संबंधवाचक
6. निजवाचक

1. पुरुषवाचक सर्वनाम–किसी व्यक्ति के लिए प्रयोग होने वाला सर्वनाम **पुरुषवाचक सर्वनाम** कहलाता है। इसके तीन भेद हैं–

(क) **उत्तम पुरुष**–बोलने या लिखने वाला अपने लिए जिन सर्वनामों का प्रयोग करता है, उन्हें **उत्तम पुरुषवाचक सर्वनाम** कहते हैं। जैसे–मैं, हम, मैंने, हमें, हमने आदि।

मैं सत्य बोलता हूँ। **हम** सत्य-पथ पर चलते हैं।

(ख) **मध्यम पुरुष**–सुनने वाले या सामने वाले व्यक्ति के बारे में जिस सर्वनाम का प्रयोग किया जाता है, उसे **मध्यम पुरुषवाचक सर्वनाम** कहते हैं। जैसे–तू, तुम, आप, तुमने, आपने, तूने आदि।

तुम पढ़ा करो। **तू** आ भी जा। **आप** आ जाइए।

(ग) **अन्य पुरुष**–वक्ता और श्रोता को छोड़कर अन्य किसी व्यक्ति के बारे में प्रयुक्त सर्वनाम को **अन्य पुरुषवाचक सर्वनाम** कहते हैं। जैसे–वह, वे, यह, ये, उनसे, उन्होंने, इन्होंने, इन्हें, उन्हें, इनसे, उसे, उससे, इस, इससे, उसने, उसको आदि।

वह खेलेगा। **वे** खेला करेंगे। **उन्होंने** शिकायत की।

2. **निश्चयवाचक सर्वनाम**–किसी निश्चित वस्तु या व्यक्ति की ओर संकेत करने वाले सर्वनाम को **निश्चयवाचक सर्वनाम** कहते हैं। जैसे–वह, यह, वे, ये, इन्हें, उन्हें आदि।

ये खतरनाक हैं। **इन्हें** मत छूना। **उस** बाज़ार में मत जाओ। **वह** बंद हो चुका है।

3. **अनिश्चयवाचक सर्वनाम**–जिस सर्वनाम से किसी वस्तु या प्राणी के अनिश्चय का ज्ञान हो, उसे **अनिश्चवाचक सर्वनाम** कहते हैं। जैसे–कोई, किसी, कुछ, किन्हीं आदि।

शायद **कोई** आया है। **किसी** के चलने की आवाज़ है।

कुछ गिरा भी है। **किन्हीं** चार को जाना होगा।

4. **प्रश्नवाचक सर्वनाम**–प्रश्नों की जगह आए सर्वनाम **प्रश्नवाचक सर्वनाम** कहलाते हैं। जैसे–कौन, क्या, किस।

शादी में **कौन** जाएगा ? आपसे **किसने** कहा ?

मैं **क्या** करूँ ? **किन्हें** डर लग रहा है ?

5. **संबंधवाचक सर्वनाम**–जो सर्वनाम किसी अन्य उपवाक्य में प्रयुक्त संज्ञा या सर्वनाम के साथ संबंध स्थापित करते हैं, वे **संबंधवाचक सर्वनाम** कहलाते हैं। जैसे–जो-वह, जिसे-उसे।

जो पाप करेगा, **वह** फल भुगतेगा। **जिसे** ज्ञान नहीं है, **उसे** कैसे समझाएँ ?

6. **निजवाचक सर्वनाम**–जो सर्वनाम कर्ता के अपनेपन का बोध कराता है, उसे **निजवाचक सर्वनाम** कहते हैं। जैसे–स्वयं, अपने-आप, आप आदि।

मैं **स्वयं** चलकर आया हूँ। आप अपना काम **आप** कीजिए।

कुछ महत्त्वपूर्ण बातें

- सर्वनाम शब्दों के साथ परसर्ग मिलाकर लिखे जाते हैं। जैसे–
  मैंने, उसको, जिनके लिए आदि।
- सर्वनाम और परसर्ग के बीच 'ही' या कोई और स्वर आ जाए तो परसर्ग अलग लगता है। जैसे–
  किसी ने, उन्हीं को, इन्हीं से आदि।

➤ आदर प्रकट करने के लिए जिन एकवचन संज्ञाओं को बहुवचन की भाँति प्रयोग में लाया जाता है, उनके लिए आने वाले सर्वनाम भी बहुवचन में आते हैं। जैसे–

गुरु जी आ गए हैं। वे कक्षा में पढ़ा रहे हैं।

➤ कुछ लोग 'मैं' की जगह 'हम' का प्रयोग करते हैं। जैसे–

शीला बोली–हमारी बात सुनो।

➤ श्रोता को सम्मान देने के लिए 'आप' या 'तुम' का प्रयोग किया जाता है। 'तू' का प्रयोग या तो अत्यधिक निकटता दिखाने के लिए होता है या निरादर करने के लिए। उदाहरणतया–

अरे यार ! तू आ भी जा।

ओ मूर्ख ! तुझे अक्ल कब आएगी?

➤ 'आप' का प्रयोग अनेक रूपों में होता है। जैसे–

मध्यमपुरुष–आप कहाँ जा रहे हैं?

निजवाचक–मैं आप हैरान था।

अन्य पुरुष–आप पढ़ाई के लिए विदेश चले गए।

सर्वनामों की रूप-रचना

उत्तमपुरुष सर्वनाम 'मैं'

कारक	एकवचन	बहुवचन
कर्ता	मैं, मैंने	हम, हमने
कर्म	मुझे, मुझको	हमें, हमको
करण	मुझसे, मेरे द्वारा	हमसे, हमारे द्वारा
संप्रदान	मेरे लिए, मुझे, मुझको	हमारे लिए, हमें, हमको
अपादान	मुझसे	हमसे
संबंध	मेरा, मेरी, मेरे	हमारा, हमारी, हमारे
अधिकरण	मुझमें, मुझपर	हममें, हमपर

• **विशेष :** सर्वनाम शब्दों में संबोधन नहीं होता।
सर्वनाम शब्दों के रूप दोनों लिंगों में समान होते हैं।

मध्यमपुरुष सर्वनाम 'तू'

कारक	एकवचन	बहुवचन
कर्ता	तू, तूने	तुम, तुमने
कर्म	तुझे, तुझको	तुम्हें, तुमको
करण	तुझसे, तेरे द्वारा	तुमसे, तुम्हारे द्वारा
संप्रदान	तेरे लिए, तुझे, तुझको	तुम्हारे लिए, तुम्हें, तुमको
अपादान	तुझसे	तुमसे
संबंध	तेरा, तेरी, तेरे	तुम्हारा, तुम्हारी, तुम्हारे
अधिकरण	तुझमें, तुझपर	तुममें, तुमपर

अन्यपुरुष सर्वनाम 'वह'

कारक	एकवचन	बहुवचन
कर्ता	वह, उसने	वे, उन्होंने
कर्म	उसे, उसको	उन्हें, उनको
करण	उससे, उसके द्वारा	उनसे, उनके द्वारा
संप्रदान	उसके लिए, उसे, उसको	उनके लिए, उन्हें, उनको
अपादान	उससे	उनसे
संबंध	उसका, उसकी, उसके	उनका, उनकी, उनके
अधिकरण	उसमें, उसपर	उनमें, उनपर

निश्चयवाचक सर्वनाम 'यह'

कारक	एकवचन	बहुवचन
कर्ता	यह, इसने	ये, इन्होंने
कर्म	इसे, इसको	इन्हें, इनको
करण	इससे, इसके द्वारा	इनसे, इनके द्वारा
संप्रदान	इसके लिए, इसे, इसको	इनके लिए, इन्हें, इनको
अपादान	इससे	इनसे
संबंध	इसका, इसकी, इसके	इनका, इनकी, इनके
अधिकरण	इसमें, इसपर	इनमें, इनपर

अनिश्चयवाचक सर्वनाम 'कोई'

कारक	एकवचन	बहुवचन
कर्ता	कोई, किसी ने	कोई, किन्हीं ने
कर्म	किसी को	किन्हीं को
करण	किसी से, किसी के द्वारा	किन्हीं से, किन्हीं के द्वारा
संप्रदान	किसी के लिए, किसी को	किन्हीं के लिए, किन्हीं को
अपादान	किसी से	किन्हीं से
संबंध	किसी का, किसी की, किसी के	किन्हीं का, किन्हीं की, किन्हीं के
अधिकरण	किसी में, किसी पर	किन्हीं में, किन्हीं पर

संबंधवाचक सर्वनाम 'जो'

कारक	एकवचन	बहुवचन
कर्ता	जो, जिसने	जो, जिन्होंने
कर्म	जिसको, जिसे	जिनको, जिन्हें
करण	जिससे, जिसके द्वारा	जिनसे, जिनके द्वारा
संप्रदान	जिसके लिए, जिसको	जिनके लिए, जिनको
अपादान	जिससे	जिनसे
संबंध	जिसका, जिसकी, जिसके	जिनका, जिनकी, जिनके
अधिकरण	जिसमें, जिसपर	जिनमें, जिनपर

प्रश्नवाचक सर्वनाम 'कौन'

कारक	एकवचन	बहुवचन
कर्ता	कौन, किसने	कौन, किन्होंने
कर्म	किसे, किसको	किन्हें, किनको
करण	किसके द्वारा, किससे	किनके द्वारा, किनसे
संप्रदान	किसके लिए, किसे, किसको	किनके लिए, किन्हें, किनको
अपादान	किससे	किनसे
संबंध	किसका, किसकी, किसके	किनका, किनकी, किनके
अधिकरण	किसमें, किसपर	किनमें, किनपर

- बल देने के लिए 'कोई' और 'कुछ' का प्रयोग ऐसे भी होता है–

  कोई-न-कोई तो जाएगा। **कुछ-न-कुछ** तो देना पड़ेगा।

- लिंग के कारण सर्वनाम में कोई विकार नहीं आता। जैसे–

  वह खेलेगा। **वह** खेलेगी।

अब आप जान गए होंगे

- संज्ञा के स्थान पर आने वाले शब्द **सर्वनाम** कहलाते हैं।
- सर्वनाम के छह भेद हैं–पुरुषवाचक, निश्चयवाचक, अनिश्चयवाचक, संबंधवाचक, प्रश्नवाचक और निजवाचक।
- पुरुषवाचक सर्वनाम के तीन भेद हैं–उत्तमपुरुष, मध्यमपुरुष और अन्यपुरुष।

अपनी परीक्षा स्वयं लें

1. सर्वनाम किसे कहते हैं?

2. सर्वनाम के कितने भेद हैं? उनके नाम लिखिए।

3. पुरुषवाचक सर्वनाम किसे कहते हैं? उसके भेदों के नाम लिखिए।

4. निम्नलिखित शब्द किस सर्वनाम के अंतर्गत आते हैं?

(क)	**मैं**	उत्तम पुरुष	मध्यम पुरुष	अन्यपुरुष	निजवाचक
(ख)	**कौन**	अन्यपुरुष	अनिश्चयवाचक	प्रश्नवाचक	संबंधवाचक
(ग)	**अपने-आप**	निजवाचक	पुरुषवाचक	प्रश्नवाचक	संबंधवाचक

5. निम्नलिखित वाक्यों में प्रयुक्त सर्वनाम किस भेद के अंतर्गत आते हैं?

(i) देखो, **कोई** आ रहा है।

(क) प्रश्नवाचक (ख) अनिश्चयवाचक (ग) निश्चयवाचक (घ) संबंधवाचक

(ii) शायद **कुछ** गिरा है।

(क) निश्चयवाचक (ख) पुरुषवाचक (ग) प्रश्नवाचक (घ) अनिश्चयवाचक

(iii) **तू** यहाँ से भाग।

(क) निजवाचक (ख) अन्य पुरुषवाचक (ग) मध्यम पुरुषवाचक (घ) उत्तम पुरुषवाचक

6. निम्नलिखित वाक्यों की पूर्ति उचित सर्वनामों से कीजिए–

(क) आज .... को भी मानवता की फिक्र नहीं है।

कोई कुछ किन्हीं किसी

(ख) वह .... चिंता स्वयं कर लेगा।

खुद | आप | अपनी | तेरी

(ग) तुम .... घर जाओ।

तुम्हारे | स्वयं के | अपने | खुद के

7. निम्नलिखित सर्वनामों के नीचे एक-एक सर्वनाम गलत दिया गया है। उस पर (×) लगाइए–

(i) **प्रश्नवाचक**

(क) क्या ☐ (ख) कौन ☐ (ग) किसे ☐ (घ) कुछ ☐

(ii) **निश्चयवाचक**

(क) यह ☐ (ख) वह ☐ (ग) किसी ☐ (घ) इस ☐

(iii) **उत्तम पुरुषवाचक**

(क) मैं ☐ (ख) हम ☐ (ग) मुझ ☐ (घ) आप ☐

8. रिक्त स्थानों की पूर्ति कोष्ठक में अंकित सर्वनामों के अनुसार कीजिए–

(i) अब मैं तुम्हें .... कहूँ। (प्रश्नवाचक से)

(क) कुछ (ख) स्वयं (ग) कहाँ (घ) क्या

(ii) गुरु जी .... हिंदी पढ़ाते हैं। (अन्य पुरुषवाचक से)

(क) मुझे (ख) तुम्हें (ग) आपको (घ) उन्हें

(iii) .... भागकर गाड़ी पकड़ो। (पुरुषवाचक सर्वनाम से)

(क) अरे (ख) तुम (ग) तू (घ) आप

रचनात्मक गतिविधियाँ (Formative Activities)

❖ 8 दल छात्रों के बनाइए और 8 दल छात्राओं के। उनके नाम सर्वनामों के नामों पर इस प्रकार रखिए– 1. प्रथम पुरुष 2. मध्यम पुरुष 3. अन्य पुरुष 4. निश्चय 5. अनिश्चय 6. प्रश्न 7. संबंध 8. निज। अब अध्यापक **एक कर्ता** और **एक क्रिया** बोलेगा। ये सभी 16 दल अपने-अपने नामानुसार वाक्य बनाएँगे। जैसे–

कर्ता	**क्रिया**
मैं	खेलना

1. मैं खेलूँगा। 2. तू खेलेगा 3. वह खेलेगा 4. यह खेलेगा।
5. कोई खेलेगा। 6. कौन खेलेगा 7. जो खेलेगा वह आए 8. मैं खुद खेलूँगा।
9. मैं खेलूँगी 10. तू खेलेगी 11. वह खेलेगी 12. यह खेलेगी।
13. कोई खेलेगी। 14. कौन खेलेगी 15. जो खेलेगी वह जीतेगी। 16. हम स्वयं खेलेंगी।

आपने चित्र देखा–

कहीं रंगीन गुब्बारे हैं। लाल, नीले, पीले, हरे गुब्बारे।

कहीं ठंडी चुस्की बिक रही है। कहीं रसीले फल हैं। मीठे आम, खट्टे संतरे।

स्वादिष्ट जूस। चटपटे गोलगप्पे। गर्म टिक्की और गुलाब-जामुन। कहीं लंबे-ठिगने जोकर खेल दिखा रहे हैं।

रंगीन शब्दों को ध्यान से देखो। ये विशेषता प्रकट कर रहे हैं। गुब्बारों की विशेषता है–रंगीन, लाल, नीले, पीले और हरे। फल की विशेषता है–रसीले।

इसी प्रकार मीठे, खट्टे, चटपटे, गर्म, लंबे, ठिगने भी किसी-न-किसी की विशेषता बता रहे हैं। जिसकी विशेषता बता रहे हैं, वे शब्द संज्ञा हैं या सर्वनाम।

संज्ञा या सर्वनाम की विशेषता बताने वाले शब्द विशेषण कहलाते हैं।

जिन शब्दों की विशेषता बताई जाती है, उन्हें विशेष्य कहते हैं।

विशेषण के भेद

विशेषण चार प्रकार के होते हैं–

1. गुणवाचक 2. संख्यावाचक 3. परिमाणवाचक 4. सार्वनामिक

1. गुणवाचक विशेषण–संज्ञा या सर्वनाम के किसी गुण, आकार, रूप, स्वाद, रंग, दशा आदि का ज्ञान कराने वाले शब्द **गुणवाचक विशेषण** कहलाते हैं। जैसे–सुंदर, विशाल, सलोना, मीठा, लाल, स्वस्थ आदि। कुछ महत्त्वपूर्ण गुणवाचक विशेषण इस प्रकार हैं–

गुण-दोष	–	अच्छा, बुरा, सरल, परिश्रमी, ईमानदार, सच्चा, झूठा, दानी, दयालु आदि।
रंग	–	काला, पीला, नीला, हरा, लाल, सुनहरा, चमकीला, गुलाबी आदि।
आकार	–	छोटा, बड़ा, गोल, ऊँचा, लंबा, चौड़ा, तिकोना, चौकोर आदि।
स्वाद	–	खट्टा, मीठा, कड़वा, नमकीन आदि।
स्पर्श	–	कठोर, नरम, खुरदरा, कोमल, चिकना आदि।
गंध	–	सुगंधित, खुशबूदार, बदबूदार, गंधहीन आदि।
दिशा	–	उत्तरी, पूर्वी, पश्चिमी, दक्षिणी आदि।
दशा	–	नया, पुराना, स्वस्थ, बीमार, रोगी, फटा हुआ आदि।
अवस्था	–	युवा, बूढ़ा, प्रौढ़, तरुण आदि।
स्थान	–	ग्रामीण, भारतीय, रूसी, बनारसी, देशी, विदेशी, बाहरी आदि।
काल	–	आधुनिक, प्राचीन, ताज़ा, पुराना आदि।

2. संख्यावाचक विशेषण–संज्ञा या सर्वनाम की संख्या संबंधी विशेषता बताने वाले शब्द **संख्यावाचक विशेषण** कहलाते हैं। जैसे–

मैंने **एक** रोटी, **दो** केले, **आधा** आम, **दस** अंगूर और **कुछ** बेर खाए।

संख्यावाचक विशेषण दो प्रकार के होते हैं–

(i) **निश्चित संख्यावाचक**–निश्चित संख्या का बोध कराने वाले विशेषण **निश्चित संख्यावाचक** विशेषण कहलाते हैं। जैसे–एक, दो, आधा, दस आदि।

(*ii*) **अनिश्चित संख्यावाचक**–संख्या में गिने जाने योग्य होते हुए भी जो शब्द अनिश्चित संख्या का बोध कराते हैं, वे **अनिश्चित संख्यावाचक** विशेषण कहलाते हैं। जैसे–

मैंने **कुछ** केले, **थोड़े** संतरे, **कुछेक** ककड़ियाँ और **बहुत सारे** अमरूद खाए।

3. परिमाणवाचक विशेषण–संज्ञा या सर्वनाम की माप-तोल संबंधी विशेषता बताने वाले शब्द **परिमाणवाचक विशेषण** कहलाते हैं। जैसे–

हलवाई ने **दो किलो** दूध, **आधा किलो** चीनी, **तीन पाव** घी, **दो मीटर** कपड़ा, **चुटकी-भर** मैदा और **ज़रा-सा** नमक मँगवाया है।

☞ ध्यान दें–दूध, चीनी, घी, कपड़ा, मैदा, नमक तोले या मापे जा सकते हैं, गिने नहीं जा सकते। इसलिए ये परिमाणवाचक विशेषण हैं। ये दो प्रकार के होते हैं–

(*i*) **निश्चित परिमाणवाचक**–परिमाण का निश्चित माप-तोल बताने वाले विशेषण **निश्चित परिमाणवाचक विशेषण** कहलाते हैं। जैसे–

दो किलो, आधा सेर, तीन पाव, दो मीटर।

(*ii*) **अनिश्चित परिमाणवाचक**–जो विशेषण किसी संज्ञा या सर्वनाम का अनिश्चित या अनुमान-से परिमाण बताते हैं, वे **अनिश्चित परिमाणवाचक विशेषण** कहलाते हैं। जैसे–

चुटकी-भर, रत्ती-भर, थोड़ा-सा आदि।

4. सार्वनामिक विशेषण–जब कोई सर्वनाम विशेषण के रूप में प्रयोग किया जाता है तो उसे **सार्वनामिक विशेषण** कहते हैं। जैसे–

वह लड़का नर्तक है।

यहाँ 'वह' सर्वनाम लड़का (संज्ञा) की विशेषता बता रहा है। इसलिए सार्वनामिक विशेषण है। इसे संकेतवाचक विशेषण भी कहते हैं। कुछ और उदाहरण–

यह कमीज़ पहन लो।

किसी आदमी को भेजो।

सर्वनाम और सार्वनामिक विशेषण में अंतर

दो वाक्य देखिए–

वह पढ़ रही है। (सर्वनाम)

वह लड़की पढ़ रही है। (सार्वनामिक विशेषण)

कोई शब्द संज्ञा की जगह आए तो सर्वनाम कहलाता है।

यदि सर्वनाम किसी संज्ञा के साथ आए और उसकी ओर संकेत करे तो सार्वनामिक विशेषण कहलाता है।

विशेषणों की तुलना

विशेषणों की तीन अवस्थाएँ होती हैं–

1. मूलावस्था 2. उत्तरावस्था 3. उत्तमावस्था।

1. मूलावस्था–यह किसी विशेषण की सामान्य अवस्था होती है। इसमें तुलना नहीं होती। जैसे–

निम्न, लघु, न्यून, उच्च, कुटिल, मधुर आदि।

2. उत्तरावस्था–यह किन्हीं दो वस्तुओं या व्यक्तियों की तुलना में अधिकता या न्यूनता को प्रकट करती है। जैसे–

निम्नतर, लघुतर, न्यूनतर, उच्चतर, कुटिलतर, मधुरतर।

3. उत्तमावस्था–यह अनेक की तुलना में सबसे अधिक/कम को प्रकट करती है। जैसे–

उच्चतम–  –लघुतम

निम्नतम, लघुतम, न्यूनतम, उच्चतम, कुटिलतम, मधुरतम।

ये तीनों अवस्थाएँ या तो संस्कृत शब्दों में होती हैं या फ़ारसी शब्दों में। फ़ारसी शब्दों के तीन रूप देखिए–

अच्छा	बेहतर	बेहतरीन
कम	कमतर	कमतरीन
बद	बदतर	बदतरीन

विशेषणों की रचना

कुछ शब्द मूल रूप से विशेषण होते हैं। जैसे–अच्छा, बुरा, लंबा, चौड़ा, ऊँचा, नीचा, सुंदर, मीठा आदि। कुछ विशेषण बनाए जाते हैं। इनकी रचना चार प्रकार के शब्दों से होती है। इनके उदाहरण निम्नलिखित हैं–

(क) संज्ञा से विशेषण बनाना

संज्ञा शब्दों से विशेषण बनाने के लिए कुछ प्रत्ययों का प्रयोग किया जाता है। इसके उदाहरण अग्रलिखित हैं–

	प्रत्यय	संज्ञा	विशेषण
1.	आ	प्यार	प्यारा
		प्यास	प्यासा
		भटक	भटका
		भूख	भूखा
		भूल	भूला
		हार	हारा
2.	आलु	ईर्ष्या	ईर्ष्यालु
		कृपा	कृपालु
		दया	दयालु
		शंका	शंकालु
		श्रद्धा	श्रद्धालु
3.	इक	अर्थ	आर्थिक
		इतिहास	ऐतिहासिक
		नीति	नैतिक
		दिन	दैनिक
		परिवार	पारिवारिक
		भूत	भौतिक
		विचार	वैचारिक
		समाज	सामाजिक
		साहित्य	साहित्यिक
		हृदय	हार्दिक
4.	इत	अंक	अंकित
		अपमान	अपमानित
		घृणा	घृणित
		जीव	जीवित
		द्रव	द्रवित
		नम	नमित
		पुष्प	पुष्पित
		पीड़ा	पीड़ित
		विकास	विकसित
		संचय	संचित

	प्रत्यय	संज्ञा	विशेषण
5.	इम	अंत	अंतिम
		आदि	आदिम
		रक्त	रक्तिम
		स्वर्ण	स्वर्णिम
6.	इया	जयपुर	जयपुरिया
		मुंबई	मुंबइया
7.	इल	उर्मि	उर्मिल
		जटा	जटिल
		पंक	पंकिल
		फेन	फेनिल
8.	ई	चीन	चीनी
		जापान	जापानी
		दुख	दुखी
		धन	धनी
		बंगाल	बंगाली
		भोग	भोगी
		योग	योगी
		रोग	रोगी
		लोभ	लोभी
		सुख	सुखी
9.	ईन	कुल	कुलीन
		ग्राम	ग्रामीण
		मल	मलीन
		रंग	रंगीन
10.	ईय	आत्मा	आत्मीय
		जाति	जातीय
		भारत	भारतीय
		राष्ट्र	राष्ट्रीय
		स्थान	स्थानीय
		स्वर्ग	स्वर्गीय

	प्रत्यय	संज्ञा	विशेषण
11.	ईला	गर्व	गर्वीला
		चमक	चमकीला
		भड़क	भड़कीला
		रंग	रँगीला
12.	एरा	चाचा	चचेरा
		फूफा	फुफेरा
		मामा	ममेरा
		साँप	सँपेरा
13.	ऐला	वन	वनैला
		विष	विषैला
14.	मान	गति	गतिमान
		बुद्धि	बुद्धिमान
		शक्ति	शक्तिमान
		श्री	श्रीमान

	प्रत्यय	संज्ञा	विशेषण
15.	वती	गुण	गुणवती
		पुत्र	पुत्रवती
		बल	बलवती
		रूप	रूपवती
16.	वान	दया	दयावान
		धन	धनवान
		बल	बलवान
		मूल्य	मूल्यवान
17.	वाला	चाय	चायवाला
		दूध	दूधवाला
		पान	पानवाला
		रिक्शा	रिक्शावाला

(ख) सर्वनाम से विशेषण बनाना

सर्वनाम	विशेषण
कौन	कैसा
जो	जैसा
तू	तेरा
तुम	तुम्हारा

सर्वनाम	विशेषण
मैं	मेरा
यह	ऐसा
वह	वैसा
हम	हमारा

(ग) क्रिया से विशेषण बनाना

क्रिया	विशेषण
उड़	उड़ाऊ
कमा	कमाऊ
खा	खाऊ
चल	चलाऊ
टिक	टिकाऊ
पठ्	पठित

क्रिया	विशेषण
पत्	पतित
पालना	पालनहार
बेच	बिकाऊ
रट	रट्टू
लिख	लिखित
वंद	वंदनीय

(घ) अव्यय से विशेषण बनाना

अव्यय	विशेषण
आगे	अगला
ऊपर	ऊपरी
नीचे	निचला

अव्यय	विशेषण
पीछे	पिछला
बाहर	बाहरी
भीतर	भीतरी

प्रविशेषण

➢ कभी-कभी विशेषणों के भी विशेषण प्रयोग में लाए जाते हैं। जैसे–

बहुत अधिक प्यासा

वह **अति** सुंदर है।

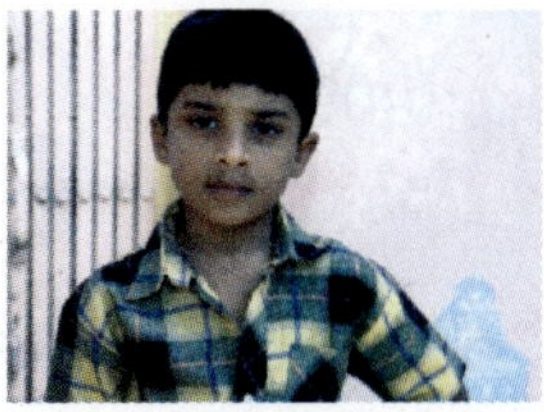

'बहुत' अधिक (विशेषण) का भी विशेषण है।

'अति' सुंदर का भी विशेषण है। इन्हें **प्रविशेषण** कहा जाता है।

अब आप जान गए होंगे

✦ संज्ञा या सर्वनाम की विशेषता बताने वाले शब्द **विशेषण** कहलाते हैं।

✦ विशेषण चार प्रकार के होते हैं–

1. गुणवाचक 2. संख्यावाचक 3. परिमाणवाचक 4. सार्वनामिक

✦ विशेषण की विशेषता प्रकट करने वाले शब्द **प्रविशेषण** कहलाते हैं।

अपनी परीक्षा स्वयं लें

1. **विशेषण किसे कहते हैं?**
2. **प्रविशेषण का उदाहरण देते हुए उसकी परिभाषा लिखिए।**
3. **विशेषण के कितने भेद होते हैं? उनके नाम लिखिए।**
4. **निम्नलिखित शब्दों से बने उचित विशेषणों पर (✓) लगाइए–**

जो — जैसा ☐ जिसका ☐ जिसे ☐ जिसमें ☐

अर्थ	अनर्थ	आर्थिक	सार्थक	अर्थी
शिक्षा	शिक्षक	शिक्षित	शिक्षालय	शिक्षिका

5. निम्नलिखित वाक्यों की पूर्ति नीचे दिए गए उपयुक्त विशेषणों में से कीजिए–

(i) कार्यक्रम अत्यंत .... रहा।

(क) गौरव (ख) गर्वीला (ग) गरिमामय (घ) गरिमामयी

(ii) मेरा देश .... है।

(क) महिमा (ख) महिमामय (ग) महिमामयी (घ) महामहिम

(iii) .... शब्द न बोला करो।

(क) भद्दा (ख) भद्दी (ग) भद्दे (घ) भद्द

6. निम्नलिखित वाक्यों की पूर्ति कोष्ठक में दिए गए विशेषण से कीजिए–

(i) .... माँ मुझे बहुत प्यार करती है। (गुणवाचक से)

(क) मेरी (ख) हमारी (ग) तुम्हारी (घ) प्यारी

(ii) मैं खाना .... खाऊँगा। (प्रश्नवाचक से)

(क) किसका (ख) अवश्य (ग) नहीं (घ) कब

(iii) यह कहो कि .... देश हमारा है। (सार्वनामिक विशेषण से)

(क) यह (ख) इस (ग) भारत (घ) प्यारा

7. रंगीन विशेषण का प्रकार बताइए–

(i) **उस** आदमी को यहाँ बुलाओ।

(क) संख्यावाचक (ख) सार्वनामिक (ग) गुणवाचक (घ) निश्चयवाचक

(ii) **कुछ** दूध मेरे लिए छोड़ देना।

(क) गुणवाचक (ख) संख्यावाचक (ग) परिमाणवाचक (घ) सार्वनामिक

(iii) आज मैंने **अधिक** संतरे खा लिए।

(क) परिमाणवाचक (ख) संख्यावाचक (ग) सार्वनामिक (घ) निश्चयवाचक

8. निम्नलिखित विशेषण किस भेद के अंतर्गत आते हैं?

(i) **कौन** (क) गुणवाचक (ख) संख्यावाचक (ग) परिमाणवाचक (घ) सार्वनामिक

(ii) **मीठा** (क) गुणवाचक (ख) संख्यावाचक (ग) परिमाणवाचक (घ) सार्वनामिक

(*iii*) **दुहरा** (क) गुणवाचक (ख) संख्यावाचक (ग) परिमाणवाचक (घ) सार्वनामिक

(*iv*) **ढेर-सा** (क) गुणवाचक (ख) संख्यावाचक (ग) परिमाणवाचक (घ) सार्वनामिक

9. निम्नलिखित शब्द विशेषण की किस अवस्था को प्रकट करते हैं? (✓) लगाइए।

दीर्घतर	मूलावस्था ☐	उत्तरावस्था ☐	उत्तमावस्था ☐
लघुतम	मूलावस्था ☐	उत्तरावस्था ☐	उत्तमावस्था ☐
सुंदर	मूलावस्था ☐	उत्तरावस्था ☐	उत्तमावस्था ☐

10. निम्नलिखित वाक्यों में रेखांकित विशेषण को दाईं ओर दिए गए उपयुक्त विशेषण से मिलाइए।

(क) <u>कुछ</u> संतरे गले हुए थे।	निश्चित संख्यावाचक
(ख) <u>कुछ</u> दूध ठंडा था।	अनिश्चित संख्यावाचक
(ग) <u>तीन किलो</u> जलेबी तोल दो।	अनिश्चित परिमाणवाचक
(घ) <u>दर्जन</u> केले लेते आना।	निश्चित परिमाणवाचक

रचनात्मक गतिविधियाँ (Formative Activities)

- छात्रों के दो दल बनाइए–1. विशेषण 2. प्रविशेषण। पहला दल विशेषण-युक्त वाक्य बोले। दूसरा दल उसमें एक प्रविशेषण जोड़कर वाक्य बनाए।
- छात्रों के दो वर्ग बनाइए। पहला वर्ग एक संज्ञा बोले। दूसरा वर्ग उससे संबंधित कम-से-कम तीन विशेषण बोले। जैसे–
  गुब्बारा ⟶ नीला, पीला, मज़बूत।
- दो दल बनाइए। एक दल एक वाक्य में विशेषण का प्रयोग करे। दूसरा दल उस विशेषण के अतिरिक्त अन्य कोई विशेषण लगाकर वाक्य फिर से बोले। जैसे–

  पहला – सचिन **श्रेष्ठ** खिलाड़ी है।

  दूसरा – सचिन **चुस्त** खिलाड़ी है।
- वर्ग-पहेली में **सरलता, मिठास, साहस, डर, जोश, भय, भारत, पश्चिम, पूर्व** के विशेषण दिए गए हैं। उन्हें खोजकर अलग कीजिए।

स		प	श्चि	मी	ड
र	भ	य	भी	त	र
ल		पू	र्वी		पो
सा	ह	सी			क
		भा	र	ती	य
मी	ठी		जो	शी	ला

❖ **निम्न कहानी में सर्वनाम को लाल रंग से व विशेषण को हरे रंग से रंगिए–**

इब्राहिम लिंकन की दयालुता

एक दिन इब्राहिम लिंकन अपने मित्रों के साथ शाम को टहलकर घर लौट रहे थे। उन्होंने देखा कि सामने से एक घोड़ा आ रहा है। घोड़े की पीठ पर जीन कसी थी, लेकिन कोई सवार उस पर नहीं था। घोड़े को देखते ही इब्राहिम ने कहा–'यह किसका घोड़ा है, इसका सवार कहाँ गया?'

मित्रों ने कहा–'किसी शराबी का होगा। वह कहीं नशे में बेसुध पड़ा होगा।'

इब्राहिम बोला–'उसे ढूँढ़ना चाहिए।'

मित्र झल्लाए–'अंधेरा हो रहा है और तुम्हें एक शराबी को ढूँढ़ने की पड़ी है?'

लेकिन बचपन से ही जिसका जो स्वभाव हो, वह उसे छोड़ नहीं सकता। इब्राहिम बहुत छोटेपन से अत्यंत दयालु था। किसी व्यक्ति को संकट में पड़े देखकर उससे सहायता किए बिना रहा नहीं जाता था।

मित्र अपने-अपने घर चले गए; किंतु इब्राहिम लिंकन अकेला ही घोड़े के सवार को ढूँढ़ने चल पड़ा। सचमुच उसे रास्ते के किनारे बेहोश पड़ा एक शराबी ही मिला। वह इतनी शराब पिए था कि बहुत हिलाने-डुलाने पर भी होश में नहीं आ रहा था। इब्राहिम उसे उठाकर घर ले आया। किसी गरीब मजदूर का पंद्रह बरस का लड़का एक गंदे, दुर्गंधित शराबी को घर लाद लाए तो घर के लोग उस पर बिगड़ेंगे नहीं? लेकिन इब्राहिम के लिए यह नई बात नहीं थी। उसकी बहन जब बिगड़ने लगी तो वह बोला–'बहन! मुझ पर बिगड़ो मत। यह भी मनुष्य है और इसकी सेवा करना हमारा कर्त्तव्य है।'

इब्राहिम ने उस शराबी को नहलाया और उसके कपड़े बदले। होश में आने पर उसे भोजन दिया। सवेरा होने पर वह शराबी वहाँ से अपने घर चला गया।

यही इब्राहिम लिंकन अपने सद्गुणों के कारण आगे चलकर संयुक्त राज्य अमेरिका का राष्ट्रपति बना। अब भी वहाँ के लोग 'पिता लिंकन' कहकर उसका नाम बड़ी श्रद्धा से लेते हैं।

सुनाइए/लिखिए/चार्ट बनाइए/बोर्ड पर लिखिए–

- अ से ऐ तक सभी स्वर (क्रम से)
- क से ह तक सभी व्यंजन (क्रम से)
- संविधान में स्वीकृत 22 भाषाओं में से कोई 10 भाषाएँ।
- जिन राज्यों की भाषा राजभाषा हिंदी है, उनके नाम।
- पशुओं के चित्रों के साथ उनकी आवाज़ें।

रूपांतरण कीजिए

- छात्रों के तीन दल बनाइए। अध्यापक उन्हें एक शब्द दे। पहला दल उससे एक वाक्य बनाए। दूसरा, उसके विलोम से वाक्य बनाए। तीसरा, दोनों को एक-साथ वाक्य में प्रयोग करे।
- छात्रों का जोड़ा बनाकर स्त्रीलिंग-पुल्लिंग कर्ता से वाक्य बनवाइए।
- छात्रों का जोड़ा बनाकर अनेकार्थी शब्द से अलग-अलग वाक्य बनवाइए।
- छात्रों का जोड़ा बनाकर समरूपी भिन्नार्थक शब्द से अलग वाक्य बनवाइए।
- छात्रों का जोड़ा बनाकर विशेषण-प्रविशेषण शब्द से अलग वाक्य बनवाइए।
- छात्रों का जोड़ा बनाकर व्यक्तिवाचक-जातिवाचक संज्ञा से अलग वाक्य बनवाइए।
- छात्रों का जोड़ा बनाकर उत्तमपुरुष, मध्यमपुरुष, अन्यपुरुष सर्वनाम से अलग-अलग वाक्य बनवाइए।
- छात्रों का जोड़ा बनाकर एकवचन-बहुवचन कर्ता से अलग वाक्य बनवाइए।

मंच पर बुलवाएँ

- कोई चुटकुला/कहानी/घटना/प्रसंग/अनुभव।
- परिचय दिलवाएँ – अपना/साथियों का/अध्यापक का/प्राचार्य का।
- भाषण/वाद-विवाद।
- कविता/दोहे/छंद/संवाद।

पढ़वाएँ

- समाचार/अनुच्छेद/कविता/निबंध/कहानी।

ठीक उत्तर पर (✓) लगाइए–

1. भाषा का मूल रूप कौन-सा है? 1

   (क) लिखित (ख) मौखिक
   (ग) सांकेतिक (घ) पठित

2. भारत में सबसे अधिक कौन-सी भाषा बोली जाती है? 1

   (क) अंग्रेज़ी (ख) हिंदी
   (ग) संस्कृत (घ) उर्दू

3. जिस ध्वनि के खंड नहीं हो सकते, उसे क्या कहते हैं? 1

   (क) शब्द (ख) पद
   (ग) वाक्य (घ) वर्ण

4. क्ष, त्र, ज्ञ किस प्रकार के व्यंजन हैं? 1

   (क) अनुनासिक (ख) संयुक्त
   (ग) आगत (घ) मूल

5. दादी .... पढ़ रही हैं – में शुद्ध शब्द कौन-सा आएगा? 1

   (क) रमायन (ख) रमायण
   (ग) रामायन (घ) रामायण

6. 'मही + ईश' से कौन-सा शब्द बनेगा? 1

   (क) महेश (ख) महिश
   (ग) महीशा (घ) महीश

7. 'अनल' का पर्यायवाची छाँटिए– 1

   (क) आग (ख) वायु
   (ग) जल (घ) समीर

8. 'उन्नति' का विलोम छाँटिए– 1

   (क) प्रगति (ख) अवनति
   (ग) गति (घ) नाश

9. कम जानने वाले को क्या कहते हैं? 1

(क) कामी (ख) अज्ञानी

(ग) अल्पज्ञानी (घ) मूर्ख

10. 'दयालु' में कौन-सा प्रत्यय है? 1

(क) लु (ख) अलु

(ग) आलू (घ) आलु

11. 'आजीवन' में कौन-सा उपसर्ग है? 1

(क) अ (ख) आ

(ग) आजी (घ) अन

12. 'हस्तलिखित' का विग्रह है– 1

(क) हस्त पर लिखित (ख) हस्त में लिखित

(ग) हस्त से लिखित (घ) कोई नहीं

13. 'लाभ-हानि' में कौन-सा समास है? 1

(क) द्वंद्व (ख) अव्ययीभाव

(ग) कर्मधारय (घ) तत्पुरुष

14. जातिवाचक संज्ञा के दो उदाहरण दीजिए– 1

(क) मोहन, आदमी (ख) नर, नारी

(ग) मोनू, सोनू (घ) गंगा, नदी

15. 'सुखी' से भाववाचक संज्ञा बनाइए– 1

(क) सुखमय (ख) सुख

(ग) सुखवान (घ) सखा

16. 'अध्यापक' से स्त्रीलिंग बनाइए– 1

(क) अध्यापकी (ख) अध्यापकिन

(ग) अध्यापिका (घ) अध्यापिक

17. 'पति' का स्त्रीलिंग रूप लिखिए– 1

(क) पतित (ख) पत्नी

(ग) दुल्हिन (घ) माता

18. 'ऋतु' और 'बुढ़िया' के बहुवचन रूप लिखिए। 1

19. रेखांकित के कारक बताइए– 2

(*i*) राम ने सीता की रक्षा के लिए युद्ध किया।

(*ii*) लोग मैदान में एकत्र हैं।

20. सर्वनाम का भेद बताइए– 1

हम दिल्ली गए।

21. सर्वनाम का भेद बताइए– 1

दिल्ली कौन जाएगा?

22. 'मधुर' विशेषण की उत्तमावस्था क्या होगी? 1

23. विशेषण छाँटिए– 1

यौवन बहुत जोशीला होता है।

24. 'बंगाल' से विशेषण बनाइए। 1

कुल अंक : 25 प्राप्त अंक :

चित्र को ध्यान से देखिए–

कुछ चीजें **हैं**।	:	मैदान **है**। हरियाली **है**। पार्क **है**।
कुछ काम **हो रहे हैं**।	:	हवा **चल रही है**। पेड़ **खड़े हैं**। लोग **बैठे हैं**।
कुछ काम **किए जा रहे हैं**।	:	बच्चे **खेल रहे हैं**। शिशु **खेल रहे हैं**। स्त्रियाँ **बातें कर रही हैं**।
		चिड़ियाँ **उड़ रही हैं**। दादा जी अखबार **पढ़ रहे हैं**।

कुछ **होना**, कोई **काम होना** तथा कुछ **करना**– सभी क्रिया शब्द हैं।

किसी काम के होने अथवा करने का बोध कराने वाले पद क्रिया कहलाते हैं।

क्रिया का मूल रूप : धातु

क्रिया के **सामान्य रूप** के साथ **ना** लगता है। जैसे–हँसना, रोना, पढ़ना, खाना, जाना, होना। इनमें से यदि **ना** हटा दिया जाए तो क्रिया का **मूल रूप** सामने आ जाता है। जैसे–

हँस, रो, पढ़, खा, जा, हो आदि।

इन्हें क्रिया का **धातु** रूप भी कहते हैं।

क्रिया के भेद

क्रिया दो प्रकार की होती है–

1. अकर्मक 2. सकर्मक

अकर्मक क्रिया

जिस क्रिया का फल सीधा कर्ता पर पड़ता है, उसे अकर्मक क्रिया कहते हैं।

अकर्मक क्रिया में 'कर्म' नहीं होता। उदाहरण के लिए–

शबनम **हँस** रही है।

श्वेता **रो** रही है।

शिशु **जाग** गया है।

बच्चे **तैर** रहे हैं।

आप देखेंगे–ऊपर लिखित वाक्यों में **हँसने**, **रोने**, **जागने**, **तैरने** का फल कर्ता (शबनम, श्वेता, शिशु, बच्चे) पर पड़ रहा है। इनमें कोई कर्म नहीं है। न ही किसी कर्म की आवश्यकता है। ये अकर्मक क्रियाएँ हैं।

हिंदी की कुछ अन्य अकर्मक क्रियाएँ निम्नलिखित हैं–

सोना, भागना, दौड़ना, चलना, जाना, मरना, डरना, बढ़ना, उठना, बैठना, अकड़ना आदि।

सकर्मक क्रिया

जिस क्रिया का फल कर्म पर पड़े, उसे सकर्मक क्रिया कहते हैं।

सकर्मक क्रिया में कर्म अवश्य होता है।

उदाहरणतया–

नेहा **कहानी पढ़ती** है।

सचिन **फुटबाल खेलता** है।

पुलिस ने **चोर को पीटा**।

माँ **खाना बनाती** है।

☞ **सकर्मक क्रिया की पहचान**–मुख्य क्रिया के साथ प्रश्न लगाइए–**क्या**, **किसे** या **किसको**।

यदि उत्तर मिल जाए तो क्रिया सकर्मक है।

उदाहरणतया–

नेहा क्या पढ़ रही है	–	कहानी
सचिन क्या खेलता है	–	फुटबाल
पुलिस ने किसे/किसको पीटा	–	चोर को

ये तीनों क्रियाएँ सकर्मक हैं।

सकर्मक क्रिया के भेद

सकर्मक क्रिया के दो भेद हैं–एककर्मक और द्विकर्मक।

1. **एककर्मक क्रिया**–जिस क्रिया का एक कर्म हो, उसे **एककर्मक क्रिया** कहते हैं। जैसे–मैंने **साइकिल चलाई**।

यहाँ 'चलाई' क्रिया का एक ही कर्म है–साइकिल। इसी से वाक्य पूर्ण हो गया। यह एककर्मक क्रिया है।

2. **द्विकर्मक क्रिया**–जिस क्रिया में दो कर्म हों, उसे **द्विकर्मक क्रिया** कहते हैं। जैसे–

रूबीना ने **श्याम को पुस्तक दी**।

प्रश्न कीजिए– क्या दी? **पुस्तक**

किसे दी? **श्याम को**

यहाँ 'पुस्तक' तथा 'श्याम को' दोनों कर्म हैं। 'क्या' का उत्तर देने वाला कर्म 'पुस्तक' **मुख्य कर्म** है। यह प्रायः अप्राणिवाचक होता है तथा क्रिया के निकट होता है।

'किसे' या 'किसको' का उत्तर देने वाला कर्म 'श्याम को' **गौण कर्म** है। गौण कर्म प्रायः प्राणिवाचक होता है और क्रिया से दूर होता है।

कुछ अन्य उदाहरण–

माँ ने **पुत्र को दूध** पिलाया।

पिता **बेटी को रामायण** पढ़ा रहे हैं।

संरचना की दृष्टि से क्रिया के भेद

संरचना की दृष्टि से क्रिया के निम्नलिखित पाँच भेद हैं–

1. सामान्य क्रिया
2. संयुक्त क्रिया
3. नामधातु क्रिया
4. प्रेरणार्थक क्रिया
5. पूर्वकालिक क्रिया

1. **सामान्य क्रिया**–जिस वाक्य में एक क्रिया होती है, उसे **सामान्य क्रिया** कहते हैं। जैसे–

सरिता ने रोटी **खाई**।

मोहन **खेलेगा**।

2. **संयुक्त क्रिया**–जिस वाक्य में एक से अधिक पद मिलकर क्रिया का कार्य करते हैं, उसे **संयुक्त क्रिया** कहते हैं। जैसे–

वह **बोलता गया**।

उसने दूध **पी लिया है**।

यहाँ 'बोलता' और 'पी' मूल क्रियाएँ हैं। 'गया' और 'लिया है' रंजक क्रियाएँ हैं। **रंजक क्रियाएँ** मूल क्रिया के साथ लगकर उसके अर्थ में विशेषता ला देती हैं। आना, जाना, उठना, बैठना, लेना, देना, पड़ना, डालना आदि रंजक क्रियाएँ हैं।

3. **नामधातु क्रिया**–धातु को छोड़कर संज्ञा, सर्वनाम तथा विशेषण शब्दों से बनी हुई क्रिया को **नामधातु क्रिया** कहते हैं। जैसे–

संज्ञा शब्दों से बनी क्रियाएँ–

हाथ	–	हथियाना	लाज	–	लजियाना
शर्म	–	शर्माना	गाँठ	–	गठियाना

सर्वनाम शब्दों से बनी क्रियाएँ–

अपना	–	अपनाना	रंग	–	रंगना

विशेषण शब्दों से बनी क्रियाएँ–

गर्म	–	गर्माना	साठ	–	सठियाना
मोटा	–	मुटाना	तोतला	–	तुतलाना

4. प्रेरणार्थक क्रिया–वे क्रिया शब्द, जिनके द्वारा कर्ता किसी को कार्य करने की प्रेरणा देता या दिलवाता है, **प्रेरणार्थक क्रिया** कहलाते हैं। जैसे–

माँ बच्चे को दूध **पिलाती है**।

–यहाँ माँ दूध स्वयं नहीं पीती, बल्कि बच्चे को पिलाती है।

प्रेरणार्थक क्रिया के दो रूप हैं–

(क) **प्रथम प्रेरणार्थक–**जब कर्ता स्वयं प्रेरक बनकर अन्य किसी को कार्य करने की प्रेरणा देता है, उसे **प्रथम प्रेरणार्थक** कहते हैं। इस क्रिया में कर्ता स्वयं भी कार्य करने में सम्मिलित रहता है। जैसे–

मैं आपको पुस्तक **पढ़ाऊँगा।**

यहाँ 'पढ़ाऊँगा' प्रथम प्रेरणार्थक है। 'मैं' कर्ता भी पढ़ाने की क्रिया में सम्मिलित है।

(ख) **द्वितीय प्रेरणार्थक–**जब कर्ता स्वयं कार्य में सम्मिलित न होकर अन्य किसी से कार्य करवाता है, उसे **द्वितीय प्रेरणार्थक** कहते हैं। जैसे–

माँ नौकर से बेटे को झूला **झुलवाती है**।

वह अध्यापक से बेटी को गीता **पढ़वाता है**।

यहाँ झुलवाने और पढ़वाने का काम 'माँ' और 'वह' कर रहे हैं, परंतु वे इनमें 'नौकर' और 'अध्यापक' को प्रेरणा देकर काम करवा रहे हैं, स्वयं काम नहीं कर रहे।

5. पूर्वकालिक क्रिया–मूल क्रिया से पूर्व यदि अन्य कोई क्रिया हुई हो तो उसे **पूर्वकालिक क्रिया** कहते हैं। जैसे–

वह खाना **खाकर** चला गया।

मोहन **पढ़कर** सो गया।

यहाँ 'खाकर' क्रिया 'चला गया' से पूर्व आई है। 'पढ़कर' क्रिया सोने से पूर्व हुई है।

अब आप जान गए होंगे

- किसी काम के होने अथवा करने की सूचना देने वाले पदों को **क्रिया** कहते हैं।
- क्रिया दो प्रकार की होती है—अकर्मक और सकर्मक।
- जब एक से अधिक पद मिलकर क्रिया का कार्य करते हैं, उसे **संयुक्त क्रिया** कहते हैं।
- जिस क्रिया द्वारा कर्ता स्वयं कार्य न करके किसी अन्य को कार्य करने की प्रेरणा देता है, उसे **प्रेरणार्थक क्रिया** कहते हैं।
- मूल क्रिया से पूर्व की जाने वाली क्रिया **पूर्वकालिक क्रिया** कहलाती है।

अपनी परीक्षा स्वयं लें

1. क्रिया किसे कहते हैं?

2. कर्म के आधार पर क्रिया के कितने भेद होते हैं? सभी के दो-दो उदाहरण दीजिए।

3. संयुक्त क्रिया किसे कहते हैं?

4. प्रेरणार्थक क्रिया के दो उदाहरण दीजिए।

5. निम्नलिखित में से अकर्मक क्रिया छाँटिए—

1. (क) सुना (ख) गाया (ग) खाया (घ) हँसा
2. (क) पिया (ख) रोया (ग) फाड़ा (घ) जोड़ा

6. निम्नलिखित में से सकर्मक क्रिया छाँटिए—

1. (क) पढ़ा (ख) उछला (ग) कूदा (घ) भागा
2. (क) लेटा (ख) खेला (ग) बैठा (घ) जागा

7. निम्नलिखित में से अकर्मक क्रिया वाला वाक्य छाँटिए—

1. (क) मोहन बहुत रोएगा। (ख) मोहिनी गीता पढ़ेगी।
   (ग) वह भीख देगा। (घ) सोहन क्रिकेट खेलेगा।
2. (क) नीरू गाना सुनती है। (ख) वह दिल्ली गई।
   (ग) उसने आम खाया। (घ) वह लस्सी पिएगी।

8. निम्नलिखित वाक्यों में से सकर्मक क्रिया वाला वाक्य छाँटिए—

1. (क) मैं सैर को जाता हूँ। (ख) वे आम बेचेंगे।
   (ग) मैं टहलूँगा। (घ) लोग हँस रहे हैं।

2. (क) हम अभी नहाएँगे। (ख) वे जागते रहेंगे।

(ग) वे सीधे खड़े हैं। (घ) हम सूर्योदय देखेंगे।

9. निम्नलिखित क्रियाओं के उपयुक्त भेद पर (✓) लगाइए–

(क) वह रातभर जागता रहा।	सामान्य ☐	संयुक्त ☐	पूर्वकालिक ☐	प्रेरणार्थक ☐
(ख) खिलाड़ी अत्यंत परिश्रमपूर्वक खेला।	सामान्य ☐	संयुक्त ☐	पूर्वकालिक ☐	प्रेरणार्थक ☐
(ग) उसे जल्दी उठा दो।	सामान्य ☐	संयुक्त ☐	पूर्वकालिक ☐	प्रेरणार्थक ☐

10. निम्नलिखित वाक्यों को उदाहरण के अनुसार पूर्वकालिक क्रिया-युक्त बनाइए–

(क) वह सोया। वह जाग गया है। वह सोकर जाग गया है।

(ख) वह खेलेगा। फिर पढ़ेगा। ....

(ग) वह गाएगा। उसके बाद भोजन करेगा। ....

(घ) वह घूमता है। फिर नहाता है। ....

11. निम्नलिखित शब्दों के उपयुक्त नामधातु रूप पर (✓) लगाइए–

अपना	अपनाकर ☐	अपनाना ☐	अपनत्व ☐	अपनाएगा ☐
बात	बतलाकर ☐	बतलाना ☐	बतौर ☐	बातूनी ☐
चक्कर	चकराकर ☐	चकराना ☐	चक्की ☐	चाकरी ☐

12. निम्नलिखित धातुओं से उपयुक्त प्रेरणार्थक क्रिया रूप पर (✓) लगाइए–

पी	पिलाना ☐	पीना ☐	पीलाना ☐	पीकर ☐
खा	खाना ☐	खिलाना ☐	खाकर ☐	खाया ☐
जा	जाना ☐	गया ☐	भेजना ☐	जाकर ☐

रचनात्मक गतिविधियाँ (Formative Activities)

- तीन दल बनाइए– 1. चुस्त 2. ढीला 3. बेचारा। **चुस्त** एक वाक्य बोलेगा। **ढीला** उससे प्रथम प्रेरणार्थक वाक्य बनाएगा। **बेचारा** उससे द्वितीय प्रेरणार्थक वाक्य बनाएगा।
- दो दल बनाइए– 1. सामान्य 2. संयुक्त। **सामान्य** दल सामान्य क्रिया वाला वाक्य बोलेगा। **संयुक्त** दल उस वाक्य को संयुक्त क्रिया में बदलेगा।
- अपनी पाठ्यपुस्तक के किसी एक पाठ में से सामान्य क्रिया, संयुक्त क्रिया, प्रेरणार्थक क्रिया, पूर्वकालिक क्रिया वाले वाक्य खोजिए। बताइए कि सबसे अधिक उदाहरण किस प्रकार की क्रिया के हैं?

तीन वाक्य देखिए–

1. बच्चे आम **खा रहे हैं**।
2. बच्चों ने आम **खाए**।
3. बच्चे आम **खाएँगे**।

आपने देखा– **खा रहे हैं** से पता चलता है कि आम खाने का काम इस समय हो रहा है।

खाए से पता चलता है कि आम खाने का काम पहले हो चुका है।

खाएँगे से पता चलता है कि आम खाने का काम बाद में होगा।

क्रिया के जिस रूप से उसके होने या करने के समय का पता चले, उसे काल कहते हैं।

काल के भेद

काल के तीन भेद हैं–

1. भूतकाल
2. वर्तमान काल
3. भविष्यत् काल

भूतकाल

राम ने रावण को तीर से **मारा**।

कृष्ण ने अर्जुन को गीता का **उपदेश दिया**।

–ये दोनों क्रियाएँ भूतकाल में हो चुकी हैं।

क्रिया के जिस रूप से उसके बीते समय में हो चुकने का ज्ञान हो, उसे भूतकाल कहते हैं।

भूतकाल के भेद

सामान्य भूत | आसन्न भूत | अपूर्ण भूत | पूर्ण भूत | संदिग्ध भूत | हेतु-हेतुमद् भूत

1. **सामान्य भूत**–बीते हुए समय में हो चुके क्रिया के सामान्य रूप को **सामान्य भूत** कहते हैं। जैसे–

   राम पढ़ने गया। सूरज डूब गया। वह मर गया।

2. **आसन्न भूत**–क्रिया के जिस काल से कार्य के अभी-अभी समाप्त होने का परिचय मिलता है, उसे **आसन्न भूत** कहते हैं। जैसे– मोहन अभी-अभी सोया है। वह अभी गया है।

3. **अपूर्ण भूत**–जिस क्रिया से भूतकाल में जारी रहने का बोध हो, उसे **अपूर्ण भूत** कहते हैं। जैसे–

   मोहन सो रहा था। कल्पना रो रही थी। चिड़िया पंख फड़फड़ा रही थी।

4. **पूर्ण भूत**–जिस क्रिया के भूतकाल में पूरा होने का बोध हो, उसे **पूर्ण भूत** कहते हैं। जैसे–

   हम कभी इस विद्यालय में पढ़े थे। यहाँ वर्षा हुई थी।
   अमेरिका ने जापान पर अणु बम गिराया था।

5. **संदिग्ध भूत**–भूतकाल में हुई जिस क्रिया के होने में संदेह हो, उसे **संदिग्ध भूत** कहते हैं। जैसे–

   मोहन गया होगा। रेखा ने पढ़ा होगा। सुषमा ने देखा होगा।

6. **हेतु-हेतुमद् भूत**–जिस क्रिया के होने या करने में कोई शर्त रही हो, उसे **हेतु-हेतुमद् भूत** कहते हैं। जैसे–

   यदि वह आता तो मैं जाता। यदि वह बोलता तो मैं उसे बहुत कुछ सुनाता।

वर्तमान काल

लड़के **पढ़ रहे हैं**।

लड़कियाँ **नाचती हैं**।

ये दोनों क्रियाएँ वर्तमान समय में हो रही हैं।

क्रिया के जिस रूप से उसके वर्तमान समय में होने या करने का बोध हो, उसे वर्तमान काल कहते हैं।

वर्तमान काल के भेद

- सामान्य वर्तमान
- अपूर्ण वर्तमान
- संदिग्ध वर्तमान

1. सामान्य वर्तमान–जिस क्रिया से वर्तमान समय में होने वाली किसी क्रिया का बोध हो, उसे **सामान्य वर्तमान** कहते हैं। जैसे– लोग घूमते हैं। कुत्ते भौंकते हैं। बच्चे खेलते हैं।

2. अपूर्ण वर्तमान–जिस क्रिया से वर्तमान समय में क्रिया के निरंतर चलते रहने की सूचना मिले, उसे **अपूर्ण वर्तमान** कहते हैं। जैसे– लोग घूम रहे हैं। कुत्ते भौंक रहे हैं। बच्चे खेल रहे हैं।

3. संदिग्ध वर्तमान–जिस क्रिया से वर्तमान काल में क्रिया होने पर संदेह प्रकट हो, उसे **संदिग्ध वर्तमान** कहते हैं। जैसे– लोग घूमते होंगे। कुत्ते भौंकते होंगे। बच्चे खेलते होंगे।

भविष्यत् काल

दो वाक्य देखिए–

सूरज उगने पर सवेरा **होगा**।

बड़ा होकर कृष्ण कंस का **वध करेगा**।

–ये दोनों क्रियाएँ आने वाले समय में होंगी।

क्रिया के जिस रूप से पता चले कि क्रिया भविष्य में होगी, उसे भविष्यत् काल कहते हैं।

भविष्यत् काल के भेद

- सामान्य भविष्यत् काल
- संभाव्य भविष्यत् काल

1. सामान्य भविष्यत्–काल के जिस रूप से आने वाले समय में क्रिया का सामान्य रूप पाया जाए, उसे **सामान्य भविष्यत्** कहते हैं। जैसे–

मैं खाना खाऊँगा।

वह नाटक देखेगा।

सिपाही चोर को पकड़ेगा।

2. संभाव्य भविष्यत्–क्रिया के जिस रूप से आने वाले समय में क्रिया के होने की संभावना पाई जाए, उसे **संभाव्य भविष्यत्** कहते हैं। जैसे–

शायद नरेश आ जाए।

शायद वर्षा हो जाए।

हो सकता है, धूप निकल आए।

अब आप जान गए होंगे

- क्रिया के जिस रूप से उसके होने या करने के समय का बोध हो, उसे **काल** कहते हैं।
- काल के तीन भेद हैं–भूत, वर्तमान और भविष्यत्।
- जिस क्रिया से उसके अब से पहले होने का बोध हो, उसे **भूतकाल** कहते हैं।
- भूतकाल के छह भेद हैं–सामान्य भूत, आसन्न भूत, अपूर्ण भूत, पूर्ण भूत, संदिग्ध भूत और हेतु-हेतुमद्भूत।
- वर्तमान समय में होने वाली क्रिया को **वर्तमान काल** कहते हैं।
- वर्तमान के तीन भेद हैं–सामान्य वर्तमान, अपूर्ण वर्तमान, संदिग्ध वर्तमान।
- जिस क्रिया से आने वाले समय में क्रिया होने का बोध हो, उसे **भविष्यत् काल** कहते हैं।
- भविष्यत् काल के दो भेद हैं–सामान्य भविष्यत् तथा संभाव्य भविष्यत्।

अपनी परीक्षा स्वयं लें

1. काल किसे कहते हैं? उदाहरण सहित समझाइए।

2. काल के कितने भेद हैं?

3. वर्तमान काल के पाँच उदाहरण दीजिए।

4. भविष्यत् काल के भेद लिखिए।

5. निम्नलिखित वाक्यों के काल पर (✓) लगाइए–

	वर्तमान	भूत	भविष्यत्
(क) वह अभी दौड़ रहा होगा।			
(ख) वह आज दौड़ेगा।			
(ग) उसने गलती की होगी।			
(घ) वर्षा निरंतर हो रही है।			
(ङ) बच्चे खेलने गए थे।			
(च) मैं तुम्हें पढ़ता मिलूँगा।			

6. निम्नलिखित वाक्यों के भेद पर (✓) लगाइए–

(क) अमित अभी-अभी लौटा है।

सामान्य वर्तमान ☐ सामान्य भूत ☐ आसन्न भूत ☐ पूर्ण वर्तमान ☐

(ख) वह आ रहा होगा।

भविष्यत् काल ☐ संभाव्य भविष्यत् ☐ संदिग्ध भूत ☐ संदिग्ध वर्तमान ☐

(ग) मैंने खाना खाया था।

पूर्ण भूत ☐ अपूर्ण भूत ☐ आसन्न भूत ☐ सामान्य भूत ☐

(घ) सीता पानी ला रही है।

सामान्य वर्तमान ☐ पूर्ण वर्तमान ☐ अपूर्ण वर्तमान ☐ संदिग्ध वर्तमान ☐

(ङ) शायद वर्षा हो।

संदिग्ध वर्तमान ☐ संभाव्य भविष्यत् ☐ सामान्य भविष्यत् ☐ संदिग्ध भूत ☐

7. निम्नलिखित वाक्यों को संकेत के अनुसार बदलिए–

(क) संगीता खेल रही है। (सामान्य भूतकाल) ....

(ख) भानू पत्र लिखेगा। (आसन्न भूत) ....

(ग) रमेश मेला देखेगा। (संदिग्ध वर्तमान) ....

(घ) हम फुटबाल खेले। (वर्तमान) ....

(ङ) बच्चे शोर मचा रहे थे। (भविष्यत् काल) ....

(च) मैं खा चुका हूँ। (संदिग्ध भूत) ....

8. **निम्नलिखित धातुओं के वर्तमान, भूत तथा भविष्यत् काल रूप बनाइए–**

धातु	वर्तमान	भूत	भविष्यत्
(क) सो			
(ख) पी			
(ग) पढ़			
(घ) जा			
(ङ) खा			

रचनात्मक गतिविधियाँ (Formative Activities)

- तीन मित्र चुनिए– भूत, वर्तमान, भविष्य। **भूत** अपने देश या परिवार या किसी प्रसिद्ध व्यक्ति के बारे में भूतकालिक वाक्य बोलेगा। **वर्तमान** उस वाक्य को वर्तमान काल में बदलेगा। **भविष्य** उसे भविष्यत् काल में बदलेगा। जैसे–

  भूत – मेरा भारत महान था।

  वर्तमान – मेरा भारत महान है।

  भविष्य – मेरा भारत महान बनेगा।

- तीन दल बनाइए। पहला दल सामान्य वर्तमानकालिक वाक्य बोले। दूसरा दल उसे भूतकालिक में बदले। तीसरा उसे संदिग्ध वर्तमान में बदले।
- एक चार्ट बनाइए। उसमें भूतकालिक क्रियाओं के सभी भेद बताते हुए उनसे संबंधित तीन-तीन वाक्य लिखिए।

ज्ञान बाँटते चलो 'मिला-जुला'

1. मैसोपोटामिया का नया नाम क्या है?

उत्तर– इराक।

2. पहले इस देश का नाम था बर्मा, अब क्या है?

उत्तर– म्यांमार।

निम्नलिखित वाक्य देखिए–

1. **मोहन** फुटबाल खेलता है।
2. मोहन द्वारा **फुटबाल** खेली जाती है।
3. मोहन से **खेला नहीं जाता**।

पहले वाक्य में क्रिया का जोर 'मोहन' (कर्ता) पर है। दूसरे वाक्य में 'फुटबाल' (कर्म) पर। तीसरे वाक्य में 'खेलने के भाव' पर। ये तीनों क्रिया के केंद्रबिंदु अर्थात वाच्य की सूचना देते हैं।

क्रिया के जिस रूप से उसके केंद्रबिंदु अर्थात कर्ता, कर्म या भाव का पता चले, उसे वाच्य कहते हैं।

वाच्य के भेद

कर्तृवाच्य

निम्नलिखित वाक्य देखिए–

1. राजीव पुस्तक पढ़ता है।
2. सुनयना सोती है।
3. राजीव ने पुस्तक पढ़ी।

इन तीनों में क्रिया का केंद्रीय विषय कर्ता (राजीव, सुनयना) है। यहाँ कर्ता कुछ करने की स्थिति में है। वह माध्यम भर नहीं है। क्रिया उसके लिए है।

कर्तृवाच्य में कथन का केंद्र कर्ता होता है।

कर्तृवाच्य अकर्मक भी हो सकता है और सकर्मक भी।

जैसे–	राधा हँसती है।	बच्चा जाग गया है।	(अकर्मक)
	राधा खो-खो खेलती है।	बच्चा सफाई करता है।	(सकर्मक)

कर्मवाच्य

निम्नलिखित वाक्य देखिए–

1. राजीव द्वारा **पुस्तक** पढ़ी गई।
2. सीता से **कपड़े** धुलवाए गए।
3. **पतंग** उड़ रही है।
4. **पतंग** उड़ाई जा रही है।

इन वाक्यों में क्रिया का केंद्र कर्म है, न कि कर्ता। पहले दोनों वाक्यों में कर्ता (राजीव, सीता) माध्यम या करण कारक में हैं। मुख्य है–कर्म (पुस्तक, कपड़े)

–तीसरे वाक्य में कर्ता है ही नहीं। वहाँ केवल कर्म है।

–चौथे वाक्य में कर्ता का उल्लेख नहीं है। वह है तो सही, लेकिन लुप्त है।

कर्मवाच्य में क्रिया का बल कर्म पर होता है।

भाववाच्य

निम्नलिखित वाक्य देखिए–

1. सीता से सोया नहीं जाता।
2. राजीव से सोया नहीं जाता।

यहाँ 'सोया नहीं जाता' क्रिया न तो कर्ता (सीता या राजीव) के अनुसार है, न ही इनमें कोई कर्म है। ये क्रियाएँ भाववाच्य कहलाती हैं।

जिन क्रियाओं में क्रिया का भाव ही प्रधान होता है, वे भाववाच्य कहलाती हैं।

वाच्य-परिवर्तन

कर्तृवाच्य से कर्मवाच्य बनाना

एक उदाहरण देखिए–

मोहन गाड़ी चलाता है	मोहन द्वारा गाड़ी चलाई जाती है।
(कर्तृवाच्य)	(कर्मवाच्य)

कर्तृवाच्य को कर्मवाच्य में बदलने के लिए क्या-क्या करना पड़ता है—

1. कर्ता के साथ 'से', 'द्वारा' या 'के द्वारा' लगाना पड़ता है। जैसे—**मोहन द्वारा**
2. क्रिया कर्ता के अनुसार न लगाकर कर्म के अनुसार लगाई जाती है। जैसे—**गाड़ी चलाई जाती है।**
3. क्रिया के साथ 'जा' धातु का रूप भी जोड़ा जाता है। जैसे—**जाती है।**

कुछ अन्य उदाहरण देखिए—

कर्तृवाच्य	कर्मवाच्य
मोहिनी गीत गाती है।	मोहिनी द्वारा गीत गाया जाता है।
सुमित ने नृत्य किया।	सुमित द्वारा नृत्य किया गया।

कर्तृवाच्य से भाववाच्य बनाना

एक उदाहरण से समझें—

बच्चा सोया है।	बच्चे से सोया जाता है।
(कर्तृवाच्य)	(भाववाच्य)

विधि—कर्ता (बच्चा) के साथ **से/द्वारा/के द्वारा** लगाएँ। क्रिया के साथ 'जाना' धातु का रूप लगाएँ। क्रिया एकवचन पुल्लिग में रखें।

कुछ अन्य उदाहरण—

कर्तृवाच्य	भाववाच्य
लड़की हँसती है।	लड़की से हँसा जाता है।
मोहन नहीं चलता।	मोहन से नहीं चला जाता।

अब आप जान गए होंगे

- क्रिया के केंद्र को **वाच्य** कहते हैं।
- क्रिया के वाच्य तीन होते हैं—कर्ता, कर्म या क्रिया का भाव
- कर्तृवाच्य में क्रिया का केंद्र कर्ता होता है।
- कर्मवाच्य में क्रिया का केंद्र कर्म होता है।
- भाववाच्य में क्रिया का केंद्र क्रिया का भाव होता है।

अपनी परीक्षा स्वयं लें

1. **वाच्य किसे कहते हैं?**
2. **वाच्य के भेद उदाहरण सहित लिखिए।**

3. निम्नलिखित वाक्यों के सामने दिए कोष्ठक में लिखिए कि वे कर्तृवाच्य हैं, कर्मवाच्य हैं या भाववाच्य–

(i) सोहन पापड़ बेलता है।

(ii) नेहा से झूठ बोला गया।

(iii) पिताजी दौड़ नहीं सकते।

(iv) पुस्तकें रोज़ पढ़ी जाती हैं।

(v) पतंग लूटी जा रही है।

4. निम्नलिखित वाक्यों में से कर्तृवाच्य छाँटिए–

(क) मैंने कप तोड़ा।
(ख) मुझसे कप टूटा।
(ग) कप तोड़ा गया।
(घ) कप टूट गया।

5. निम्नलिखित वाक्यों में से कर्मवाच्य छाँटिए–

(क) राम से साइकिल गिरी।
(ख) राम ने साइकिल गिराई।
(ग) राम साइकिल गिराता है।
(घ) राम द्वारा साइकिल गिरी।

6. निम्नलिखित वाक्यों में से भाववाच्य छाँटिए–

(क) मैं सोता हूँ।
(ख) मुझे सोना है।
(ग) मुझको सोना है।
(घ) मुझसे सोया नहीं जाता।

7. निम्नलिखित वाक्यों के वाच्य पर (✓) लगाइए –

वाक्य	कर्तृवाच्य	कर्मवाच्य	भाववाच्य
1. नेता जी ने झंडा लहराया।			
2. झंडा लहराया गया।			
3. मैं गेंद नहीं फेंक सकता।			
4. मुझसे गेंद नहीं फेंकी जाती।			
5. मुझसे भागा नहीं जाता।			

रचनात्मक गतिविधियाँ (Formative Activities)

- दो दल बनाइए। पहला दल कर्तृवाच्य वाक्य बोले। दूसरा दल उससे कर्मवाच्य या भाववाच्य बनाए।
- अपनी पाठ्यपुस्तक से तीनों वाच्यों के प्रयोग छाँटिए।

कुछ वाक्यों में रंगीन शब्दों पर ध्यान दीजिए–

मोहन **वहाँ बिल्कुल नहीं** जाएगा।

मोहिनी **वहाँ बिल्कुल नहीं** जाएगी।

वे लड़के **वहाँ बिल्कुल नहीं** जाएँगे।

वे लड़कियाँ **वहाँ बिल्कुल नहीं** जाएँगी।

मोहन को **वहाँ बिल्कुल नहीं** जाना।

मुझे **वहाँ बिल्कुल नहीं** जाना।

आपको **वहाँ बिल्कुल नहीं** जाना।

वे **वहाँ बिल्कुल नहीं** जाएँगी/जाएँगे।

–आपने देखा कर्ता (मोहन, मोहिनी, वे लड़के, वे लड़कियाँ, मुझे, आपको, वे) बदल रहे हैं। कर्ता के अनुसार क्रिया पद (जाएगा, जाएगी, जाएँगे, जाएँगी, जाना) भी बदल रहे हैं। ये परिवर्तनशील हैं। इसलिए **विकारी** कहलाते हैं।

दूसरी ओर, **वहाँ**, **बिल्कुल** और **नहीं** किसी भी लिंग, वचन या कारक के होने पर बदलते नहीं। ये स्थिर रहते हैं। इन्हें **अविकारी** कहते हैं। दूसरे शब्दों में, इनका व्यय नहीं होता। इसलिए ये **अव्यय** कहलाते हैं।

अव्यय के भेद

- क्रियाविशेषण
- समुच्चयबोधक
- संबंधबोधक
- विस्मयादिबोधक
- निपात

क्रियाविशेषण

निम्नलिखित वाक्य देखिए–

आज वर्षा **बहुत तेज़** हुई।

सड़कों पर **घुटनों तक** पानी भर गया।

ऐसी वर्षा **आज** ही हुई है।

मैंने ऐसा दृश्य **यहाँ** पहले नहीं देखा था।

आपने देखा–

रंगीन शब्द क्रिया की विशेषता बता रहे हैं–

वर्षा हुई	–	कैसी?	–	बहुत तेज		(रीति संबंधी विशेषता)
पानी भरा	–	कितना?	–	घुटनों तक		(परिमाण संबंधी विशेषता)
वर्षा हुई	–	कब?	–	आज		(समय संबंधी विशेषता)
दृश्य नहीं देखा	–	कहाँ?	–	यहाँ		(स्थान संबंधी विशेषता)

ये चारों क्रियाविशेषण हैं।

क्रिया की विशेषता बताने वाले शब्द क्रियाविशेषण कहलाते हैं।

क्रियाविशेषण के भेद

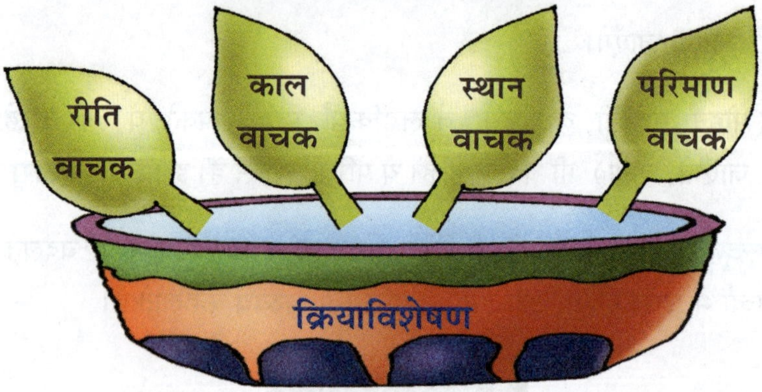

रीतिवाचक क्रियाविशेषण

क्रिया की रीति का बोध कराने वाले विशेषण रीतिवाचक क्रियाविशेषण कहलाते हैं।

उदाहरणतया–

कछुआ धीरे-धीरे चलता है।

चीता तेज़ी से दौड़ता है।

मुग्धा मन-ही-मन हँसती है।

करुणा चुपके-चुपके रोती है।

ये रंगीन शब्द क्रिया करने की रीति का बोध करा रहे हैं। अत: ये रीतिवाचक क्रियाविशेषण हैं।

कालवाचक क्रियाविशेषण

क्रिया के समय का बोध कराने वाले विशेषण कालवाचक क्रियाविशेषण कहलाते हैं।

उदाहरणतया–

वह **अभी** आएगा।

मैं उसे **पहले से** जानता हूँ।

उसकी परीक्षा **कल** है।

श्याम **कब तक** आएगा ?

ये रंगीन शब्द क्रिया के समय का बोध करा रहे हैं। अत: ये **कालवाचक क्रियाविशेषण** हैं।

स्थानवाचक क्रियाविशेषण

क्रिया के स्थान का बोध कराने वाले विशेषण स्थानवाचक क्रियाविशेषण कहलाते हैं।

उदाहरणतया–

इधर आइए।

ऊपर मत जाइए।

वहाँ धूप पड़ रही है।

पानी के अंदर बहुत सारी मछलियाँ हैं।

ये रंगीन शब्द क्रिया के स्थान का बोध करा रहे हैं। अत: ये **स्थानवाचक क्रियाविशेषण** हैं।

परिमाणवाचक क्रियाविशेषण

क्रिया के परिमाण (मात्रा) का बोध कराने वाले विशेषण परिमाणवाचक क्रियाविशेषण कहलाते हैं।

उदाहरणतया–

मेरी बात सुनकर वह **बहुत** हँसा।

पुष्पा **बहुत कम** बोलती है।

इसे **ज़रा** पढ़ लेने दो।

मेरे लिए भी **थोड़ा** खाना छोड़ दो।

ये रंगीन शब्द क्रिया की मात्रा का बोध करा रहे हैं। अत: ये **परिमाणवाचक क्रियाविशेषण** हैं।

अब आप जान गए होंगे

- क्रिया की विशेषता प्रकट करने वाले शब्द **क्रियाविशेषण** कहलाते हैं।
- क्रियाविशेषण के चार भेद हैं–

  1. रीतिवाचक
  2. कालवाचक
  3. स्थानवाचक
  4. परिमाणवाचक

अपनी परीक्षा स्वयं लें

1. **क्रियाविशेषण किसे कहते हैं?**

2. **क्रियाविशेषण के भेद बताइए।**

3. **निम्नलिखित रंगीन क्रियाविशेषणों के भेद लिखिए–**

(क) चौकीदार **अचानक** चला गया।

(ख) डॉक्टर **देर से** आया।

(ग) तूफान **कल** आया था।

(घ) **इतना** तंग न करो।

(ङ) रामलाल **पानी के भीतर** बहुत देर तक डुबकी लगाए रहा।

(च) **अभी-अभी** चाँद निकला है।

(छ) वह **ज़ोर-ज़ोर** से बड़बड़ा रहा था, तभी मैंने उसे जा रोका।

(ज) रामलाल **चुपके-चुपके** हँसता है।

4. **निम्नलिखित क्रियाविशेषणों का प्रयोग उपयुक्त वाक्यों में कीजिए–**

फिर, ठीक, अचानक, पीछे, प्रतिदिन, धड़ाधड़।

5. **निम्नलिखित वाक्यों में से क्रियाविशेषण छाँटिए और उनके भेद भी लिखिए–**

(क) धूप सर्वत्र फैली थी।

(ख) मैं आपके ठीक आगे-आगे चल रहा हूँ।

(ग) चलते-चलते नहीं खाना चाहिए।

(घ) जितना खा सको उतना खाओ।

(ङ) उसके साथी उसकी प्रतीक्षा उधर कर रहे हैं।

6. **निम्नलिखित रिक्त स्थानों की पूर्ति क्रियाविशेषणों से कीजिए–**

(*i*) मैं .... आम खाऊँगा। (रीतिवाचक क्रियाविशेषण से)

(क) कल (ख) यहाँ (ग) ढेर सारे (घ) आराम से

(*ii*) मैं .... अमरूद खाऊँगा। (कालवाचक क्रियाविशेषण से)

(क) यहाँ (ख) कल (ग) बहुत-से (घ) बैठकर

(iii) मैं .... केला खाऊँगा। (स्थानवाचक क्रियाविशेषण से)

(क) वहाँ (ख) कल (ग) मीठा (घ) दो

(iv) मैं खाना .... खाऊँगा। (परिमाणवाचक क्रियाविशेषण से)

(क) अभी (ख) यहीं (ग) कम (घ) फटाफट

7. निम्नलिखित क्रियाविशेषणों के भेद लिखिए–

क्रियाविशेषण	परिमाणवाचक	रीतिवाचक	कालवाचक	स्थानवाचक
(i) ज़रा				
(ii) धीरे-से				
(iii) परसों				
(iv) यहीं				
(v) बिल्कुल				
(vi) नहीं				

रचनात्मक गतिविधियाँ (Formative Activities)

❖ चार मित्र हैं– 1. काल 2. स्थान 3. परिमाण और 4. रीति (लड़की)। अध्यापक या गतिविधि-संचालक उन्हें एक लघु वाक्य देगा। जैसे–**मैं खेलूँगा।**

काल इस वाक्य में काल संबंधी क्रियाविशेषण भरकर वाक्य की रचना करेगा। शेष तीनों भी अपने-अपने नाम के अनुसार उसमें क्रियाविशेषण भरेंगे। एक उदाहरण देखिए–

काल – मैं **आज** खेलूँगा।

स्थान – मैं **मैदान** में खेलूँगा।

परिमाण – मैं **खूब** खेलूँगा।

रीति – मैं **ध्यानपूर्वक** खेलूँगी।

❖ वर्ग-पहेली में दिए गए कालवाचक क्रियाविशेषण में लाल रंग; स्थानवाचक में हरा रंग; परिमाणवाचक में नीला रंग तथा रीतिवाचक में पीला रंग भरिए।

य	हाँ		ऊ	प	र
ध्या		अ	भी		बि
न	रा	तों	रा	त	ल्कु
पू	इ	त	ना		ल
र्व	प	र	सों	व	हाँ
क	सा	रा	इ	ध	र

नीचे के चित्रों को ध्यान से देखिए–

भाई **और** बहन पढ़ रहे हैं।

जूही पढ़ रही है **किंतु** नीलम खेल रही है।

मैं तुम्हारे साथ नहीं जा सकूँगा **क्योंकि** मैं बीमार हूँ।

चित्रों के नीचे दिए वाक्यों में **और**, **किंतु** तथा **क्योंकि** पद दो पदों अथवा दो वाक्यों को परस्पर जोड़ रहे हैं। जोड़ने वाले ये शब्द **समुच्चयबोधक** अव्यय हैं।

जो पद दो शब्दों, वाक्यांशों अथवा वाक्यों को मिला रहे हों, वे समुच्चयबोधक कहलाते हैं।

समुच्चयबोधक के भेद

समुच्चयबोधक अव्ययों के मुख्य रूप से तीन भेद हैं–

1. संयोजक–जो समुच्चयबोधक अव्यय एक ही श्रेणी के वाक्यों या शब्दों को जोड़ने का कार्य करते हैं, उन्हें **संयोजक** कहते हैं।

उदाहरणतया–

1. मैं **और** मोहन साथ-साथ जाएँगे।
2. रात हुई **और** तारे खिले।
3. जीवन में सुख **और** दुख दोनों मिलते हैं।

2. विभाजक–वे समुच्चयबोधक पद, जो भेद, अंतर या विरोध प्रकट करते हुए भी शब्दों, वाक्यांशों अथवा वाक्यों को जोड़ते हों, उन्हें **विभाजक** कहा जाता है।

उदाहरणतया–

1. हम दोनों साथ गए थे, **किंतु** वह लौट आया।
2. उस पर घातक हमला हुआ **मगर** वह बच गया।

3. मैंने बहुत कोशिश की **परंतु** सफल न हो सका।

विभाजक शब्द हैं–'किंतु', 'परंतु', 'मगर', 'इसलिए', 'तथापि', 'पर', 'ताकि'।

3. विकल्पबोधक–जो समुच्चयबोधक पद विकल्प का बोध कराते हों, उन्हें **विकल्पबोधक** कहते हैं।

उदाहरणतया–

1. पुस्तकालय में बैठकर पढ़ो **या** चुपचाप बैठो।
2. सुरेश **अथवा** मोहन–कोई एक वहाँ चला जाए।
3. तुम मेरे साथ चलो तो मैं भी चलूँगा **अन्यथा** मैं न जा सकूँगा।

विकल्पबोधक शब्द हैं–'या', 'अन्यथा', 'अथवा', 'चाहे'।

अब आप जान गए होंगे

- दो शब्दों, वाक्यांशों अथवा वाक्यों को जोड़ने वाले अव्यय **समुच्चयबोधक** कहलाते हैं।
- समुच्चयबोधक तीन प्रकार के होते हैं–

  1. संयोजक 2. विभाजक 3. विकल्पसूचक।

अपनी परीक्षा स्वयं लें

1. उदाहरण देते हुए समुच्चयबोधक अव्यय को स्पष्ट कीजिए।

2. समुच्चयबोधक अव्यय के कितने भेद हैं? प्रत्येक भेद के दो-दो उदाहरण दीजिए।

3. विभाजक और विकल्पबोधक समुच्चयबोधक अव्यय का अंतर स्पष्ट रूप में समझाइए।

4. संयोजक समुच्चयबोधक से क्या आशय है? उदाहरण सहित स्पष्ट कीजिए।

5. निम्नलिखित वाक्यों में समुच्चयबोधक पद छाँटकर लिखिए–

(क) पिता ने मोहन को धमकाया और उसे बाहर निकाल दिया। (ने/को/और/बाहर)

(ख) हमने तुम्हें बहुत समझाया किंतु तुम पर कोई असर न हुआ। (तुम्हें/किंतु/पर/कोई)

(ग) वह यहाँ से ठीक समय पर निकल गया था ताकि उसे विद्यालय जाने में देर न हो। (यहाँ से/ताकि/समय पर/जाने में)

(घ) तुम उस पर इसलिए रोब दिखा रहे हो, क्योंकि वह कमजोर है। (इसलिए/क्योंकि/इसलिए-क्योंकि/वह)

6. निम्नलिखित समुच्चयबोधक शब्दों का प्रयोग उपयुक्त वाक्यों में कीजिए–

1. अथवा ....

2. चाहे ....

3. बल्कि ....

4. तथा ....

5. ताकि ....

7. निम्नलिखित वाक्यों की पूर्ति उपयुक्त समुच्चयबोधक अव्ययों से कीजिए–

(क) उसे दुख नहीं, ... सुख दो। (अपितु/बल्कि/किंतु/परंतु)

(ख) मैं दौड़ा .... मुझे गाड़ी मिल जाए। (सो/इसलिए/ताकि/क्योंकि)

(ग) मैं बहुत दौड़ा .... हार गया। (इसलिए/हालांकि/परंतु/तथा)

(घ) मैं .... मेरा भाई आएगा। (और/एवं/अथवा/नहीं)

(ङ) या तुम आओ .... तुम्हारा भाई आए। (अथवा/और/एवं/किंतु)

(च) मैं गिर गया .... हार गया। (परंतु/इसलिए/क्योंकि/लेकिन)

8. निम्नलिखित समुच्चयबोधकों के भेद पर (✓) लगाइए–

(क) **अथवा**	संयोजक		विभाजक		विकल्पबोधक	
(ख) **परंतु**	संयोजक		विभाजक		विकल्पबोधक	
(ग) **और**	संयोजक		विभाजक		विकल्पबोधक	
(घ) **एवं**	संयोजक		विभाजक		विकल्पबोधक	
(ङ) **अन्यथा**	संयोजक		विभाजक		विकल्पबोधक	

रचनात्मक गतिविधियाँ (Formative Activities)

❖ तीन मित्र हैं–संयोजक, विभाजक और विकल्प। वे हर वाक्य को अपने-अपने स्वभाव के अनुसार ढाल देते हैं। यदि उन्हें निम्नलिखित तीन वाक्य दिए जाएँ तो वे उन्हें किस प्रकार ढाल लेंगे?

1. राम एवं मोहन क्रिकेट खेलने गए।
2. सचिन और सहवाग में से कोई पहले खेलेगा।
3. ऐशवर्या करिश्मा में से कोई विश्व-सुंदरी चुनी जाएगी।

नीचे बने चित्रों को ध्यान से देखिए और फिर उनके नीचे लिखे वाक्यों को पढ़िए।

पेड़ के ऊपर बंदर बैठा है।

पेड़ के नीचे चारपाई पर चौधरी साहब लेटे हैं।

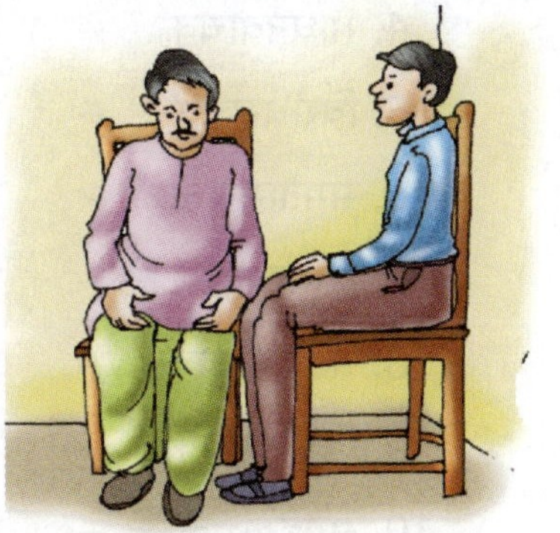

उनके पास कुर्सी पर कोई बैठा है।

चित्रों के नीचे लिखे वाक्यों में **'के ऊपर'**, **'के नीचे'** और **'के पास'** शब्द संज्ञा और सर्वनाम पदों के साथ आए हैं। ये पद उनका संबंध वाक्य के अन्य पदों से जोड़ रहे हैं। अतएव ये सभी पद **संबंधबोधक** हैं।

जो पद संज्ञा अथवा सर्वनाम के साथ आकर उनका संबंध वाक्य के दूसरे पदों से बता रहे हों, उन्हें संबंधबोधक पद कहा जाता है।

कुछ प्रमुख संबंधबोधक शब्द–

1. के आगे
2. के बीच
3. के पास
4. के सिवा
5. के पीछे
6. के कारण
7. के अतिरिक्त
8. के निकट
9. के द्वारा
10. के नीचे आदि।

संबंधबोधक और क्रियाविशेषण में भेद

ऊपर हमने जिन संबंधबोधक अव्यय शब्दों का उल्लेख किया है, उनमें से अधिकांश का प्रयोग स्थानवाचक क्रियाविशेषण के रूप में भी होता है। ध्यान रखिए कि जब इन शब्दों का प्रयोग संज्ञा अथवा सर्वनाम शब्दों के साथ होता है, तब ये **संबंधबोधक अव्यय** कहलाते हैं अन्यथा क्रियाविशेषण। जैसे–

1. जूही **यहाँ** बैठी है। (स्थानवाचक क्रियाविशेषण)
2. रेणु **अपने चाचा के यहाँ** बैठी है। (संबंधबोधक)
3. वह **पीछे-पीछे** आया। (स्थानवाचक क्रियाविशेषण)
4. वह **मेरे पीछे** आया। (संबंधबोधक)

अर्थ के अनुसार संबंधबोधक के भेद

1. स्थानवाचक – के ऊपर, के सामने, के आगे।
2. कालवाचक – के पहले, के बाद, के पूर्व, के उपरांत, के पश्चात।
3. दिशावाचक – की ओर, की तरफ।
4. साधनवाचक – के द्वारा, के सहारे, के बल पर।
5. विरोधसूचक – के प्रतिकूल, के विरुद्ध, के उलट।
6. समतासूचक – के अनुसार, के समान, के तुल्य, की तरह, के सदृश।
7. हेतुवाचक – के अतिरिक्त, के सिवा, के सहित।
8. सहचरसूचक – के समेत, के साथ, के संग।
9. विषयवाचक – के विषय में, की बाबत।
10. संग्रहवाचक – के समेत, तक, भर।

अब आप जान गए होंगे

✦ जो शब्द संज्ञा या सर्वनाम का संबंध वाक्य के दूसरे पदों के साथ प्रकट करते हैं, वे **संबंधबोधक** कहलाते हैं।

अपनी परीक्षा स्वयं लें

1. **संबंधबोधक को उदाहरण सहित स्पष्ट कीजिए।**
2. **दो-तीन उदाहरणों द्वारा संबंधबोधक और क्रियाविशेषण का भेद स्पष्ट कीजिए।**
3. **निम्नलिखित संबंधबोधकों का उपयुक्त वाक्यों में प्रयोग कीजिए–**

(क) के पास ....

(ख) के अतिरिक्त ....

(ग) के कारण ....

4. **नीचे दिए गए रिक्त स्थानों को सामने दिए गए उपयुक्त संबंधबोधकों में से छाँटकर भरिए–**

(क) वह सुभाष के .... चली गई।	बिना	विरुद्ध	सिवा	पास
(ख) मंदिर के .... बस्ती थी।	संग	पास	दूर	सहित

(ग) सुभाष के .... हमने अभियोग पत्र दाखिल किया। — सामने / पास / साथ / विरुद्ध

(घ) राम के .... मेरा कोई मित्र नहीं। — संग / साथ / बिना / सिवा

(ङ) छत के .... खाट पड़ी थी। — साथ / संग / ऊपर / पास

5. निम्नलिखित पदों का प्रयोग क्रियाविशेषणों और संबंधबोधकों के रूप में कीजिए–

बाहर, सामने, पहले, पास, पीछे

6. निम्नलिखित वाक्यों में आए संबंधबोधक अव्ययों पर (✓) लगाइए–

(क) संकट में मेरे पास कोई नहीं आया।

पास ☐ मेरे ☐ मेरे पास ☐ कोई ☐

(ख) वह संतों के पीछे चलता है।

के पीछे ☐ संतों के ☐ संतों के पीछे ☐ पीछे चलता है। ☐

(ग) सूरज के सामने मत आना।

के सामने ☐ सामने ☐ सूरज के सामने ☐ मत आना ☐

(घ) उसके आगे किसी की नहीं चली।

आगे ☐ उसके ☐ उसके आगे ☐ किसी की ☐

(ङ) पहाड़ के ऊपर झरने थे।

पहाड़ ☐ के ऊपर ☐ ऊपर ☐ पहाड़ के ऊपर ☐

रचनात्मक गतिविधियाँ (Formative Activities)

❖ अपनी पाठ्यपुस्तक के किसी एक पाठ में से संबंधबोधक अव्ययों के प्रयोग चुनिए।

नीचे दिए गए चित्रों को ध्यान से देखिए और विचार कीजिए कि उनमें कौन-कौन से भाव प्रकट हो रहे हैं–

1. विस्मय

अरे ! ऐं ! ओहो ! हैं !

2. हर्ष

वाह ! वाह-वाह ! क्या खूब ! बहुत खूब !

3. प्रशंसा

शाबाश ! सुंदर-बहुत सुंदर ! अरे वाह !

4. शोक

हाय ! ओफ ! उफ़ ! ऊँ ! हे भगवान !

5. भय

हाय राम ! तोबा-तोबा !

6. घृणा

छि-छि ! धत् ! हट ! थू-थू !

7. **आशीर्वाद**

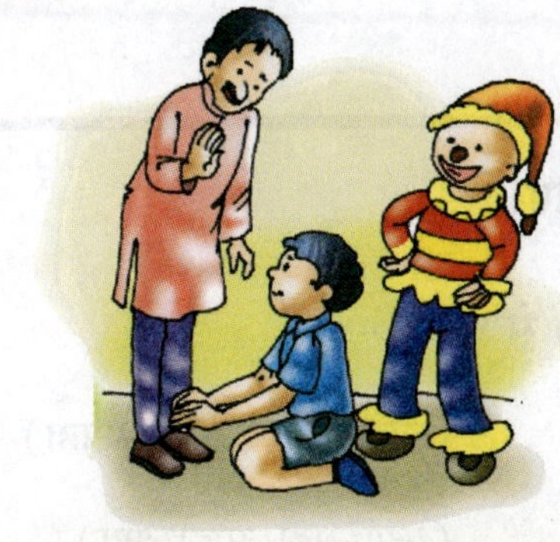

दीर्घायु हो ! जय हो ! जीते रहो !

8. **स्वीकृति**

अच्छा-अच्छा ! ठीक ! हाँ-हाँ !

ये आठों चित्र अलग-अलग मनोभावों को प्रकट कर रहे हैं। ये सभी **विस्मयादिबोधक** कहलाते हैं।

इन्हें **भावबोधक** भी कहते हैं। दृश्य हैरानी का हो या खुशी का, दुख का हो या भय का, हमारे मुँह से निकलने वाला मर्मस्पर्शी शब्द **विस्मयादिबोधक** कहलाता है। ये शब्द अचानक ही प्रकट हो जाते हैं।

विस्मयादिबोधक संख्या में आठ प्रकार के हैं–

1.	विस्मयबोधक	अरे ! ओह ! वाह ! ओहो !
2.	हर्षबोधक	अहा ! वाह ! वाह-वाह ! शाबाश ! धन्य-धन्य !
3.	प्रशंसाबोधक	रे ! अरे ! अरी ! री ! ओ ! अजी ! सुनो ! हे !
4.	शोकबोधक	हाय ! आह ! हाय-हाय ! हा ! बाप रे !
5.	स्वीकृतिबोधक	जी ! जी-हाँ ! हाँ-हाँ ! ठीक है ! अच्छा !
6.	घृणाबोधक	छि ! हट ! धत् ! जा ! धिक् !
7.	आशीर्वादबोधक	खुश रहो ! जीते रहो ! विजयी बनो ! चिरंजीव रहो !
8.	भयबोधक	ओह ! हैं-हैं ! बाप रे बाप !

इन सभी शब्दों के बाद विस्मयादिबोधक का चिह्न (!) लगता है।

अब आप जान गए होंगे

- हर्ष, विस्मय, घृणा, शोक, भय आदि प्रकट करने वाले अव्यय पद **विस्मयादिबोधक** कहलाते हैं।

अपनी परीक्षा स्वयं लें

1. विस्मयादिबोधक किसे कहते हैं? उदाहरण सहित समझाइए।

2. दिए गए रिक्त स्थानों को उपयुक्त विस्मयादिबोधक शब्दों से भरिए–

(i) .... ! तुम वहाँ गए ही क्यों थे? (नालायक/अरे/वाह/अहा)

(ii) .... ! उसे किसने मार डाला? (क्या/अहा/ओहो/वाह)

(iii) .... ! तुमने मेरी बड़ी सेवा की। (आह/वाह/शाबाश/जीते रहो)

(iv) .... ! तुमने यह क्या कर डाला? (ओह/वाह/अरे/ओहो)

(v) .... ! कितना सुंदर इंद्रधनुष निकला है। (वाह/ओह/अहा/शाबाश)

3. नीचे लिखे विस्मयादिबोधक शब्दों का प्रयोग उपयुक्त वाक्यों में कीजिए–

अरे ! ....

ओह ! ....

हाय ! ....

4. नीचे लिखे वाक्यों में विस्मयादिबोधक शब्दों को रेखांकित कीजिए तथा उनके भेद लिखिए–

(i) जीते रहो ! तुमने अपने कार्यों से अपने माता-पिता का नाम उज्ज्वल किया।

(ii) कहाँ जा रहे हो? अरे ! मेरी बात तो सुन लो।

(iii) शाबाश ! तुमने अद्‌भुत करतब कर दिखाया।

(iv) ओहो ! क्या सिर्फ तुम्हारे ही बेटे ने यह कार्य किया है?

(v) बाप रे ! भाग लो यहाँ से।

(vi) छी-छी ! इतनी गंदी बात।

(vii) अरे वाह ! दो-दो छुट्टियाँ एक-साथ।

रचनात्मक गतिविधियाँ (Formative Activities)

- एक चार्ट बनाइए जिसमें निम्नलिखित दो वाक्यों को सभी प्रकार के विस्मयादिबोधक भावों से युक्त दिखाया जाए–
  श्री रामचंद्र अयोध्या लौट आए हैं।
  रावण मारा गया।
- एक चार्ट पर तरह-तरह के भावों वाले चित्र चिपकाइए। ये चित्र किसी समाचार पत्र, पत्रिका या और कहीं से लिए जा सकते हैं। उन चित्रों के नीचे भावबोधक शब्दों वाले वाक्य लिखिए।
- निम्न चित्रों के नीचे उपयुक्त विस्मयादिबोधक अव्यय लिखकर वाक्य-रचना कीजिए–

किसी पद पर बल देने वाले अव्यय निपात कहलाते हैं।

ही, भी, तो, तक, केवल, मात्र, भर आदि निपात हैं।

कुछ प्रयोग देखिए–

ही – संसार में मनुष्य ही हँस सकता है।

भी – पशु भी सुख-दुख अनुभव करते हैं।

मात्र – मुझे मात्र एक किलो आटा चाहिए।

केवल – आप मुझे केवल सौ रुपये दे दें।

तो – उसे तो बोलना भी नहीं आता।

तक – उसे पढ़ना तक नहीं आता।

भर – मुझे मुट्ठी भर अनाज चाहिए।

निपात का प्रयोग उस पद के बाद होता है, जिस पर बल देना होता है।

अपनी परीक्षा स्वयं लें

1. निपात किसे कहते हैं?

2. निम्नलिखित निपातों से एक-एक वाक्य बनाइए–

ही, भी, तक, तो, केवल

3. निम्नलिखित वाक्यों की पूर्ति उपयुक्त निपातों से कीजिए–

(क) मेरे साथ मेरा भाई .... चलेगा। (भी/भर/तो/तक)

(ख) तुम अब .... नहीं गए। (ही/तो/तक/मात्र)

(ग) कह देने .... से काम नहीं चलेगा। (तक/मात्र/केवल/भी)

(घ) वहाँ बस सुरेश .... जाएगा। (भी/भर/ही/तो)

रचनात्मक गतिविधियाँ (Formative Activities)

- ‘मैं सेब खाना चाहता हूँ।’ इस वाक्य में अलग-अलग निपातों का प्रयोग करके अलग-अलग सात वाक्य बनाइए। ऐसे कुछ अन्य वाक्य लेकर अभ्यास कीजिए।
- वर्ग-पहेली में दिए गए क्रियाविशेषण अव्ययों में लाल रंग, संबंधबोधकों में नीला रंग, समुच्चयबोधकों में हरा रंग, विस्मयादिबोधकों में गुलाबी रंग तथा निपातों में पीला रंग भरिए–

तु	रं	त	हा	त	क
औ	र	ब	य	न	हीं
मा	त्र	हु	प	रं	तु
त	था	त	के	अ	रे
भ	र	खू	आ	ता	कि
वा	ह!	ब	गे	छिः	भी

- **निम्न गद्यांश में निपात ढूँढ़िए।**

अंकोरवाट मंदिर

कंबोडिया के अंकोरवाट मंदिर जैसा हू-ब-हू मंदिर पटना में गंगा के किनारे बनाया जा रहा है। अमेरिका की प्रसिद्ध पत्रिका टाइम ने तो भारत में बनने वाले इस मंदिर को दुनिया की सबसे सुंदर अनुकृति कहा है। पाँच आश्चर्यजनक अनुकृतियों की सूची में भी विश्वप्रसिद्ध अंकोरवाट जैसी भारत की अनुकृति को पहला स्थान दिया गया है। एक भारतीय मंदिर ट्रस्ट चालीस एकड़ भूमि पर भारत का विशेष अंकोरवाट मंदिर बनाएगा। 222 फीट ऊँची यह अनुकृति दुनिया का सबसे ऊँचा हिंदू मंदिर हो सकता है। भारत के इस मंदिर का नाम विराट अंकोरवाट राम मंदिर होगा। जो लोग कंबोडिया में जाकर अंकोरवाट मंदिर को नहीं देख पाए, वे केवल पटना तक ही यात्रा करके, भारत में ही उसके दर्शन कर लेंगे।

सुमित एक लड़का है। सामने की ओर उसके पिताजी हैं। बाईं ओर माताजी तथा बहन है। जिस प्रकार सुमित का परिवार के सदस्यों से संबंध बताना परिचय कहलाता है। उसी प्रकार **किसी पद का अन्य पदों के साथ संबंध बताना पद-परिचय कहलाता है।**

पद-परिचय के आवश्यक अंग

किसी पद का परिचय देने के लिए निम्नलिखित बातों का परिचय देना चाहिए–

संज्ञा पद – भेद, लिंग, वचन, कारक, क्रिया का उल्लेख।

सर्वनाम – भेद, लिंग, वचन, पुरुष, कारक, क्रिया का उल्लेख।

विशेषण – भेद, लिंग, वचन, विशेष्य।

क्रिया – अकर्मक/सकर्मक, लिंग, वचन, पुरुष, काल, वाच्य।

क्रियाविशेषण – भेद, संबंधित क्रिया का उल्लेख।

समुच्चयबोधक – भेद, संयुक्त शब्दों, वाक्यांशों तथा वाक्यों का उल्लेख।

संबंधबोधक – भेद, पदों, वाक्यांशों से संबंध।

विस्मयादिबोधक – भेद का नाम।

कुछ उदाहरण देखिए–

रंगीन पदों का परिचय दीजिए–

1. रमेश दसवीं कक्षा में पढ़ता है।

रमेश–व्यक्तिवाचक संज्ञा, एकवचन, पुल्लिंग, कर्ता कारक, 'पढ़ता है' क्रिया से संबंध।

2. **वह** रोज़ विद्यालय जाती है।
वह–सर्वनाम, अन्य पुरुष, एकवचन, स्त्रीलिंग, कर्ता कारक, 'जाती है' क्रिया से संबंध।

3. लता बहुत **सुंदर** लड़की है।
सुंदर–विशेषण, गुणवाचक, स्त्रीलिंग, एकवचन, 'लड़की' विशेष्य।

4. वे फुटबाल **खेलते थे**।
खेलते थे–क्रिया, सकर्मक, सामान्य भूत, पुल्लिंग, बहुवचन, अन्य पुरुष, कर्तृवाच्य, 'वे' कर्ता।

5. सोनम **मधुर** गाती है।
मधुर–क्रियाविशेषण, रीतिवाचक, 'गाती है' क्रिया।

6. **शीला** स्वादिष्ट भोजन बनाती है।
शीला–व्यक्तिवाचक संज्ञा, एकवचन, स्त्रीलिंग, कर्ता कारक, 'भोजन बनाती है' क्रिया।

7. **वाह!** क्या छक्का मारा है।
वाह–विस्मयादिबोधक, हर्षबोधक।

8. मैं उसके **पीछे** नहीं जाऊँगा।
पीछे–संबंधबोधक अव्यय।

9. उसे **तो** कुछ नहीं हुआ।
तो–निपात।

अब आप जान गए होंगे

✦ प्रत्येक पद के लिंग, वचन, कारक, भेद आदि का परिचय देना **पद-परिचय** कहलाता है।

अपनी परीक्षा स्वयं लें

1. निम्नलिखित रंगीन पदों के उपयुक्त परिचय पर (✓) लगाइए–

(*i*) मैं दिल्ली **जाऊँगी**।

(क) अकर्मक कर्तृवाच्य क्रिया, एकवचन, स्त्रीलिंग, 'मैं' कर्ता

(ख) कर्मवाच्य क्रिया, सकर्मक, स्त्रीलिंग, मैं, कर्ता

(ग) अकर्मक, कर्तृवाच्य, एकवचन, पुल्लिंग, 'मैं' कर्ता

(ii) **वीर** पुरुष सम्मान के योग्य होते हैं।

(क) विशेषण, गुणवाचक, एकवचन, पुल्लिंग, 'पुरुष' विशेष्य।

(ख) विशेषण, गुणवाचक, बहुवचन, पुल्लिंग, 'पुरुष' विशेष्य।

(ग) संज्ञा, भाववाचक, एकवचन, पुल्लिंग, 'पुरुष' विशेष्य।

(घ) संज्ञा, जातिवाचक, एकवचन, पुल्लिंग, 'पुरुष' विशेष्य।

(iii) **आशुतोष** यहाँ आया था।

(क) व्यक्तिवाचक संज्ञा, एकवचन, पुल्लिंग, कर्ता कारक।

(ख) व्यक्तिवाचक संज्ञा, एकवचन, पुल्लिंग, कर्म कारक।

(ग) जातिवाचक संज्ञा, एकवचन, पुल्लिंग, कर्म कारक।

2. निम्नलिखित वाक्यों में रंगीन पदों का परिचय दीजिए–

(क) वह मेरी बात पर **बहुत** हँसा।

....

(ख) बीरबल **अकबर** के मंत्री थे।

....

(ग) वह **पुस्तक** धार्मिक है।

....

(घ) मुझे **लड़ाकू** विमान पसंद हैं।

....

(ङ) मुझे उसकी **योग्यता** पर भरोसा नहीं है।

....

(च) रात **और** दिन परिश्रम करो।

....

निम्नलिखित वाक्य पर विचार कीजिए–

भारत के सैनिक सीमा पर पहरा दे रहे हैं।

–इस वाक्य से एक पूरा अर्थ (आशय) प्रकट हो रहा है। अब यदि इस वाक्य में प्रयोग होने वाले पदों का क्रम बिगाड़ दिया जाए तो क्या यही अर्थ निकल सकता है? देखिए–

सैनिक सीमा के भारत पहरा पर दे रहे हैं।

उत्तर स्पष्ट है–नहीं। वाक्य होने के लिए आवश्यक है–कुछ पदों का समूह होना और उनका किसी व्यवस्था में होना। अत: हम कह सकते हैं–

ऐसे पदों का व्यवस्थित समूह वाक्य कहलाता है जिससे एक निश्चित आशय प्रकट हो सके।

उदाहरण–

1. पूर्व दिशा में सूर्योदय हो रहा है।
2. बादलों को देखकर लगता है कि आज झमाझम बारिश होगी।

वाक्य के अंग

उद्देश्य | विधेय

उद्देश्य– वाक्य में जिसके बारे में कुछ कहा जाए उसे **उद्देश्य** कहते हैं।

उदाहरण–

1. **मोहन** खूब मेहनत करता है।
2. **राम का भाई श्याम** मौज-मस्ती करता है।

–पहले वाक्य में 'मोहन' के बारे में कुछ कहा जा रहा है। अत: यह उद्देश्य है। दूसरे वाक्य में 'राम का भाई श्याम' उद्देश्य है। जो भी बात कही जा रही है, वह (राम के भाई) श्याम के बारे में कही जा रही है।

यहाँ यह स्पष्ट हुआ कि उद्देश्य **अकेला** भी हो सकता है और किन्हीं अन्य पदों के साथ भी हो सकता है। जहाँ उद्देश्य एक समूह (पदबंध) के रूप में आता है, वहाँ उसके दो अंग हो जाते हैं–

1. उद्देश्य
2. उद्देश्य का विस्तार

उपर्युक्त वाक्य में 'श्याम' उद्देश्य है। 'राम का भाई' उद्देश्य-विस्तार है। निम्न आरेख देखिए–

राम का भाई	श्याम	मौज-मस्ती करता है।
उद्देश्य-विस्तार	उद्देश्य	विधेय

कुछ अन्य उदाहरण देखिए–

1. चमचमाता हुआ (उद्देश्य-विस्तार) सूरज (उद्देश्य) निकल रहा है।

2. दशरथ-पुत्र (उद्देश्य-विस्तार) राम (उद्देश्य) ने रावण का संहार किया।

विधेय– उद्देश्य के बारे में जो कुछ कहा जाए, उसे **विधेय** कहते हैं।

उदाहरण–

राम का भाई श्याम मौज-मस्ती कर रहा है।
–यहाँ 'मौज-मस्ती कर रहा है' विधेय है।

कुछ अन्य उदाहरण देखिए–

1. मोहन सोएगा।
2. मोहन **कल रात को नरम-नरम बिस्तर पर सोएगा।**

पहले वाक्य में 'सोएगा' विधेय है।

दूसरे वाक्य में 'कल रात को नरम-नरम बिस्तर पर सोएगा' विधेय है।

स्पष्ट हुआ कि विधेय **अकेला** भी आ सकता है और अन्य पदों के साथ भी। इस तरह विधेय के भी दो अंग हो जाते हैं–

1. विधेय
2. विधेय का विस्तार

एक वाक्य तथा उसके अंग देखिए–

राम का भाई	श्याम	कल सुबह मुख्य पार्क में सैर करने	जाएगा।
उद्देश्य-विस्तार	उद्देश्य	विधेय-विस्तार	विधेय

वाक्य के भेद

वाक्य को दो प्रकार से बाँटा जा सकता है–

(क) रचना के आधार पर

(ख) अर्थ के आधार पर

(क) रचना के आधार पर वाक्य के भेद

रचना की दृष्टि से वाक्य तीन प्रकार के होते हैं–

1. सरल 2. संयुक्त 3. मिश्र

1. सरल वाक्य

जिस वाक्य में एक उद्देश्य और एक विधेय हो, उसे सरल वाक्य कहते हैं।

सरल वाक्य को **साधारण वाक्य** भी कहते हैं। जैसे–

1. सफेद हंस मानसरोवर में विहार कर रहे हैं।
2. वीर हनुमान अशोक वाटिका जाकर सीता से मिले।

2. संयुक्त वाक्य

जिसमें दो या अधिक सरल वाक्य किन्हीं योजकों द्वारा जुड़े हों, उसे संयुक्त वाक्य कहते हैं।

उदाहरणतया–

वर्षा हुई और मोर नाच उठे।

यहाँ दो सरल वाक्य हैं– 1. वर्षा हुई 2. मोर नाच उठे।

ये दोनों वाक्य 'और' योजक से जुड़े हुए हैं। इसलिए यह **संयुक्त वाक्य** है।

कुछ अन्य उदाहरण देखिए–

मैंने बहुत कोशिश की किंतु काम नहीं बना।

मुझे कुछ नहीं मिला क्योंकि दुकान बंद हो चुकी थी।

संयुक्त वाक्य में **और**, **परंतु**, **लेकिन**, **किंतु**, **तथा**, **एवं**, **क्योंकि**, **अथवा** आदि योजकों का प्रयोग होता है।

3. मिश्र वाक्य

जिस वाक्य में एक प्रधान उपवाक्य के साथ एक या अधिक गौण उपवाक्य उस पर आश्रित होते हैं उसे मिश्र वाक्य कहते हैं।

उदाहरणतया–

महात्मा जी ने कहा कि अहिंसा परम धर्म है।

– यहाँ 'महात्मा जी ने कहा' प्रधान उपवाक्य है।

क्या कहा–यह गौण उपवाक्य है।

अन्य कुछ उदाहरण देखिए–

जो बच्चा साइकिल सीख रहा है, वह सातवीं में पढ़ता है।

मैंने सोचा था कि बड़ा होकर डॉक्टर बनूँगा।

वाक्य-परिवर्तन

सरल वाक्यों से संयुक्त वाक्य बनाना

सरल वाक्य	संयुक्त वाक्य
मैं लेटा। मुझे नींद आ गई।	लेटने पर मुझे नींद आ गई।
मेरे आते ही शोर बंद हो गया।	मैं आया और शोर बंद हो गया।

सरल वाक्य से मिश्र वाक्य बनाना

सरल वाक्य	संयुक्त वाक्य
मैं लेटा। मुझे नींद आ गई।	मैं लेटा ही था कि मुझे नींद आ गई।
मेरे आते ही बम फटा।	जैसे ही मैं आया, तभी बम फट पड़ा।

संयुक्त वाक्य से मिश्र वाक्य बनाना

संयुक्त वाक्य	मिश्र वाक्य
सूरज निकला और पक्षी चहचहाने लगे।	जैसे ही सूरज निकला, वैसे ही पक्षी चहचहाने लगे।
मैंने बहुत कोशिश की परंतु असफल रहा।	मैंने कोशिश तो बहुत की परंतु असफल रहा।

(ख) अर्थ के अनुसार वाक्य-भेद

अर्थ के अनुसार वाक्य के आठ भेद होते हैं–

1. **विधानार्थक वाक्य–**जब किसी वाक्य में किसी बात का होना या करना सामान्य रूप से पाया जाए, तो उसे **विधानार्थक वाक्य** कहते हैं।

   जैसे– 1. दुर्योधन कर्ण का सच्चा मित्र था। 2. स्वर्ण मंदिर अमृतसर में है।

2. **निषेधार्थक वाक्य–**जिस वाक्य में किसी क्रिया के न होने का बोध हो, उसे **निषेधार्थक वाक्य** कहते हैं।

   जैसे– 1. मैंने उससे वह पुस्तक नहीं ली। 2. वह सहायता नहीं करेगा।

3. आज्ञार्थक वाक्य–जिस वाक्य में आज्ञा, आदेश या उपदेश दिया गया हो, उसे **आज्ञार्थक वाक्य** कहते हैं।

जैसे– 1. वहाँ बैठो! 2. बाहर चले जाइए।

4. प्रश्नार्थक वाक्य–जिस वाक्य में कोई प्रश्न किया गया हो, उसे **प्रश्नार्थक वाक्य** कहते हैं।

जैसे– 1. वह लड़का किस स्कूल में पढ़ता है? 2. आप यहाँ क्या करेंगे?

5. इच्छार्थक वाक्य–जिस वाक्य से इच्छा अथवा आशीर्वाद प्रकट हो, उसे **इच्छार्थक वाक्य** कहते हैं।

जैसे– 1. काश, मैं उड़ सकता। 2. ईश्वर करे, तुम इस परीक्षा में प्रथम आओ।

6. संदेहार्थक वाक्य–जिस वाक्य में संदेह की अभिव्यक्ति हो, उसे **संदेहार्थक वाक्य** कहते हैं।

जैसे– 1. संभव है नीलकांत वहाँ आ ही जाए। 2. लगता है, तुम बीमार हो।

7. संकेतार्थक वाक्य–जिस वाक्य से किन्हीं दो स्थितियों के जुड़े रहने का संकेत मिलता हो, उसे **संकेतार्थक वाक्य** कहते हैं।

जैसे– 1. यदि तुम वहाँ जाते तो निश्चय ही तुम्हारा बहुत आदर-सत्कार होता।
2. यदि मेहनत करोगे तो सफलता अवश्य मिलेगी।

8. विस्मयादिबोधक वाक्य–जिस वाक्य से विस्मय, शोक, हर्ष, क्रोध आदि भावों की अभिव्यक्ति हो, उसे **विस्मयादिबोधक वाक्य** कहते हैं। जैसे–

1. हाय! बेचारा संसार से चला गया। 2. वाह! कितनी मधुर आवाज़ है।

अब आप जान गए होंगे

- सार्थक पदों के ऐसे व्यवस्थित समूह को वाक्य कहते हैं जिससे वक्ता का आशय स्पष्ट होता है।
- वाक्य के दो अंग होते हैं–**उद्देश्य** और **विधेय**।
- रचना की दृष्टि से वाक्य के तीन भेद हैं–सरल, संयुक्त और मिश्र।
- अर्थ की दृष्टि से वाक्य आठ प्रकार के होते हैं–

1. विधानार्थक 2. आज्ञार्थक 3. निषेधार्थक 4. इच्छार्थक
5. प्रश्नार्थक 6. संकेतार्थक 7. संदेहार्थक 8. विस्मयादिबोधक

अपनी परीक्षा स्वयं लें

1. **वाक्य किसे कहते हैं? उदाहरण देते हुए समझाइए।**
2. **वाक्य के दो अंग कौन-कौन से हैं?**

3. रचना के अनुसार वाक्य के कितने भेद हैं? प्रत्येक को उदाहरण सहित समझाइए।

4. अर्थ के अनुसार वाक्य के कितने भेद हैं? प्रत्येक के लिए एक-एक उदाहरण दीजिए।

5. निम्नलिखित वाक्यों के सामने (✓) लगाकर बताइए कि रचना के अनुसार ये वाक्य किन-किन भेदों में आते हैं?

	सरल	संयुक्त	मिश्र
(क) मुझे अभी बाज़ार जाना है।			
(ख) मैंने उसे बताया कि विनम्रता बहुत बड़ा मानवीय गुण है।			
(ग) उसने देखा कि कबूतर आकाश में बहुत ऊँचाई पर पहुँच गया।			
(घ) जब रमेश यहाँ आया तब लगभग पाँच बजे थे।			
(ङ) मैं ठीक समय पर विद्यालय पहुँच गया था तथा प्रधानाचार्य महोदय कुछ पहले ही विद्यालय से कहीं चले गए थे।			

6. निम्नलिखित वाक्यों के सामने लिखिए कि अर्थ के अनुसार उन्हें किस भेद के अंतर्गत रखा जा सकता है?

(क) तुम उधर बैठो। ....

(ख) मुझे आपका व्यवहार बिलकुल पसंद नहीं है। ....

(ग) आप कह क्या रहे हैं? ....

(घ) आपने क्या कहा? ....

(ङ) शायद मैं वहाँ ठीक समय पर न पहुँच सकूँ। ....

7. निम्नलिखित वाक्यों के उपयुक्त भेद पर (✓) लगाइए–

(क) राम लक्ष्मण का बड़ा भाई है। विधानार्थक ☐ इच्छार्थक ☐ संकेतवाचक ☐ आज्ञार्थक ☐

(ख) राम लक्ष्मण का भाई नहीं है। विधानार्थक ☐ निषेधवाचक ☐ संकेतवाचक ☐ आज्ञार्थक ☐

(ग) क्या राम लक्ष्मण का भाई है? प्रश्नार्थक ☐ निषेधवाचक ☐ संदेहवाचक ☐ आज्ञार्थक ☐

(घ) शायद राम लक्ष्मण का भाई है। प्रश्नार्थक ☐ निषेधवाचक ☐ संदेहवाचक ☐ विस्मयादिवाचक ☐

(ङ) क्या! राम लक्ष्मण का भाई है। प्रश्नार्थक ☐ निषेधवाचक ☐ संदेहवाचक ☐ विस्मयादिवाचक ☐

(च) काश! राम लक्ष्मण का भाई होता।

संकेतवाचक ☐ इच्छार्थक ☐ संदेहवाचक ☐ आज्ञार्थक ☐

(छ) यदि राम लक्ष्मण का भाई होता तो मुझे पता होता।

संकेतवाचक ☐ इच्छार्थक ☐ संदेहवाचक ☐ आज्ञार्थक ☐

8. निम्नलिखित वाक्यों में से उद्देश्य और विधेय अलग-अलग कीजिए–

(क) पवनपुत्र हनुमान ने लंका नगरी में आग लगा दी।

उद्देश्य .... विधेय ....

(ख) हमेशा मुसकराने वाला मोहन इतना उदास कभी नहीं दिखा।

उद्देश्य .... विधेय ....

(ग) सफाई कर्मचारी सवेरे ही आकर सफाई कर गया था।

उद्देश्य .... विधेय ....

(घ) न जाने कब भारत-पाकिस्तान संघर्ष समाप्त होगा!

उद्देश्य .... विधेय ....

(ङ) ये चोर, डाकू और लुटेरे कभी शांति से नहीं जी पाते।

उद्देश्य .... विधेय ....

9. निम्नलिखित वाक्यों की सहायता से एक संयुक्त वाक्य और एक मिश्र वाक्य बनाइए–

(क) छात्रों ने मेहनत की। वे सफल हो गए।

संयुक्त ....

मिश्र ....

(ख) वह वर्षा में नहाया। वह बीमार हो गया।

संयुक्त ....

मिश्र ....

(ग) भारत शांति चाहता है। पड़ोसी देश उसे कमज़ोर समझते हैं।

संयुक्त ....

मिश्र ....

(घ) मैं गा-बजाकर सो गया।

संयुक्त ....

मिश्र ....

10. निम्नलिखित वाक्यों से एक मिश्र वाक्य बनाइए–

(क) वह घर गया और अपने काम में लग गया।

(ख) वह सड़क पार करते हुए बस से टकरा गया।

11. निम्नलिखित वाक्यों को कोष्ठक में दिए गए निर्देश के अनुसार बदलिए–

(क) मैं दिल्ली अवश्य जाऊँगा। (निषेधार्थक में)

(ख) तुम्हें रोज़ सैर पर जाना चाहिए। (आज्ञार्थक में)

(ग) तुम सफल होगे। (इच्छार्थक में)

(घ) वर्षा के रुकने पर तुम अवश्य आते। (संकेतवाचक में)

(ङ) इतने प्रश्न काफी हैं। (प्रश्नार्थक में)

रचनात्मक गतिविधियाँ (Formative Activities)

- पाठ्यपुस्तक के सभी गद्य-पाठ विद्यार्थियों में बाँटकर उन्हें सरल, संयुक्त तथा मिश्र वाक्य छाँटने के लिए कहिए।
- कक्षा के चार वर्ग बनाइए–पहला वर्ग दो ऐसे छोटे-छोटे सरल वाक्य बोलेगा, जो एक-दूसरे से संबंधित होंगे। दूसरा वर्ग उनसे एक सरल वाक्य बनाकर बोलेगा। तीसरा वर्ग उनसे संयुक्त वाक्य बनाएगा और चौथा वर्ग उनसे मिश्र वाक्य बनाएगा।
- कक्षा के दस वर्ग बनाइए। पहला वर्ग एक अधूरा सरल वाक्य बोले। दूसरा उससे एक विधानवाचक वाक्य बनाए। तीसरा निषेधार्थक, चौथा प्रश्नार्थक, पाँचवाँ आज्ञार्थक, छठा संदेहार्थक, सातवाँ इच्छार्थक, आठवाँ संकेतार्थक, नौवाँ विस्मयादिबोधक वाक्य बनाए। दसवाँ वर्ग किसी भी गलत वाक्य की गलती बताकर उसे ठीक करे।

बोलने तथा लिखने में अनेक अशुद्धियाँ देखने को मिलती हैं। हिंदी में पाई जाने वाली कुछ अशुद्धियाँ इस प्रकार हैं–

अशुद्ध	शुद्ध
लिंग संबंधी अशुद्धियाँ	
आज का खबर सुनाओ।	आज की खबर सुनाओ।
आज की समाचार क्या है?	आज का समाचार क्या है?
उसके माता विदुषी है।	उसकी माता विदुषी है।
वचन संबंधी अशुद्धियाँ	
उसका पिता आया है।	उसके पिता आए हैं।
उसका प्राण चला गया।	उसके प्राण चले गए।
कृपया अपना दर्शन दें।	कृपया अपने दर्शन दें।
वहाँ चार बच्चा है।	वहाँ चार बच्चे हैं।
कारक संबंधी अशुद्धियाँ	
मैंने लड़का से कहा।	मैंने लड़के से कहा।
यहाँ गन्ना की खेती होती है।	यहाँ गन्ने की खेती होती है।
हम आपसे कहे थे।	हमने आपसे कहा था।
सर्वनाम संबंधी अशुद्धियाँ	
आप अपुन को नहीं जानते।	आप मुझे नहीं जानते।
मैंने दिल्ली जाना है।	मुझे दिल्ली जाना है।
तुम तुम्हारे बारे में क्या सोचते हो?	तुम अपने बारे में क्या सोचते हो?
ये देखो।	यह देखो।

अशुद्ध	शुद्ध
विशेषण संबंधी अशुद्धियाँ	
ये सब बच्चे अच्छा हैं।	ये सब बच्चे अच्छे हैं।
ये बच्चियाँ अच्छियाँ हैं।	ये बच्चियाँ अच्छी हैं।
ये नारियाँ गुणवान हैं।	ये नारियाँ गुणवती हैं।
वहाँ अनेकों लोग थे।	वहाँ अनेक लोग थे।
क्रिया संबंधी अशुद्धियाँ	
आप यहाँ से जाओ।	आप यहाँ से जाइए।
क्या आप भोजन खाएँगे?	क्या आप भोजन करेंगे?
इस कहानी को ध्यान से पढ़ी जाए।	इस कहानी को ध्यान से पढ़ा जाए।
एक-एक व्यक्ति मारे गए।	एक-एक व्यक्ति मारा गया।
उपसर्ग और प्रत्यय की अशुद्धियाँ	
वह बेफजूल की बातें करता है।	वह फजूल की बातें करता है।
मैं उसकी सौंदर्यता पर मुग्ध हूँ।	मैं उसके सौंदर्य पर मुग्ध हूँ।
यह आपकी सौजन्यता है।	यह आपका सौजन्य है।
उसका व्यवहार गरिमामयी है।	उसका व्यवहार गरिमामय है।
पुनरुक्ति की अशुद्धियाँ	
मेरे पास केवल मात्र दस रुपए हैं।	मेरे पास केवल दस रुपये हैं।
वह विलाप करके रोने लगा।	वह विलाप करने लगा।
तुम सबसे सुंदरतम हो।	तुम सबसे सुंदर हो।
पद क्रम की अशुद्धियाँ	
पक्का हड्डियों का इलाज।	हड्डियों का पक्का इलाज।
मैंने गर्म गाय का दूध पिया।	मैंने गाय का गर्म दूध पिया।
खरगोश को काटकर गाजर खिलाओ।	गाजर काटकर खरगोश को खिलाओ।
यह असली गाय का दूध है।	यह गाय का असली दूध है।

अपनी परीक्षा स्वयं लें

1. निम्नलिखित वाक्यों को शुद्ध करके लिखिए–

(क) मैंने आज वहाँ जाना है।

(ख) कल तुमने घर में क्या करा था?

(ग) कृपया, मेरे घर आने की कृपा करें।

(घ) मैंने आज खाना नहीं खाना है।

(ङ) तेरे को पिताजी ने बुलाया है।

(च) जहाँ तुम जाओगे, मैं जाऊँगा।

(छ) मैं मेरी कमज़ोरी जानता हूँ।

(ज) मैं अपना चार साल नहीं खो सकता।

(झ) आप इस कंपनी का मैनेजर हो।

2. निम्नलिखित वाक्यों में से शुद्ध वाक्य पर (✓) लगाइए–

1. (क) गाँधी जी सच बोलता था। (ख) गाँधी सच बोलता था।
   (ग) गाँधी जी सच बोलते थे। (घ) गाँधी जी बोलते थे सच।

2. (क) संभवत: वह अवश्य आएगा। (ख) वह अवश्य संभवत: आएगा।
   (ग) संभवत: वह आएगा अवश्य। (घ) संभवत: वह आएगा।

3. (क) इसका नाम मेरे को नहीं मालूम (ख) मेरे को इसका नाम नहीं मालूम।
   (ग) मुझे इसका नाम नहीं मालूम। (घ) मुझे इसका नाम मालूम नहीं।

4. (क) गीता की महत्वता समझो। (ख) गीता की महत्त्व समझो।
   (ग) गीता का महत्ता समझो। (घ) गीता का महत्त्व समझो।

5. (क) ज़रा आम खाकर देखो। (ख) ज़रा आम खाके देखो।
   (ग) ज़रा आम को खाके देखो। (घ) ज़रा आम को खाकर के देखो।

रचनात्मक गतिविधियाँ (Formative Activities)

❖ पाठ्यपुस्तक में आई किसी कहानी में से ऐसे संवाद खोजिए जिनकी वाक्य-रचना में कोई दोष हो। उन्हें ठीक करके लिखिए।

एक वाक्य देखिए–

उसे रोको मत जाने दो

इसमें यदि 'मत' के बाद अल्पविराम (,) लगा दें तो अर्थ निकलता है–**जाने दो**। यदि 'रोको' के बाद अल्पविराम लगाएँ तो अर्थ निकलता है–**मत जाने दो**।

स्पष्ट है कि विराम चिह्न के बिना अर्थ में गड़बड़ी हो सकती है।

अपनी बात कहने अथवा लिखने के लिए वक्ता या लेखक को बीच-बीच में रुकना पड़ता है। लिखते समय रुकने का काम भिन्न-भिन्न प्रकार के लिपि चिह्न करते हैं। इन्हें **विराम चिह्न** कहा जाता है।

हिंदी के विराम चिह्न

पूर्णविराम	(Full stop)	(।)	प्रश्नवाचक चिह्न	(Sign of Interrogation)	(?)
अल्पविराम	(Comma)	(,)	योजक चिह्न	(Hyphen)	(-)
विस्मयादिबोधक चिह्न	(Sign of Exclamation)	(!)	उद्धरण चिह्न	(Inverted Comma)	" "
निर्देशक चिह्न	(Dash)	(–)	विशिष्टताबोधक चिह्न	(Single Inverted Comma)	' '
विवरण चिह्न	(Sign of Following)	(:-)	कोष्ठक	(Brackets)	( )
हंसपद चिह्न	(Sign of left word)	(‸)	लाघव चिह्न	(Sign of abbreviation)	॰
अर्ध विराम	(Semi Colon)	(;)	विस्तार चिह्न	Sign of Expansion	.....

1. पूर्णविराम (।)–वाक्य के पूरा होने पर पूर्णविराम लगाया जाता है। जैसे–

सूरज पूर्व दिशा से निकलता है। यह जान लो कि सत्य की विजय होती है।

2. अल्पविराम (,)–जब एक शब्द को दूसरे से अथवा एक उपवाक्य को दूसरे उपवाक्य से अलग करके दिखाना होता है तो अल्पविराम का प्रयोग किया जाता है। जैसे–

गीता सुंदर, सुशील और गुणवती कन्या है। जब मैं विद्यालय पहुँचा, छुट्टी हो चुकी थी।

3. विस्मयादिबोधक चिह्न (!)–हैरानी, शोक, हर्ष, घृणा या संबोधन की जगह विस्मयादिबोधक चिह्न का प्रयोग किया जाता है। जैसे–

आह! मर गया।

वाह! क्या छक्का मारा है।

मोहन! तुम इधर आओ।

4. निर्देशक (–)–आगे आने वाले शब्द या कथन की ओर संकेत करने के लिए निर्देशक चिह्न का प्रयोग किया जाता है। जैसे–

बुद्ध ने कहा–अपने दीपक स्वयं बनो।

5. उपविराम (objective)/विवरण चिह्न (:)–यह चिह्न आगे आने वाले विवरण की ओर संकेत करता है। इसे विवरण चिह्न भी कहते हैं। जैसे–

तुलसीदास : जीवन परिचय

स्त्री-स्वतंत्रता : एक चर्चा

6. हंसपद चिह्न (⻌)–किसी लिखित सामग्री में कोई अंश छूट जाए तो यह चिह्न (⻌) लगाकर उस छूटे हुए अंश को पंक्ति से ऊपर लिख दिया जाता है।

उदाहरणतया– 1. गाँधी जी ⻌ नेता थे। (ऊपर: महान) 2. अन्ना जुझारू ⻌ हैं। (ऊपर: नेता)

7. अर्धविराम (;)–पूर्णविराम से कुछ कम समय रुकना हो तो अर्धविराम लगाया जाता है। जैसे–

मैं दिल्ली भी जाऊँ; लौटकर खाना भी बनाऊँ; यह मुझसे नहीं होगा।

वह तुम्हारा प्रशंसक है; तुम उसे मूर्ख मानते हो।

8. प्रश्नवाचक चिह्न (?)–जब किसी प्रश्न का उत्तर चाहिए हो, वहाँ प्रश्नवाचक चिह्न लगता है। जैसे–

तुम्हें कहाँ जाना है? भारत की जनसंख्या कितनी है?

9. योजक चिह्न (-)–दो शब्दों को जोड़ने वाला चिह्न योजक कहलाता है। इसके प्रयोग के कुछ उदाहरण देखिए–

मैं दिन-रात अपने माता-पिता की सेवा करता रहूँगा।

10. उद्धरण चिह्न (" ")–जहाँ किसी के कथन को ज्यों-का-त्यों रखना हो, वहाँ कथन से पहले " तथा कथन के बाद " लगाना होता है। जैसे–

गाँधी जी ने कहा था–"अहिंसा परम धर्म है।"

11. विशिष्टताबोधक चिह्न (' ')–जहाँ किसी शब्द, व्यक्ति या कथन को विशेष महत्त्व देना हो, वहाँ विशिष्टताबोधक चिह्न का प्रयोग किया जाता है। जैसे–

गाँधी जी ने 'अहिंसा-धर्म' को परम धर्म माना।

12. कोष्ठक [( )]–किसी शब्द के साथ जुड़े अर्थ या संबंध को स्पष्ट करने के लिए कोष्ठक का प्रयोग किया जाता है। जैसे–

मैंने उनसे (पिताजी से) आदरपूर्वक कहा।

13. लाघव चिह्न (०)–किसी शब्द को लघु रूप देने के लिए लाघव चिह्न (०) का प्रयोग किया जाता है। जैसे–

डॉ० (डॉक्टर) सुमनलता

कृ०पृ०उ० (कृपया पृष्ठ उलटिए)

14. विस्तार चिह्न (......)–किसी कथन के आगे कुछ और विस्तार भी था परन्तु यहाँ उसकी आवश्यकता नहीं है; यह बताने के लिए विस्तार चिह्न (......) का प्रयोग किया जाता है। जैसे–

सुभाष गरजे–तुम मुझे खून दो, मैं तुम्हें ....।

अब आप जान गए होंगे

- अपने कथन को स्पष्ट लिखने के लिए बीच-बीच में जो ठहराव आते हैं, उनके लिपि चिह्नों को **विराम चिह्न** कहते हैं।

अपनी परीक्षा स्वयं लें

1. विराम चिह्न से क्या तात्पर्य है? इन चिह्नों का प्रयोग क्यों किया जाता है?

2. योजक चिह्न और निर्देशक चिह्न में क्या अंतर है?

3. नीचे दिए गए विराम चिह्नों के सामने उनके उपयुक्त नाम पर (✓) लगाइए–

क्रमांक	विराम चिह्न	नाम			
(क)	?	पूर्णविराम	विस्मयादिबोधक	अल्पविराम	प्रश्नवाचक
(ख)	–	योजक	निर्देशक	विवरण	लाघव
(ग)	“ ”	कोष्ठक	अवतरण	विवरण	विशिष्टताबोधक
(घ)	!	पूर्णविराम	प्रश्नवाचक	उपविराम	विस्मयादिबोधक
(ङ)	,	पूर्णविराम	अल्पविराम	उपविराम	अर्धविराम
(च)	-	योजक	निर्देशक	विवरण	लाघव

4. निम्नलिखित वाक्यों में रिक्त स्थानों पर उपयुक्त विराम चिह्नों का प्रयोग कीजिए–

(क) मैंने उसे पुकारकर कहा .... आप कहाँ जा रहे हैं?   -   ,   –   :

(ख) वह रुका .... कुछ ठहरकर उसने मेरी ओर देखा और चल दिया।   –   ।   ;   ,

(ग) हाय .... तुमने बड़ी देर कर दी। | । | , | ; | ! |

(घ) निम्नलिखित को ध्यान से पढ़िए .... | ; | । | : | – |

(ङ) समास के चार भेद हैं .... | । | ; | – | ! |

रचनात्मक गतिविधियाँ (Formative Activities)

❖ ऐसे चार वाक्य लिखिए जिनमें विराम चिह्न सही न लगने पर अर्थ में अंतर आ सकता हो।

निम्न कहानी में उपयुक्त विराम चिह्न लगाइए।

बीरबल की पेंटिंग

एक बार अकबर ने बीरबल से कहा, 'बीरबल मुझे एक पेंटिंग बनाकर दो। उसमें अपनी सोच लगाना।' अकबर की बात सुनकर बीरबल ने जवाब दिया 'हुज़ूर, मैं एक मंत्री हूँ। मैं कैसे एक पेंटिंग बना सकता हूँ राजा को गुस्सा आ गया और कहा, 'अगर तुमने मुझे एक हफ्ते के अंदर एक अच्छी सी पेंटिंग बनाकर नहीं दी तो मैं तुम्हें उल्टा लटका दूँगा' चालाक बीरबल को एक आइडिया आया।

एक हफ्ते बाद वह महल में गया उसने अपने हाथ में एक ढका हुआ फ्रेम पकड़ा हुआ था अकबर को यह देखकर बड़ी खुशी हुई कि बीरबल ने उसका कहना माना। लेकिन राजा तब तक ही खुश था जब तक पेंटिंग खुली नहीं थी। महल के बाकी मंत्री भागते हुए आए कि कुछ गलत हुआ है। उन्होंने वहाँ पर जो देखा उससे उन्हें बहुत खुशी हुई आखिरकार उन्हें बीरबल को अब महल में नहीं देखना पड़ेगा। उस पेंटिंग में सिर्फ एक मैदान और आसमान था। उस मैदान में थोड़ी-सी हरी घास बनी हुई थी

राजा ने गुस्से में बीरबल से कहा, यह क्या है जिसका जवाब बीरबल ने दिया हुजूर एक गाय घास को खा रही है।'

अकबर ने कहा, घास और गाय कहाँ है बीरबल ने बताया 'मैंने अपनी सोच को लगाया है। गाय ने घास खाई और वापिस अपने अस्तबल में चली गई।' अकबर ठहाका लगाकर हँस पड़े और मंत्रियों के मुँह लटक गए।

दिल्ली की ऐतिहासिक विरासतें

कुतुब मीनार एक ऐतिहासिक स्मारक है। दिल्ली के प्रथम मुस्लिम शासक कुतुबुद्दीन ऐबक ने कुतुब मीनार का निर्माण 1193 में शुरू करवाया, परंतु वह केवल इसका आधार ही बनवा पाया था। उसके उत्तराधिकारी इल्तुतमिश ने इसमें तीन मंजिलों को बढ़ाया और 1368 में फिरोजशाह तुगलक ने पांचवीं और अंतिम मंजिल बनवाई। मीनार को लाल बलुआ पत्थर से बनाया गया है, जिस पर कुरान की आयतों एवं फूल व बेलों की महीन नक्काशी की गई है। कुतुब मीनार पुरातन दिल्ली शहर, ढिल्लिका के प्राचीन किले लालकोट के अवशेषों पर बनी है।

दूसरा स्मारक कुतुब मीनार के साथ लौह स्तंभ है। यह विशाल स्तंभ अपने-आप में प्राचीन भारतीय धातुकर्म की मिसाल है। इसका निर्माण कथित रूप से राजा चंद्रगुप्त विक्रमादित्य (375-413) ने कराया था। वैसे कुछ विशेषज्ञों का मानना है कि इसका निर्माण संभवत: 912 ई.पू. में किया गया था। स्तंभ की ऊँचाई लगभग सात मीटर है और यह पहले हिंदू व जैन मंदिर का एक हिस्सा था। लोह स्तंभ में लोहे की मात्रा करीब 98 प्रतिशत है और अभी तक इस पर जंग नहीं लगा है।

यह खुले आसमान के नीचे सदियों से सभी मौसमों में अविचल खड़ा है। स्तंभ पर संस्कृत में जो खुदा हुआ है, उसके अनुसार, इसे ध्वज स्तंभ के रूप में खड़ा किया गया था। इस पर गरुड़ स्थापित करने हेतु इसे बनाया गया होगा। अत: इसे गरुड़ स्तंभ भी कहते हैं। 1050 में यह स्तंभ दिल्ली के संस्थापक अनंगपाल द्वारा लाया गया था।

1961 में इसके रासायनिक परीक्षण से पता लगा कि यह स्तंभ आश्चर्यजनक रूप से शुद्ध इस्पात का बना है तथा आज के इस्पात की तुलना में इसमें कार्बन की मात्रा काफी कम है।

उपर्युक्त गद्यांश से छाँटकर लिखिए–

उर्दू के शब्द– 1. .... 2. .... 3. .... 4. ....
5. .... 6. ....

संस्कृत या संस्कृत से आए शब्द– 1. .... 2. .... 3. .... 4. ....
5. .... 6. ....

अंग्रेज़ी के शब्द– 1. .... 2. ....

हम अपने कथन को प्रभावशाली बनाना चाहते हैं। इसके लिए हम मुहावरों और लोकोक्तियों का प्रयोग करते हैं।

मुहावरा किसे कहते हैं?

जिस वाक्यांश का प्रयोग किसी सांकेतिक अर्थ के लिए किया जाता है, उसे मुहावरा कहते हैं। **उदाहरणतया–**

भीम की आँखें अंगारे उगलने लगीं।

यहाँ 'अंगारे उगलना' का सांकेतिक अर्थ है–क्रोध प्रकट करना। अतः यह एक मुहावरा है।

लोकोक्ति क्या है?

लोक + उक्ति = लोकोक्ति। लोकोक्ति का आशय है–लोगों द्वारा कहा गया कथन। जब लोग अपने अनुभव को किसी चुटीली और आकर्षक उक्ति से प्रकट करते हैं तो उसे लोकोक्ति कहते हैं।

उदाहरणतया–

थोथा चना बाजे घना।

लोगों ने अनुभव से जाना कि घुन खाया हुआ चना अधिक आवाज़ करता है। यही बात अज्ञानी लोगों पर भी लागू होती है। वे समझते कम हैं, बोलते अधिक हैं। अतः यह लोकोक्ति बन गई–थोथा चना बाजे घना।

नीचे कुछ मुहावरों और लोकोक्तियों के अर्थ तथा प्रयोग दिए जा रहे हैं।

कुछ महत्त्वपूर्ण मुहावरे

1. **आँखें भर आना–**दया आना।
2. **आपे से बाहर होना–**बहुत क्रोध आना।
3. **कुत्ते की मौत मरना–**बहुत बुरी मौत मरना।
4. **कोल्हू का बैल–**बहुत अधिक मेहनती।
5. **गुड़ गोबर करना–**बात बिगाड़ना।
6. **गागर में सागर–**थोड़े में बहुत अधिक कहना।
7. **चिकना घड़ा होना–**बेअसर होना।
8. **तिल का ताड़ बनाना–**बात को बहुत अधिक बढ़ा-चढ़ाकर कहना।
9. **पहाड़ टूट पड़ना–**बड़ी मुसीबत आ पड़ना।

10. फूट-फूटकर रोना–बहुत ज़ोर से रोना।

11. मुँह-तोड़ ज़वाब देना–करारा उत्तर देना।

12. हवाई किले बनाना–ऊँची-ऊँची कल्पनाएँ करना।

मुहावरों के अर्थ और उनके प्रयोग

1. अंग अंग मुसकराना– *बहुत खुश होना।*

प्रथम आने का समाचार सुनकर मेरा **अंग-अंग मुसकरा** उठा।

2. अंधों में काना राजा– *मूर्खों में थोड़ा समझदार।*

इस निरक्षर गाँव में यह आठवीं फेल चपरासी ही **अंधों में काना राजा** है।

3. अक्ल पर पत्थर पड़ना– *दिमाग काम न करना।*

जब मुसीबत सिर पर पड़ती है तो बड़ों-बड़ों की **अक्ल पर पत्थर पड़ जाते हैं।**

4. अपना उल्लू सीधा करना– *स्वार्थ सिद्ध करना।*

कपटी लोग किसी की परवाह नहीं करते। वे केवल अपना **उल्लू सीधा करते हैं।**

5. अपनी खिचड़ी अलग पकाना– *अलग-थलग रहना।*

खुश रहना है तो मिलकर चलो। **अपनी खिचड़ी अलग मत पकाओ।**

6. अपने पाँव पर कुल्हाड़ी मारना– *अपनी हानि स्वयं करना।*

अपने बेटे को चोरी करना सिखाकर तुम **अपने पाँव पर कुल्हाड़ी मार रहे हो।**

7. अपने मुँह मियाँ मिट्ठू बनना– *अपनी प्रशंसा खुद करना।*

मज़ा तो तब है जब लोग तुम्हारी प्रशंसा करें। अपने **मुँह मियाँ मिट्ठू बनने से** क्या लाभ?

8. आँखें चुराना– *बचना।*

लोग उधार लेने के बाद **आँखें चुराने** लगते हैं।

9. आँखों का तारा– *बहुत प्यारा।*

कन्हैया पूरे ब्रजवासियों की **आँखों का तारा** था।

10. आँखों में खटकना– *बुरा लगना।*

कंस अपनी काली करतूतों के कारण सभी की **आँखों में खटकता** था।

11. आँखों में खून उतरना– *बहुत अधिक क्रोध में आना।*

बहन का अपमान देखकर भाई की **आँखों में खून उतर आया।**

12. **आँखों में धूल झोंकना–** *धोखा देना।*

ये लुभावने विज्ञापन हमारी **आँखों में धूल झोंकने** के सिवा कुछ नहीं करते।

13. **आग बबूला होना–** *बहुत क्रोधित होना।*

मुझे जुआ खेलते देख पिताजी **आग बबूला** हो उठे।

14. **ईंट का जवाब पत्थर से देना–** *संघर्ष में हावी होना।*

जब तक भारत, पाकिस्तान को **ईंट का जवाब पत्थर से नहीं देगा,** वह आँखें दिखाता रहेगा।

15. **ईद का चाँद होना–** *बहुत दिनों बाद दिखाई देना।*

तुम्हारी नौकरी क्या लगी यार! तुम तो **ईद का चाँद हो** गए हो।

16. **उल्लू बनाना–** *धोखा देना।*

क्रीम-पाउडर के अधिकतर विज्ञापन हमें **उल्लू बनाते हैं।**

17. **ऊँट के मुँह में जीरा–** *आवश्यकता से बहुत कम।*

पहलवान के सामने दो केले रखना **ऊँट के मुँह में जीरा** देना है।

18. **एड़ी-चोटी का ज़ोर लगाना–** *पूरा ज़ोर लगाना।*

भारत के खिलाड़ियों ने विश्वकप जीतने के लिए **एड़ी-चोटी का ज़ोर लगा दिया।**

19. **कलेजे पर साँप लोटना–** *ईर्ष्या के कारण दुखी होना।*

अनीता की नौकरी लगने का समाचार सुनकर सोनू के **कलेजे पर साँप लोटने लगे।**

20. **गड़े मुर्दे उखाड़ना–** *व्यर्थ में बीती बातें याद करना।*

आगे की सोचो। **गड़े मुर्दे उखाड़ने** से कुछ हाथ नहीं आएगा।

21. **घुटने टेकना–** *हार मानना।*

पाकिस्तान को हर युद्ध में **घुटने टेकने** पड़े हैं।

22. **घोड़े बेचकर सोना–** *बिना चिंता के आराम से रहना।*

परीक्षा के बाद सभी छात्र **घोड़े बेचकर सोए पड़े** हैं।

23. **चारा न होना–** *कोई रास्ता न होना।*

मेरे पास तुम्हें स्कूल से निकाल देने के सिवा कोई **चारा नहीं रहा।**

24. **जले पर नमक छिड़कना–** *दुखी को और दुखी करना।*

मैं पहले ही दुखी हूँ। मुझे बार-बार उस दुर्घटना की याद दिलाकर **जले पर नमक न छिड़को।**

25. **डींग मारना–** *अपनी बड़ाई की बातें करना।*

सच्चे बहादुर बहादुरी का काम करते हैं, **डींगें नहीं मारते।**

26. दिल भर आना– *दिल पसीज जाना।*

उस बेसहारा लड़की की दुखभरी कहानी सुनकर मेरा **दिल भर आता है।**

27. दोनों हाथों में लड्डू होना– *हर तरह से लाभ।*

मैं इंजीनियरिंग भी कर सकता हूँ और डॉक्टरी भी। मेरे तो **दोनों हाथों में लड्डू हैं।**

28. धाक जमना– *प्रभाव होना।*

धोनी ने विश्व-क्रिकेट में अपनी **धाक जमा ली है।**

29. नज़र रखना– *निगरानी रखना।*

हमें छोटे-से-छोटे शत्रु पर **नज़र रखनी चाहिए।**

30. नाक में दम करना– *बहुत तंग करना।*

जब से पाकिस्तान बना है, उसने भारत की **नाक में दम कर रखा है।**

31. नींद हराम होना– *चैन न आना।*

बम की अफवाह सुनकर पुलिस की **नींद हराम हो गई।**

32. पाँव उखड़ना– *हार जाना।*

भारतीय वायुसेना ने ऐसा जबरदस्त आक्रमण किया कि शत्रु के **पाँव उखड़ गए।**

33. पेट में दाढ़ी होना– *बचपन से चालाक होना।*

इसकी छोटी आयु पर न जाना। इसके तो **पेट में दाढ़ी है।**

34. प्राण पँखेरू उड़ना– *मर जाना।*

संघर्ष करते-करते कितने ही योद्धाओं के **प्राण पँखेरू उड़ गए।**

35. फूला न समाना– *बहुत खुश होना।*

शादी तय होने की बात सुनकर नेहा **फूली नहीं समा रही।**

36. बल्लियों उछलना– *बहुत प्रसन्न होना।*

क्रिकेट में विश्व-चैंपियन बनते ही भारतवासी **बल्लियों उछलने लगे।**

37. बाज़ी मारना– *जीतना।*

पूरे स्कूल में प्रथम आकर तुमने सचमुच **बाज़ी मार ली है।**

38. बाल बाँका न होना– *कुछ न बिगड़ना।*

भगवान की कृपा हो तो भक्त का **बाल भी बाँका नहीं हो सकता।**

39. मुँह उतरना– *निराशा महसूस करना।*

कर की चोरी पकड़ी जाने पर लाला जी का **मुँह उतर गया।**

40. **मुँह में पानी आना**– *ललचा जाना।*

पकौड़े का नाम सुनते ही मेरे मुँह में **पानी आ जाता है।**

41. **लोहा मानना**– *प्रभाव स्वीकार करना।*

संसार-भर के क्रिकेटर सचिन तेंदुलकर का **लोहा मानते हैं।**

42. **वीरगति पाना**– *युद्ध में मारे जाना।*

रानी लक्ष्मीबाई ने अंग्रेज़ों से लड़ते-लड़ते **वीरगति पाई।**

43. **हवा से बातें करना**– *बहुत तेज़ गति से चलना।*

राणा प्रताप का घोड़ा चेतक **हवा से बातें करता था।**

44. **हाथ को हाथ न सूझना**– *घुप्प अँधेरा होना।*

रात बहुत घनी थी। **हाथ को हाथ नहीं सूझता था।**

45. **हाथ धो बैठना**– *खो देना।*

यह नौकरी स्वीकार कर लो। वरना इससे भी **हाथ धो बैठोगे।**

46. **हाथ-पैर फूलना**– *घबरा जाना।*

शेर को सामने देखकर सभी के **हाथ-पैर फूल जाते हैं।**

47. **हाथ लगना**– *मिलना।*

बड़ी मुश्किल से यह नौकरी मेरे **हाथ लगी है।**

48. **हाथ साफ़ करना**– *चुरा लेना।*

ज़रा-सी सावधानी हटे तो जेबकतरे जेब पर **हाथ साफ़ कर देते हैं।**

49. **हाथों-हाथ लेना**– *उत्साह से स्वीकार करना।*

पुस्तक छपते ही लोगों ने उसे **हाथों-हाथ ले लिया।**

लोकोक्तियों के अर्थ तथा उनके प्रयोग

1. **अकेला चना भाड़ नहीं फोड़ सकता**– *अकेला मनुष्य महान कार्य नहीं कर सकता।*

समाज को बदलने के लिए सभी को मिलकर काम करना होगा। **अकेला चना भाड़ नहीं फोड़ सकता।**

2. **अधजल गगरी छलकत जाय**– *ओछा व्यक्ति दिखावा बहुत करता है।*

उसे चपरासी की नौकरी क्या मिली। हमेशा अफसर, डी.सी., कमिश्नर के नाम उसकी ज़बान पर रहते हैं। सच कहते हैं–**अधजल गगरी छलकत जाय।**

3. **अब पछताय होत क्या जब चिड़ियाँ चुग गईं खेत**– *समय बीतने पर सँभलने से कोई लाभ नहीं होता।*

तुमने पहले अपने उड़ते बालों की ओर ध्यान नहीं दिया। अब बाल उगाने के उपाय कर रहे हो। **अब पछताय होत क्या जब चिड़ियाँ चुग गईं खेत।**

4. **आगे कुआँ पीछे खाई**– *दोनों ओर मुसीबत।*

मैं आर्मी अफसर बनूँ तो घर के सुख छोड़ने पड़ेंगे। अफसरी छोड़ूँ तो पिछड़ जाऊँगा। यह तो वही बात है–**आगे कुआँ पीछे खाई।**

5. **ऊँची दुकान फीका पकवान**– *दिखावा अधिक, सच्चाई कम।*

बड़े नाम के कारण मैं उसे बहुत बड़ा विद्वान मानता था परंतु उससे तो हमारे गाँव के मास्टरजी अच्छे। सच है, **ऊँची दुकान फीका पकवान।**

6. **एक करेला दूजे नीम चढ़ा**– *दो कमियों के कारण दोष बढ़ जाना।*

एक तो वह भैंगा है; साथ में अनपढ़ भी है। उससे कौन ब्याह करेगा? **एक करेला दूजे नीम चढ़ा।**

7. **एक अनार सौ बीमार**– *एक वस्तु के अधिक ग्राहक।*

एक नौकरी के लिए सैकड़ों आवेदन आ रहे हैं। इसे कहते हैं–**एक अनार सौ बीमार।**

8. **एक पंथ दो काज**– *एक साथ दो काम निपटाना।*

मैं दिल्ली जाकर बेटी को भी छोड़ आऊँगा और कार भी ठीक करा लाऊँगा। इसे कहते हैं–**एक पंथ दो काज।**

9. **काला अक्षर भैंस बराबर**– *बिल्कुल अनपढ़।*

तुम इस गँवार को रामायण-महाभारत देकर क्या करोगे? इसके लिए तो **काला अक्षर भैंस बराबर है।**

10. **का वर्षा जब कृषि सुखाने**– *काम बिगड़ने पर सहायता का कोई लाभ नहीं होता।*

रोगी ने आखिरी साँस ली तो डॉक्टर पहुँचा। परंतु अब क्या करते! **का वर्षा जब कृषि सुखाने।**

11. **खोदा पहाड़ निकली चुहिया**– *भरपूर प्रयत्न करने पर भी कुछ विशेष न मिलना।*

एम.ए., पी-एच.डी. करके भी तीन हज़ार रुपये की नौकरी करनी पड़ रही है। **खोदा पहाड़ निकली चुहिया।**

12. **जिसकी लाठी उसकी भैंस**– *शक्तिशाली ही राज करते हैं।*

अगर चुनाव जीतना है तो इस गुंडे को पटखनी देकर अपना सिक्का जमा दो। तुम जानते ही हो कि **जिसकी लाठी उसकी भैंस।**

13. **जो गरजते हैं वे बरसते नहीं**– *बातें बनाने वाले कुछ किया नहीं करते।*

उसकी बड़ी-बड़ी बातें सुनकर ही मैं समझ गया था कि वह कुछ भी नहीं करेगा क्योंकि **जो गरजते हैं वे बरसते नहीं।**

14. **डूबते को तिनके का सहारा–** *मुसीबत में थोड़ी-सी सहायता भी काम आती है।*

मुझ बेरोजगार के लिए यह एक हज़ार रुपये की नौकरी भी जीने का आधार है। कहते हैं न–**डूबते को तिनके का सहारा**।

15. **थोथा चना बाजे घना–** *अयोग्य व्यक्ति बहुत डींगें हाँकता है।*

उसकी बड़ी-बड़ी बातों को सुनकर लगता है जैसे उसके पास कुछ नहीं है क्योंकि **थोथा चना बाजे घना**।

अब आप जान गए होंगे

- मुहावरे सांकेतिक अर्थ व्यक्त करते हैं। ये वाक्य का अंग होते हैं।
- लोकोक्ति में लोगों का अनुभव होता है। यह अपने-आप में पूरा वाक्य होती है।
- मुहावरे और लोकोक्तियाँ हमारे कथन को प्रभावशाली बनाते हैं।

अपनी परीक्षा स्वयं लें

1. नीचे बाईं ओर कुछ मुहावरे हैं। दाईं ओर उनके अर्थ हैं जिनका क्रम ठीक नहीं है। मुहावरे और उसके उपयुक्त अर्थ का मिलान कीजिए–

आँख चुराना	सख्ती से पेश आना
आड़े हाथों लेना	बहुत तेज़ चलना
जले पर नमक छिड़कना	बचना
हवा से बातें करना	दुखी को और सताना

2. रिक्त स्थानों की पूर्ति नीचे दिए गए उपयुक्त मुहावरों में से कीजिए–

(i) *गर्म-गर्म समोसे बनते देखकर मेरे ....*

(क) मुँह में जल आ गया। (ख) मुख में पानी-पानी हो गया।

(ग) मुँह में पानी आ गया। (घ) मुँह में मज़ा आ गया।

(ii) *परीक्षा होने के बाद सभी विद्यार्थी* ....

(क) चादर ओढ़कर सोते हैं। (ख) घोड़े बेचकर सोते हैं।

(ग) चादर के बाहर पाँव पसारते हैं। (घ) बल्लियों उछलते हैं।

(iii) *यह मक्कार है। यह तुझे बातों ही बातों में* ....

(क) गधा बना देगा। (ख) कठपुतली बना देगा।

(ग) उल्लू बना देगा। (घ) रगड़ देगा।

3. नीचे दिए गए अर्थ को प्रकट करने के लिए कौन-सा मुहावरा उपयुक्त है? उस पर (✓) लगाइए–

(i) *अपमानित करना*

(क) नीचा दिखाना ☐ (ख) घुटने टेकना ☐

(ग) चेहरा उतरना ☐ (घ) मुँह लाल करना। ☐

(ii) *बहुत ज़ोर लगाना*

(क) आसमान सिर पर उठाना ☐ (ख) कोहराम मचाना ☐

(ग) चोटी खड़ी करना ☐ (घ) एड़ी-चोटी का ज़ोर लगाना। ☐

(iii) *खो देना*

(क) हाथ कटना ☐ (ख) हाथ लगना ☐

(ग) हाथ धो बैठना ☐ (घ) हाथ साफ़ करना। ☐

(iv) *बुरी तरह हारना*

(क) मुँह उतरना ☐ (ख) मुँह की खाना ☐

(ग) मुँह में खून लगना ☐ (घ) मुँह-तोड़ जवाब देना। ☐

4. निम्नलिखित मुहावरों के उपयुक्त अर्थ खोजिए–

(i) *गड़े मुर्दे उखाड़ना*

(क) श्मशान उजाड़ना (ख) जाँच-परख करना

(ग) फिर से जाँच करना (घ) पुरानी बातों को कुरेदना।

(ii) *आपे से बाहर होना*

(क) ज़रूरत से अधिक चाहना (ख) संयम न रखना

(ग) क्रोध प्रकट करना (घ) घर से बाहर चले जाना।

(iii) *कोल्हू का बैल*

(क) बहुत पढ़ाकू (ख) बहुत परिश्रमी

(ग) बहुत मूर्ख (घ) बेचारा आदमी।

(iv) *चारा न होना*

(क) हरियाली नष्ट होना (ख) साधन कम होना

(ग) खाने को कुछ न होना (घ) और कोई उपाय न होना।

(v) *आँखों में धूल झोंकना*

(क) झूठ बोलना (ख) परेशान करना

(ग) धोखा देना (घ) निंदा करना।

5. निम्नलिखित वाक्यों में रंगीन अंश की जगह उपयुक्त मुहावरा लिखिए–

(क) अपने भाई का अपमान देखकर मैं **क्रोध से भड़क उठा**।

(ख) अपने बच्चे को झूठ बोलना सिखाकर तुम **अपनी ही हानि कर रहे हो**।

6. निम्नलिखित वाक्यों की पूर्ति उपयुक्त लोकोक्ति से कीजिए–

(क) इतना बड़ा कारखाना लगाया किंतु आमदनी हुई दो हज़ार रुपये महीना। खोदा ....

(ख) वह बातें ही करता है, करता कुछ नहीं। सच है जो गरजते ....

(ग) एक नौकरी निकलती है तो लाखों बेरोजगार दौड़े आते हैं। एक अनार ....

7. निम्नलिखित लोकोक्तियों का सर्वाधिक उपयुक्त अर्थ छाँटिए–

(i) *नाच न जाने आँगन टेढ़ा*

(क) आँगन टेढ़ा होने पर नाचा नहीं जाता (ख) नाच न जानने वाला आँगन भी टेढ़ा कर देता है

(ग) अयोग्य व्यक्ति दूसरों को दोष देता है (घ) आँगन सीधा रखना है तो नाचो मत।

(ii) *अधजल गगरी छलकत जाय*

(क) थोड़े में बहुत कहना (ख) उदार होकर बाँटना

(ग) छलकने से जल कम होना (घ) ओछा आदमी दिखावा बहुत करता है।

8. निम्नलिखित अर्थ के लिए उपयुक्त लोकोक्ति चुनिए–

(i) वस्तु कम, चाहने वाले अधिक

(क) एक परवाना जग दीवाना

(ख) एक बीमार सौ अनार

(ग) एक अनार सौ बीमार

(घ) नौ नकद न तेरह उधार।

(ii) गलत काम का परिणाम बुरा होता है

(क) चोरी का माल मोरी में

(ख) बोए पेड़ बबूल के आम कहाँ से होय

(ग) आमों की कमाई नींबू में गँवाई

(घ) कोयले की दलाली में मुँह काला।

(iii) अल्पज्ञानी बड़बोला हो जाता है

(क) एक तो करेला दूजे नीम चढ़ा

(ख) अपने मुँह मियाँ मिट्ठू बनना

(ग) नाच न जाने आँगन टेढ़ा

(घ) थोथा चना बाजे घना।

रचनात्मक गतिविधियाँ (Formative Activities)

- कक्षा के चार वर्ग बनाइए। चारों को 10 मिनट की अवधि में आँख, कान, सिर, मुँह में से किसी एक पर अधिक-से-अधिक मुहावरे बनाने के लिए कहिए।
- किसी पाठ में आए मुहावरों की जगह उनके अर्थ को रखकर फिर-से वाक्य बनाइए।
- कक्षा के दो वर्ग बनाइए। एक वर्ग ऐसा वाक्य बोले जिसमें किसी मुहावरे या लोकोक्ति का प्रयोग हो। दूसरा वर्ग उस मुहावरे/लोकोक्ति को हटाकर उसी अर्थ वाले शब्द का प्रयोग करते हुए नया वाक्य बनाए। यदि दूसरा वर्ग ऐसा न कर सके तो पहला वर्ग करके दिखाए। यह प्रतियोगिता रोचक हो सकती है।
- छात्रों के दो वर्ग बनाइए। एक वर्ग एक अधूरा वाक्य इस तरह बनाए कि उसे किसी मुहावरे/लोकोक्ति से पूरा किया जा सके। दूसरा वर्ग उस अधूरे वाक्य को किसी मुहावरे/लोकोक्ति से पूरा करे। यदि दूसरा वर्ग ऐसा न कर सके तो पहला वर्ग करके दिखाए।
- निम्नलिखित चित्रों को देखकर कोई एक उपयुक्त मुहावरा लिखिए–

सही शब्दों द्वारा वाक्यों की पूर्ति कीजिए–

1. भारत की राजभाषा .... है। 1

(क) अंग्रेज़ी (ख) हिंदी (ग) संस्कृत

2. ऑ, ज़, फ़ हिंदी की .... ध्वनियाँ हैं। 1

(क) मूल (ख) दीर्घ (ग) ह्रस्व (घ) आगत

3. उसने दसवीं की .... उत्तीर्ण कर ली है। 1

(क) प्रिक्षा (ख) परिक्षा (ग) परीक्षा

4. 'प्रत्येक' का संधिच्छेद .... है। 1

(क) प्र + एक (ख) प्रत् + एक (ग) प्रति + एक (घ) प्रति + इक

5. 'आँख' का पर्यायवाची .... नहीं है। 1

(क) नयन (ख) दृष्टि (ग) चक्षु (घ) दृग

6. 'कड़वाहट' में .... प्रत्यय है। 1

(क) ट (ख) आहट (ग) हट (घ) आवट

7. 'रातोंरात' का विग्रह है 1

(क) रात ही रात (ख) प्रत्येक रात (ग) रात ही रात में (घ) केवल रात में

8. 'अपना' की भाववाचक संज्ञा है 1

(क) अपनाहट (ख) अपनत्व (ग) अपनाया (घ) अपनावट

9. 'वर' का स्त्रीलिंग रूप है 1

(क) वधू (ख) दूल्हा (ग) पत्नी (घ) वीर

10. 'चिड़िया' का बहुवचन है 1

(क) चिड़िएँ (ख) चिड़ियाँ (ग) चिड़ियें (घ) चिड़े

11. रेखांकित का कारक बताइए– 1

राम ने <u>रावण को</u> मारा।

(क) कर्ता (ख) करण (ग) कर्म (घ) संबंध

12. निश्चयवाचक सर्वनाम का एक उदाहरण दीजिए। 1

13. रेखांकित विशेषण का भेद बताइए– 1

<u>एक किलो</u> मूँग तोल दो।

14. क्रिया का भेद बताइए– 1

मोहन रोज़ फुटबाल खेलता है।

15. वर्तमान काल में बदलिए– 1

नेहा पढ़ेगी।

16. भाववाच्य बनाइए– 1

मैं चल नहीं सकता।

17. क्रियाविशेषण का भेद बताइए– 1

मोटू मिठाई फटाफट खा गया।

18. संबंधबोधक छाँटिए– 1

मोनू और सोनू अपने चाचा के साथ गए हैं।

19. शोकबोधक अव्यय बताइए– 1

अफ़सोस! वह बूढ़ा आज चल बसा।

20. रेखांकित का पद-परिचय दीजिए– 2

<u>मोहन</u> मेरा भाई है।

21. रचना की दृष्टि से वाक्य का भेद लिखिए– 1

मैं रोटी और खीर खाऊँगा।

22. एक प्रश्नवाचक वाक्य लिखिए। 1

23. शुद्ध कीजिए– 2

- उसका प्राण चला गया।
- मेरे पास केवल मात्र दस रुपए हैं।

24. उचित विराम चिह्न लगाइए– 2

बेटे भूलकर भी सिगरेट न पीना

25. वाक्य की पूर्ति मुहावरे से कीजिए– 2

शरारती बच्चों ने अध्यापक की नाक ……………………………।

26. लोकोक्ति पूरी कीजिए– 1

अकेला चना ……………………………।

कुल अंक : 30   प्राप्तांक :

निम्नलिखित खाली स्थानों की पूर्ति नीचे दिए गए शब्दों में से कीजिए–

1. हिंदी की लिपि .... है। 1

   (क) गुरुमुखी (ख) रोमन (ग) फ़ारसी (घ) देवनागरी

2. मुँह से बिना किसी रुकावट के निकलने वाली ध्वनि को .... कहते हैं। 1

   (क) स्वर (ख) व्यंजन (ग) अक्षर (घ) शब्द

3. आज ....–अध्ययन की परीक्षा है। 1

   (क) समाजिक (ख) सामजिक (ग) सामाजिक (घ) सामाजक

4. स्वागत का संधिच्छेद .... है। 1

   (क) स्व + आगत (ख) स + आगत (ग) स्व + गत (घ) सु + आगत

5. उपवन का पर्यायवाची .... है। 1

   (क) वन (ख) जंगल (ग) सरोवर (घ) वाटिका

6. 'अनुभूति' में .... उपसर्ग है। 1

   (क) अ (ख) अन (ग) अन् (घ) अनु

7. 'राजकुमार' समस्तपद का विग्रह कीजिए। 1
8. 'लंबा' से भाववाचक संज्ञा बनाइए। 1
9. 'गुणवान' का स्त्रीलिंग रूप बनाइए। 1
10. 'पंक्ति' का बहुवचन क्या बनेगा? 1
11. राम ने <u>चम्मच से</u> खाना खाया। 1

    –रेखांकित का कारक बताइए।

12. अन्य पुरुष सर्वनाम का एक उदाहरण दीजिए। 1
13. मैंने <u>ढेर सारे</u> अमरूद खाए। 1

    –रेखांकित विशेषण का भेद बताइए।

14. बच्चे ने दूध पिया। 1

    –इसे संयुक्त क्रिया बनाकर फिर-से वाक्य बनाइए।

15. मैं स्कूल जाता हूँ। **1**

–भूतकाल में बदलिए।

16. हम फुटबाल खेलेंगे। **1**

–कर्मवाच्य में बदलिए।

17. ऊषा तेज दौड़ती है। **1**

–क्रियाविशेषण का भेद बताइए।

18. मोहन और सोहन खंभे के पास खड़े हैं। **1**

–समुच्चयबोधक छाँटिए।

19. मज़ा आ गया। **1**

–हर्षबोधक शब्द जोड़िए।

20. वह मेरी बहन है। **2**

–'वह' का पद-परिचय दीजिए।

21. मैं गया और सो गया। **1**

–रचना की दृष्टि से वाक्य का भेद बताइए।

22. वह पढ़ा करेगा। **1**

–आज्ञार्थक वाक्य बनाइए।

23. शुद्ध कीजिए– **2**

- आज की समाचार सुनाइए।
- तुम सबसे सुंदरतम हो।

24. उचित विराम चिह्न लगाइए– **2**

हमें माता पिता की सेवा करनी चाहिए

25. वाक्य की पूर्ति मुहावरे से कीजिए– **1**

मुझे कंचे खेलते देखकर दादा जी आग ....।

26. लोकोक्ति पूरी कीजिए– **2**

नाच न जाने ....।

कुल अंक : 30 प्राप्तांक :

आधुनिक युग में पत्र का स्थान ई-मेल ने ले लिया है। ई-मेल से पत्र-व्यवहार करने के लिए आवश्यक है कि आप इंटरनेट पर अपना ई-मेल खाता खोलें। आपको जिन-जिन से ई-मेल का व्यवहार करना है, उनका भी ई-मेल पता जानें।

व्यवहार की विधि– इंटरनेट खोलें और अपनी ई-मेल सर्विस पर जाएँ। माना आपका ई-मेल पता है– amitabh@yahoo.com; तो आप Yahoomail पर जाएँ। उसमें अपना नाम तथा पासवर्ड भरकर साइन-इन पर क्लिक करें। आपके खाते का पृष्ठ खुल जाएगा। यदि आपने अपनी मेल (डाक) देखनी है तो इन-बाक्स पर क्लिक करें। आपकी सारी डाक वहाँ होगी। एक-एक करके आप सारे संदेश पढ़ सकते हैं।

संदेश भेजना– संदेश भेजने के लिए कंपोज (Compose) पर क्लिक करें। 'To' वाले खाने में संदेश पाने वाले का ई-मेल पता टाइप करें। 'Subject' में संदेश का विषय टाइप करें। संदेश (Message) वाले खाने में पत्र के 'मुख्य विषय' की तरह अपना संदेश टाइप करें। अब भेजें (Send) पर क्लिक करें। आपका संदेश पहुँच जाएगा। आप संदेश में मनचाहे चित्र या फाइलें जोड़कर उन्हें भेज सकते हैं।

उदाहरण–

आप manu@gmail.com पर सूचना दीजिए कि आप (मोहन) दिनांक 15 अगस्त, 2014 को मुंबई में होंगे। इसलिए इस बार तिरंगा-समारोह में नहीं आ सकेंगे।

To	:	manu@gmail.com
Cc	:	
Subject	:	तिरंगा-समारोह

आदरणीय मनु जी

सादर नमस्कार!

आशा है, आप सानंद होंगे।

इस बार 15 अगस्त, 2014 को मेरा मुंबई जाना निश्चित है। अतः तिरंगा-समारोह पर उपस्थित नहीं रह सकूँगा। मुझे भी अपनी अनुपस्थिति का दुख है किंतु विवशता है। आशा है, आप इसे अन्यथा न लेंगे।

भवदीय

मोहन

अपनी परीक्षा स्वयं लें

1. आप अपना संदेश भेजने के लिए सबसे पहले निम्नलिखित में से किस पर क्लिक करेंगे?

(क) इन-बॉक्स (ख) आउट-बॉक्स

(ग) To (घ) कंपोज़

2. अपनी डाक देखने के लिए आप किस पर क्लिक करेंगे?

(क) इन-बॉक्स (ख) आउट-बॉक्स

(ग) कंपोज़ (घ) मैसेज

3. gmail पर कोई तीन ई-मेल पते बनाइए।

रचनात्मक गतिविधियाँ (Formative Activities)

- आप सुरेश हैं। अपने मित्र राज को yahoomail पर अपना ई-मेल पता बताइए।
- अपने चार मित्रों को दीपावली की शुभकामनाएँ ई-मेल द्वारा भेजिए।

- **निम्न कहानी पढ़कर नारियल तोड़ने की कला बताते हुए अपने मित्र को ई-मेल लिखिए।**

बंदर तोड़ लाएँगे नारियल

नारियल खाना जितना अच्छा लगता है, उतना ही कठिन होता है इसे पेड़ से तोड़ना। नारियल के ऊँचे सीधे खड़े पेड़ तक पहुँचना टेढ़ी खीर है। जान जोखिम में डालकर नारियल तोड़ने का काम करने वालों को बदले में मजदूरी भी बहुत कम मिलती है। इतनी ऊँचाई से गिरकर कई लोग जान भी गंवा चुके हैं। केरल में अब लोग बंदर पाल रहे हैं। उन्हें नारियल तोड़ने के लिए प्रशिक्षण दिया जा रहा है। हमारे देश में बंदरों की कमी नहीं है। इन्हें नारियल तोड़कर लाने की ट्रेनिंग देने के लिए स्कूल भी खोले गए हैं।

पत्र लिखना एक कला है। अच्छे पत्र प्रभावित करने की क्षमता रखते हैं। पत्र दो प्रकार के होते हैं–

1. औपचारिक पत्र
2. अनौपचारिक (निजी) पत्र

I. औपचारिक पत्र कैसे लिखें–

औपचारिक पत्र अनेक प्रकार के हो सकते हैं। जैसे–

(क) प्रधानाचार्य को पत्र

(ख) किसी अधिकारी को पत्र

(ग) समाचार पत्र के संपादक को पत्र

(घ) व्यापारिक पत्र

☞ कुछ महत्त्वपूर्ण बातें–

प्रधानाचार्य को पत्र लिखते समय अपना पता नीचे लिखना चाहिए। पता लिखने से पहले 'भवदीय' और 'अपना नाम' भी लिखना चाहिए। परीक्षा में अपने नाम की जगह क.ख.ग. लिखना चाहिए।

भवदीय
नीलम/क.ख.ग.
म. नं. 345, सैक्टर-14
गाँधी नगर

- यदि पत्र किसी **अधिकारी**, **संपादक** या **व्यापार-प्रबंधक** के नाम हो तो अपना पता ऊपर बाईं ओर इस प्रकार लिखना चाहिए–

नीलम/क.ख.ग.
345, सैक्टर-24
बोकारो स्टील सिटी

- आजकल पत्र की सभी पंक्तियाँ बाएँ हाशिए के पास से शुरू की जाती हैं।
- जिन पंक्तियों में एक-दो शब्द लिखे जाते हैं, उनके साथ विराम चिह्न नहीं लगाए जाते।

- सम्मानसूचक शब्दों के साथ सम्मानसूचक चिह्न (!) लगाया जाता है।
- पते के अंत में पूर्णविराम लगाया जाता है।

उदाहरणतया–

सेवा में प्रधानाचार्य क.ख.ग. विद्यालय नई दिल्ली।	सेवा में स्वास्थ्य अधिकारी मुंबई नगर निगम मुंबई।	सेवा में संपादक दैनिक हिंदुस्तान लखनऊ।

विषय का उल्लेख

औपचारिक पत्रों में संबोधित के पते के बाद एक पंक्ति में पत्र के विषय का उल्लेख करना चाहिए। जैसे–

विषय–आर्थिक सहायता के लिए

विषय–बिजली-संकट दूर करने के लिए

संबोधन–औपचारिक पत्रों में अभिवादन नहीं होता, संबोधन होता है। इसी संबोधन में ही सम्मान छिपा होता है। जैसे–

श्रीमान जी	(प्रधानाचार्य के लिए)
महोदय	(अधिकारी, संपादक या व्यापारी के लिए)

मुख्य विषय–औपचारिक पत्र में सीधे काम की बात होनी चाहिए। विद्यार्थियों को चाहिए कि वे अपने प्रधानाचार्य को लिखते समय यों शुरू करें–

सविनय निवेदन है कि ....।

- संपादक, अधिकारी या व्यापारी को पत्र लिखते समय 'सविनय निवेदन' लिखने की आवश्यकता नहीं है। वहाँ अपनी बात ऐसे शुरू करनी चाहिए–

मैं आपका ध्यान बस-परिवहन की एक चूक की ओर दिलाना चाहता हूँ। ....

अथवा

मैं आपके समाचार पत्र का नियमित पाठक हूँ। ....

अथवा

मुझे निम्नलिखित पुस्तकों की आवश्यकता है। ....

धन्यवाद-ज्ञापन–पत्र के अंत में धन्यवाद देने की औपचारिकता कभी न भूलें। यों लिखें–

धन्यवाद! अथवा सधन्यवाद!

स्वनिर्देश–अंत में 'भवदीय' के नीचे आपका पूरा नाम आना चाहिए। प्रधानाचार्य को लिखे पत्र में नीचे 'आपका आज्ञाकारी शिष्य' लिखना चाहिए। उसके नीचे अपना नाम, अनुक्रमांक और कक्षा भी लिखनी चाहिए। परीक्षा में नाम की जगह क.ख.ग. लिखना चाहिए। जैसे–

भवदीय क.ख.ग.	आपका आज्ञाकारी शिष्य क.ख.ग. अनु. 535, सातवीं ए

दिनांक–संपादक, अधिकारी और व्यापारी को पत्र लिखते समय दिनांक पत्र के ऊपरी भाग में अपने पते के नीचे लिखनी चाहिए। प्रधानाचार्य को पत्र लिखते हुए दिनांक स्वनिर्देश के नीचे लिखनी चाहिए।

आगे औपचारिक पत्रों के कुछ उदाहरण दिए जा रहे हैं–

प्रधानाचार्य को पत्र

1. प्रधानाचार्य को पत्र लिखिए जिसमें बड़े भाई के विवाह के अवसर पर तीन दिन का अवकाश माँगा गया हो।

सेवा में
प्रधानाचार्य महोदय
सरस्वती बाल मंदिर
हरिनगर, सिलिगुड़ी।

विषय–तीन दिन का अवकाश

श्रीमान जी

सविनय निवेदन है कि 15 फरवरी, 2014 को मेरे बड़े भाई का विवाह है। बरात सिलिगुडी से गंगटोक जाएगी। घर में रिश्तेदारों का आना-जाना लगा रहेगा। इस अवसर पर मेरे जिम्मे अनेक काम हैं। मुझे 14-15-16 फरवरी का अवकाश प्रदान करें। आपकी अति कृपा होगी।

धन्यवाद सहित!

आपका आज्ञाकारी शिष्य
सुमित
कक्षा 7, अनुक्रमांक 132
दिनांक : 12 फरवरी, 2014

रमेश रस्तोगी
अभिभावक के हस्ताक्षर

2. प्रधानाचार्य को पत्र लिखकर फीस-माफी के लिए आवेदन कीजिए।

सेवा में
प्रधानाचार्य महोदय
राजकीय आदर्श विद्यालय
एगमोर, चेन्नई।

विषय–फीस-माफी

श्रीमान जी

सविनय निवेदन है कि मैं आपके विद्यालय में सातवीं कक्षा की छात्रा हूँ। मेरे पिताजी खोमचा लगाते हैं। उनकी आय बहुत कम है। वे मेरी फीस नहीं दे सकते। आपसे निवेदन करती हूँ कि आप मेरी फीस माफ कर दें। मैं आपको विश्वास दिलाती हूँ कि मैं मन लगाकर पढ़ाई करूँगी। इस सहायता के लिए सदा आपकी ऋणी रहूँगी।

धन्यवाद सहित!

आपकी प्रिय शिष्या

शबनम

अनुक्रमांक 17, सातवीं 'बी'

दिनांक–13.3.2014

3. प्रधानाचार्य को पत्र लिखकर छात्रवृत्ति के लिए निवेदन कीजिए।

सेवा में

प्रधानाचार्य महोदय

दिल्ली पब्लिक स्कूल

कानपुर।

विषय–छात्रवृत्ति के लिए

श्रीमान जी

सविनय निवेदन है कि मैं आपके विद्यालय में सातवीं कक्षा की छात्रा हूँ। पिछले वर्ष छठी कक्षा में मैंने 92% अंक प्राप्त किए थे। मैं अपनी कक्षा में प्रथम आई थी। इस वर्ष मैं और भी अधिक अंक लाना चाहती हूँ।

प्रधानाचार्य जी! मुझे यह कहते हुए संकोच हो रहा है कि मेरे घर की आर्थिक दशा अच्छी नहीं है। मेरे माता-पिता मेरी फीस और पुस्तकों पर पैसा खर्च नहीं कर सकते। मेरा आपसे निवेदन है कि आप मुझे एक हज़ार रुपये मासिक की छात्रवृत्ति प्रदान करें। मैं आपको विश्वास दिलाती हूँ कि उस छात्रवृत्ति का पूरा-पूरा सदुपयोग करूँगी। इस सहायता के लिए आपके प्रति कृतज्ञ रहूँगी।

धन्यवाद सहित!

आपकी प्रिय शिष्या

सोनिया

अनुक्रमांक–313, सातवीं 'बी'

दिनांक-24 अप्रैल, 2014

4. प्रधानाचार्य को पत्र लिखिए जिसमें खेल का सामान मँगाने की प्रार्थना की गई हो।

सेवा में

प्रधानाचार्य महोदय

केंद्रीय विद्यालय

धुर्वा, राँची

विषय–खेल का सामान मँगवाने के बारे में

श्रीमान जी

सविनय निवेदन है कि मैं खेल-परिषद् का छात्र-सदस्य हूँ। इस नाते आपको सूचना देना चाहता हूँ कि विद्यालय में खेल का सामान उपलब्ध नहीं है। पिछले तीन दिनों से खिलाड़ी आते हैं और सामान न होने के कारण खाली लौट जाते हैं। इससे उनका उत्साह ठंडा पड़ता जा रहा है। अगले महीने खेल-प्रतियोगिताएँ होने वाली हैं।

मैं आपसे निवेदन करता हूँ कि क्रिकेट, फुटबाल, वॉलीबाल और बैडमिंटन का सामान शीघ्र मँगवाने की कृपा करें। आपकी अति कृपा होगी।

आपका आज्ञाकारी शिष्य

महेंद्र सिंह

अनुक्रमांक–13, सातवीं 'सी'

दिनांक : 15.4.2014

5. प्रधानाचार्य को पत्र लिखिए जिसमें मॉडर्न पब्लिक स्कूल लखनऊ की फुटबाल टीम से मैच आयोजित करने की अनुमति माँगी गई हो।

सेवा में

प्रधानाचार्य महोदय

विवेकानंद पब्लिक स्कूल

गोमती नगर, लखनऊ।

विषय–फुटबाल मैच खेलने के बारे में

श्रीमान जी

सविनय निवेदन है कि मैं विद्यालय की जूनियर फुटबाल टीम का कप्तान हूँ। पिछले साल हमने पूरे महानगर में दूसरा स्थान प्राप्त किया था। इस बार हम महानगर-विजेता बनना चाहते हैं। इसके लिए हमें अभ्यास-मैचों से गुजरना होगा। मैं आपसे निवेदन करता हूँ कि कृपया आने वाले सप्ताह में हमारा एक अभ्यास-मैच रखवा दें। मॉडर्न पब्लिक स्कूल की फुटबाल टीम हमें चुनौती दे सकती है। अतः हम उनके साथ खेलना चाहते हैं। कृपया हमारा मैच तय करा दें और खेलने की अनुमति प्रदान करें। हम इसके लिए पूरी तरह तैयार हैं।

धन्यवाद सहित!

आपका आज्ञाकारी शिष्य

मनोज सिंह

अनुक्रमांक–14, सातवीं 'ए'

दिनांक : 14.8.2014

अधिकारी को पत्र

6. चित्र देखकर पटना नगर निगम के स्वास्थ्य-अधिकारी को पत्र लिखिए जिसमें कूड़े की सफ़ाई करने का अनुरोध हो।

सुरेश अवस्थी

235, चंद्रगुप्त मार्ग

पटना

दिनांक–23.8.2014
सेवा में
स्वास्थ्य अधिकारी
पटना नगर निगम
पटना।

विषय–कूड़े की सफ़ाई

महोदय

मुझे बड़े खेद के साथ आपके विभाग की शिकायत करनी पड़ रही है। मैं चंद्रगुप्त मार्ग की गली नं. 2 में रहता हूँ। हमारी गली हमेशा कूड़े के ढेर से भरी रहती है। वहाँ न कोई कूड़ेदान है, न सफ़ाई का प्रबंध। आवारा सूअर और कुत्ते वहाँ मँडराते रहते हैं। जगह-जगह पशुओं का मल और गंद पड़ा रहता है। वहाँ से गुजरना नरक से गुजरना है। आपसे निवेदन है कि कभी इस गली का निरीक्षण करें तथा जितनी जल्दी हो सके, सफ़ाई का प्रबंध करें। हम आपके बहुत आभारी होंगे।

धन्यवाद सहित!
भवदीय
सुरेश अवस्थी

7. मेरठ पुलिस थाने के अध्यक्ष को चोरी की रिपोर्ट लिखकर दीजिए।

पंकज वत्स
223, मॉडल टाउन
मेरठ

दिनांक–14 मार्च, 2014
सेवा में
थानाध्यक्ष
मॉडल टाउन
मेरठ।

विषय–चोरी की सूचना

महोदय

मैं बड़े खेद से सूचित कर रहा हूँ कि आज रात मेरे घर से स्कूटर चोरी हो गया है। मेरा घर आपके थाने के बिल्कुल पीछे है। आज रात 8.30 बजे की बात है। मैं ट्यूशन पढ़कर वापस घर पहुँचा। मैंने स्कूटर घर के अंदर रखा। उसे ताला लगाया और अंदर चला गया। 9.00 बजे खाना खाने के बाद मैं घूमने निकला तो स्कूटर घर पर नहीं था। मैंने आस-पड़ोस में भी पूछा। किसी को कुछ पता नहीं है। कृपया आप चोरी की रिपोर्ट लिखें तथा जल्दी-से-जल्दी स्कूटर ढुँढ़वाने का प्रयत्न करें।

धन्यवाद सहित!
भवदीय
पंकज वत्स

व्यापारिक पत्र

8. लक्ष्मी पब्लिकेशंज़, अंसारी रोड, दरियागंज, नई दिल्ली को पत्र लिखकर हिंदी की दो पुस्तकें वी.पी.पी. द्वारा मँगवाइए।

सीमा भट्ट

253, रवींद्र नगर

कोलकाता

15.3.2014

सेवा में

विक्रय प्रबंधक

लक्ष्मी पब्लिकेशंज़

अंसारी रोड, दरियागंज

नई दिल्ली।

विषय–पुस्तकों की खरीद

महोदय

कृपया निम्नलिखित पुस्तकें वी.पी.पी. द्वारा ऊपर लिखे पते पर भेजने का कष्ट करें। मैं ₹ 500 की राशि का ड्राफ्ट भेज रही हूँ। वी.पी.पी. मिलते ही शेष राशि अदा कर दूँगी। कृपया ध्यान रखें कि पुस्तकें नए संस्करण की हों। वे कटी-फटी न हों। उचित कमीशन काटने की भी कृपा करें। पुस्तकों की सूची निम्न प्रकार है–

नवयुग हिंदी व्याकरण	:	2 प्रतियाँ
आधुनिक हिंदी व्याकरण	:	2 प्रतियाँ
विशेष हिंदी व्याकरण भाग-2	:	2 प्रतियाँ

धन्यवाद!

भवदीय

सीमा भट्ट

संपादक को पत्र

9. किसी दैनिक समाचार पत्र के संपादक को पत्र लिखिए जिसमें बिजली के संकट पर आपके विचार हों।

प्रवीण बंसल

313, राणा प्रताप नगर

अजमेर

15.3.2014

सेवा में

संपादक

राजस्थान पत्रिका

अजमेर।

विषय–बिजली संकट

महोदय

मैं आपके दैनिक समाचार पत्र का नियमित पाठक हूँ। मैं अपने विचार प्रशासन और जनता तक पहुँचाना चाहता हूँ। कृपया इन्हें छापकर अनुगृहीत करें।

आजकल बिजली का घोर संकट छाया हुआ है। चौबीसों घंटे मन में यही डर समाया रहता है कि बिजली न आई तो क्या होगा? बिजली है कि आती ही नहीं है। आधा घंटा आती है तो घंटा-भर गायब हो जाती है। आजकल परीक्षाओं के दिन हैं। छात्र दिन-रात पढ़ते हैं। मोमबत्ती या दीये की रोशनी में पढ़ने की आदत नहीं रही। इसलिए वे बिजली को लेकर हमेशा चिंतित रहते हैं। यह बिजली न जाने कितने बच्चों का भविष्य चौपट कर देगी।

मैं प्रशासन से निवेदन करता हूँ कि वे नागरिकों की समस्या को समझें। उन्हें निरंतर बिजली दें। यदि बिजली की कमी है तो बिजली बंद रखने का समय तय करें। इससे नागरिक अपने काम ठीक से निपटा सकेंगे।

धन्यवाद!

भवदीय

प्रवीण बंसल

10. किसी समाचार पत्र के संपादक को पत्र लिखकर उसमें अपनी कविता छापने का आग्रह कीजिए।

सलोनी मलिक

363, पाकेट B/1

सेक्टर-7, रोहिणी

दिल्ली

14.3.2014

सेवा में

संपादक

दैनिक जागरण

नई दिल्ली।

विषय–कविता का प्रकाशन

महोदय

मैं आपके समाचार पत्र की नियमित पाठिका हूँ। 'सप्तरंग' की कविताएँ मुझे बहुत अच्छी लगती हैं। मैं भी कविताएँ लिखती हूँ और चाहती हूँ कि आप इन्हें अपने समाचार पत्र में छापें। मेरी ये रचनाएँ मौलिक तथा अप्रकाशित हैं। कृपया प्रकाशन की सूचना देकर अनुगृहीत करें।

धन्यवाद सहित!

भवदीया

सलोनी मलिक

II. अनौपचारिक (निजी) पत्र कैसे लिखें–

निजी पत्रों में एक खुलापन होता है। उसमें रिश्तों की महक होती है। सुख-दुख के अवसर के अनुसार भावनाएँ होती हैं। इसलिए इन पत्रों में कला और भावना पर अधिक ध्यान दिया जाता है। इनमें सम्मान और स्नेह का पूरा ध्यान रखना चाहिए। निजी पत्र इस क्रम से लिखे जाने चाहिए–

अपना पता
दिनांक
संबोधन
अभिवादन
मुख्य संदेश
स्वनिर्देश

☞ **ध्यान देने योग्य बातें–**

संबोधन–हम जिसे पत्र लिख रहे हैं, उसके साथ हमारा जैसा संबंध है, वैसा ही संबोधन लिखना चाहिए। कुछ संबोधन इस प्रकार हो सकते हैं–

बड़ों और आदरणीय जनों के लिए–

पूजनीय या **पूज्य** दादा जी/ पिता जी/चाचा जी/ महात्मा जी/ गुरु जी/माता जी

माननीय नेता जी

सम्माननीय/आदरणीय भाई साहब/गुरु जी/ बहन जी

बराबर वालों के लिए–

स्नेही या **प्रिय** मित्र/भाई/ बंधु

छोटों के लिए–

प्रिय पुत्र/पुत्री/बेटी/भाई/बहन

चिरंजीव कमल/कमला

अभिवादन

निजी पत्रों में संबंधों के अनुसार अभिवादन होना चाहिए।

कुछ उदाहरण देखिए–

बड़ों के लिए–सादर नमस्कार! चरण स्पर्श! चरण वंदना! सादर नमस्ते!

बराबर वालों के लिए–सप्रेम नमस्ते! स्नेह! कैसे हो? प्रेम!

छोटों के लिए–स्नेह! प्रेम! आशीर्वाद! सुखी रहो!

मुख्य विषय–पत्र के 'संदेश' वाले भाग में भी रिश्तों के अनुसार कुशल-क्षेम पूछना चाहिए। किसी पिछले पत्र या घटना का हवाला दिया जा सकता है। इससे हमारा संबंध जुड़ जाता है। सारी बात निजी तरीके से कहनी चाहिए। यदि वाक्य संक्षिप्त होते हैं

तो होने दें। किसी वाक्य का क्रम उलट-पुलट होता है तो होने दें। संबंधों में जो प्रेम, आग्रह, तिरस्कार, रूठना-मनाना होता है, उसे अवश्य प्रकट होने का अवसर दें।

विषय का समापन भी आगे संबंध बनाए रखने की चाह से करें। जैसे–

तुम्हारे पत्र की प्रतीक्षा करूँगा।

घर कब आओगे?

मुझे कब बुला रहे हो? प्रतीक्षा में हूँ।

मिठाई के इंतजार में।

स्वनिर्देश–पत्र के नीचे अपना नाम देने से पहले संबंध का उल्लेख करना चाहिए। नाम भी औपचारिक न होकर वही लिखना चाहिए जिसका प्रयोग आप आपसी बातचीत और व्यवहार में करते हैं। जैसे–

आपका ही विवेक	सिर्फ तेरा राकेश	आपका प्रिय संकेत	आपकी प्रिय भानजी रेखा

आगे अनौपचारिक पत्रों के कुछ उदाहरण दिए जा रहे हैं–

11. वाद-विवाद प्रतियोगिता जीतने वाले अपने मित्र को बधाई पत्र लिखिए।

कामना शर्मा

ग्वालियर

दिनांक-17 अक्टूबर, 2014

प्रिय शैलजा

बहुत-बहुत स्नेह!

आशा है, तू आनंद में होगी। मैंने अखबार में पढ़ा कि तूने इस वर्ष ग्वालियर महानगर में हुई वाद-विवाद प्रतियोगिता जीत ली है। पढ़कर अपार प्रसन्नता हुई। मेरी ओर से ढेरों बधाइयाँ।

शैलजा! मैं तो तुम्हें पहले से कहा करती थी–माँ सरस्वती खुद तेरे कंठ में आ विराजी है। सचमुच तूने बहुत अच्छा बोला होगा। काश मैं वहाँ होती और तुझे सुनती। भगवान करे, तुझे खूब यश और सुख मिले।

अच्छा, अब पार्टी कब देगी? मैं इंतजार में हूँ।

घर में माता-पिता को मेरी ओर से नमस्ते कहना। टिंकू को स्नेह!

तुम्हारी

कामना

12. मित्र को शिमला घुमाने का निमंत्रण देते हुए पत्र लिखिए।

पवन सेन
165, मॉल रोड
शिमला

30 मार्च, 2014

प्रिय रोहित

स्नेह!

कैसे हो? तुम्हारे साथ ऐसी दोस्ती हुई कि अब तुम्हारे बिना मन नहीं लगता। मन करता है कि तुम्हारे साथ रहूँ और घूमूँ। मार्च का महीना आ गया है। तुम्हारी परीक्षाएँ समाप्त हो गई होंगी। तुम एक सप्ताह के लिए शिमला चले आओ। यहाँ का मौसम अब सुहाना होने लगा है। देश-भर से पर्यटक आने लगे हैं। तुम भी आ जाओ। यहाँ इकट्ठे रहेंगे और आनंद लेंगे। घर से अनुमति लेकर मुझे शीघ्र सूचना दो। घर में सभी को मेरा नमस्कार कहना।

तुम्हारी प्रतीक्षा में
तुम्हारा मित्र
पवन सेन

13. मित्र की माता के देहांत पर सांत्वना देते हुए पत्र लिखिए।

अशोक वशिष्ठ
म.नं. 14
पत्थर वाली गली
कृष्ण नगर, आगरा

17.8.2014

प्रिय सुनील

स्नेह!

मुझे सूचना मिली कि तुम्हारी माता जी का देहांत हो गया है। यह सुनकर मुझे गहरा दुख पहुँचा। माँ के बिना हमारा एक पल भी चैन से नहीं कटता। अभी तो तुम बहुत छोटे हो। माँ के बिना तुम्हें कितनी पीड़ा होगी, मैं समझ सकता हूँ।

प्रिय सुनील! भगवान सबका रक्षक है। वही जीवन देता है और वही हमें अपने पास वापस बुला लेता है। ज़रूर माँ ईश्वर के चरणों में सुखी होंगी और तुम्हें आशीष देती होंगी। इसे ईश्वर की इच्छा मानकर स्वीकार करना।

तुम्हारा
अशोक वशिष्ठ

14. अपने अनुज को पत्र लिखकर दैनिक व्यायाम करने का महत्त्व समझाइए।

अनिल वर्मा
35, केशव छात्रावास
गीता निकेतन, कुरुक्षेत्र

18 जुलाई, 2013

प्रिय बलजीत
प्रेम!

आशा है तुम स्वस्थ और प्रसन्न होगे। तुम्हारी पढ़ाई ठीक चल रही होगी। मुझे तुम्हारी पढ़ाई की कभी चिंता नहीं होती क्योंकि तुम पढ़ाकू हो। हमेशा किताबों में उलझे रहते हो। मुझे कभी-कभी तुम्हारे स्वास्थ्य की चिंता जरूर हो जाती है। मैं छात्रावास में देखता हूँ कि अकसर पढ़ाकू छात्र बीमार और बुझे-बुझे रहते हैं। उनके चेहरों पर उल्लास नहीं दिखता। तब मुझे तुम्हारी याद आती है। भगवान न करे, तुम ऐसे तेजहीन, बुझे-बुझे और उदास लड़के बनो। इसका एक ही तरीका है। रोज किसी-न-किसी खेल या व्यायाम में भाग अवश्य लो। मित्रों के संग खेला करो और कुछ न मिले तो 3-4 किलोमीटर दौड़ लगाया करो। इससे तुम्हारी सेहत ठीक रहेगी। मन में उत्साह रहेगा।

तुम्हारा भाई
अनिल वर्मा

15. अपने पिता जी को नए विद्यालय की खूबियों के बारे में लिखिए।

अभिषेक
कक्ष 16, कावेरी छात्रावास
श्रीराम विद्या मंदिर
हरिद्वार

24.04.2013

पूज्य पिता जी
चरण स्पर्श!

आशा है, आप, माता जी और नेहा–सभी प्रसन्न होंगे। मैं भी यहाँ आनंद में हूँ। मेरा नया विद्यालय कई मामलों में बहुत अच्छा है। यहाँ का भवन, पढ़ाई और अनुशासन तो अच्छा है ही। मुझे सबसे अच्छा लगता है–शनिवार का सांस्कृतिक कार्यक्रम तथा हर रोज खेल का समय।

पिता जी, शनिवार को सातवीं कक्षा के सभी बच्चे एक बड़े हाल में इकट्ठे होते हैं। वहाँ बारी-बारी से सबको कुछ सुनाने या नृत्य करने के लिए कहा जाता है। उसमें बहुत आनंद आता है। हम सबको कुछ करने का मौका मिलता है। मैंने एक कविता सुनाई। बच्चों ने तालियाँ बजाईं। अध्यापकों ने सराहा। इससे मेरा आत्मविश्वास बढ़ा।

खेल खेलना भी सभी बच्चों के लिए अनिवार्य है। इससे पढ़ाई की बोरियत समाप्त होती है। मैं इन कार्यक्रमों से बहुत खुश हूँ।

माता जी को मेरा प्रणाम कहें। नेहा को स्नेह!

आपका प्रिय पुत्र
अभिषेक

ये पत्र आप स्वयं लिखें

- आप अस्वस्थ हैं। इसके लिए विद्यालय के प्रधानाचार्य से दो दिन का अवकाश माँगिए।
- विद्यालय न आने के कारण आपको सौ रुपये जुर्माना लगा है। जुर्माना-माफी के लिए पत्र लिखिए।
- पुस्तकालय में पत्रिकाएँ मँगाने के लिए प्रधानाचार्य को पत्र लिखिए।
- चरित्र प्रमाण-पत्र के लिए अपने प्रधानाचार्य को पत्र लिखिए।
- नगर निगम के गृह-कर अधिकारी को पत्र लिखकर अपना गृह-कर माफ करने की प्रार्थना कीजिए।
- डाकपाल को पत्र लिखकर अपने डाकिए की लापरवाही की शिकायत कीजिए।
- शिक्षा अधिकारी को पत्र लिखिए जिसमें आपके क्षेत्र में नया विद्यालय खोलने का आग्रह हो।
- संपादक को पत्र लिखिए जिसमें समय पर पुस्तकें न मिलने के बारे में शिकायत हो।
- संपादक को पत्र लिखकर अपने क्षेत्र में नई बसें चलाने का आग्रह कीजिए।
- परीक्षा में असफल होने वाले मित्र को सांत्वना देते हुए पत्र लिखिए।
- छोटे भाई को कुसंगति छोड़ने का आग्रह करते हुए पत्र लिखिए।
- पिता जी से पिकनिक पर जाने की अनुमति माँगिए।
- बड़े भाई को पत्र लिखकर अपनी भूल के लिए क्षमा माँगिए।
- पिता जी को पत्र लिखकर पुस्तक के लिए पैसे मँगाइए।

एक ही अनुच्छेद में अपने विचारों को लिखना अनुच्छेद-लेखन कहलाता है। 80 या 100 शब्दों में बात पूरी कर पाना कठिन होता है। अनुच्छेद में न कोई भूमिका होती है, न उपसंहार। यह सीधे मुख्य विषय से शुरू होता है और विषय पर ही समाप्त हो जाता है। एक अच्छे अनुच्छेद में ये गुण होने चाहिए–

- वाक्य छोटे-छोटे होने चाहिए।
- वाक्यों में आपसी संबंध होना चाहिए।
- सारे वाक्य मुख्य विषय से संबंधित होने चाहिए।
- उसमें उदाहरण या दृष्टांत की जगह विचारों का विस्तार होना चाहिए।
- विषय में क्या, क्यों, कैसे जैसे प्रश्नों के उत्तर क्रम से होने चाहिए।

1. नदियों से होने वाले लाभ

जल जीवन है। नदियाँ जल से भरपूर रहती हैं। इसलिए वे जीवन से भी भरपूर रहती हैं। जहाँ-जहाँ नदी होती है, वहीं-वहीं मानवों की बस्तियाँ होती हैं। मनुष्य को जीने के लिए रोज़ जल चाहिए। इसलिए वह अपनी बस्ती वहीं बसाता है जहाँ वर्ष-भर जल देने वाली नदियाँ बहती हैं। गंगा का तट देखें। विशेष रूप से हरिद्वार में हर की पौढ़ी देखें। वहाँ साल-भर मेला लगा रहता है। वहाँ दूर-दूर से यात्री आते हैं। धर्मशालाओं में ठहरते हैं। गंगा में डुबकी लगाते हैं। परिवार सहित आनंद लेते हैं। वहीं उसके आसपास धार्मिक स्थल हैं, धर्मशालाएँ हैं। मनुष्य पीढ़ी-दर-पीढ़ी वहाँ जाकर धन्य अनुभव करते हैं। ये नदियाँ धीरे-धीरे तीर्थ बन जाती हैं। नदियाँ रुकती नहीं हैं। सदा चलती रहती हैं। ये जहाँ-जहाँ जाती हैं, वहीं धरती को सींचती हैं। उसी के जल से अन्न और फल-फूल पैदा होते हैं। नदियाँ मानव-जीवन के लिए ही नहीं, अन्य जीव-जंतुओं के लिए भी वरदान हैं।

2. वसंत ऋतु

गीता में भगवान कृष्ण कहते हैं–'मैं ऋतुओं में वसंत हूँ।' वसंत को ऋतुराज भी कहा जाता है। छह ऋतुओं में सबसे सुहानी ऋतु यही है। लोग वर्षा ऋतु में भी बहुत झूमते हैं। परंतु जो सौंदर्य और सुहानापन वसंत में है, वह वर्षा ऋतु में नहीं है। वसंत ऋतु शीत और शिशिर के पश्चात आती है। इन दिनों प्रकृति में नई कोंपलें खिल उठती हैं। पेड़ नई-नई फुनगियों से भर जाते हैं। टहनियाँ नए कोमल पत्तों से लद जाती हैं। डाली-डाली फूलों से महक उठती है। प्रकृति मानो दुल्हन-सा रूप सँवारकर सज जाती है। मंद-मंद सुगंधित हवाएँ बहने लगती हैं। वातावरण में हल्की शीतलता होती है। फाग और होली की मस्ती सारे वातावरण पर छा जाती है। यह ऋतु नव-निर्माण, सृजन और आरंभ की ऋतु है। यह ऋतु बच्चे-बूढ़े, स्त्री-पुरुष सबको भाती है।

3. चलचित्र

चलचित्र चलते हुए चित्र को कहते हैं। जब ये चित्र किसी एक कहानी को कहते हैं तो मनोरंजक हो जाते हैं। आज एक साल में सैकड़ों फिल्में बन जाती हैं। अच्छे चलचित्र में काम करने वाले कलाकार रातों-रात सितारे बन जाते हैं। एक समय था, जब चलचित्रों ने समाज की बुराइयों पर चोट की। दहेज, आतंक, भ्रष्टाचार जैसे विषयों पर फिल्में बनाई गईं। जाति-प्रथा,

नारी-शिक्षा पर अच्छी फिल्में बनीं। एक समय आया, जब चलचित्रों में व्यवसायी घुस गए। उन्होंने प्रेम, संगीत और मार-धाड़ दिखाकर जनता का मनोरंजन किया। फिर अपराधियों ने शिकंजा कसा। चलचित्रों में अपराधियों और भ्रष्ट राजनेताओं के किस्से दिखाए जाने लगे। आज अधिकांश चलचित्र हिंसा, सैक्स और सनसनी फैलाने का काम कर रहे हैं। इससे लोग चलचित्र देखना बंद कर देंगे। छोटे शहरों के सिनेमाघर इसीलिए बंद हो गए हैं। जल्दी ही वह समय आएगा, जब फिर-से अच्छे सद्भावनापूर्ण चलचित्र बनने लगेंगे।

4. आदर्श शिक्षक

शिक्षक को राष्ट्र-निर्माता कहा जाता है। वह देश के बच्चों का भविष्य सँवारता है। उसका काम है–आज तक के नए ज्ञान को नई पीढ़ी के मन-मस्तिष्क में भरना। उससे भी अधिक आवश्यक है–उन्हें अच्छे मनुष्य बनाना। आदर्श शिक्षक वही है जो नए ज्ञान को पाने का इच्छुक रहता है। वह केवल किताबों तक ही सीमित नहीं रहता। वह अपने शिष्यों के जीवन में संस्कार भरता है। वह उनमें अच्छी आदतों का विकास करता है। इसके लिए वह स्वयं अपना काम समय से और ईमानदारी से करता है। बच्चे ऐसे शिक्षक से प्रभावित होते हैं। अच्छा शिक्षक स्नेहपूर्ण होता है। वह डाँट-डपट, क्रोध और व्यंग्य की बजाय अच्छे मित्र की तरह व्यवहार करता है। वह बच्चों को बोलने, प्रश्न पूछने और आगे बढ़ने की प्रेरणा देता है। वह बच्चों को स्वार्थी न बनाकर देशभक्त और सेवाभावी नागरिक बनाता है। आदर्श शिक्षक के चरणों में कोटि-कोटि प्रणाम !

5. रोमांचकारी अनुभव

रोमांचकारी अनुभव वह है जो रोंगटे खड़े कर दे। सामने खतरा ही खतरा हो। मुझे ऐसा रोमांच तब अनुभव हुआ जब मैं मनाली से आगे रोहतांग के बर्फीले पहाड़ों पर घूमने गई। बर्फ की यह दुनिया मेरे लिए बिल्कुल नई थी। जिन रास्तों से मेरी जीप गुजर रही थी, उनके दोनों ओर बर्फीले पहाड़ थे। रास्ता ऊबड़-खाबड़, कटा-फटा और गीला था। जहाँ जाकर जीप रुकी वहाँ मेरे सामने बर्फ के पहाड़ थे। अनेक लोग बर्फ के खेलों का आनंद ले रहे थे। मैं भी अपने माता-पिता और भाई के साथ बर्फ के पहाड़ पर चढ़ने लगी। रह-रहकर मेरा पैर फिसलता था। तब मैं एड़ी से बर्फ को दबाती और पैर टिकाने की जगह बनाती। यों करते-करते ऊपर चढ़ी। पच्चीस फुट ऊपर जाने पर वापस मुड़ी तो मेरी चीख निकल गई। उतरूँ कैसे? पैर फिसल रहे थे। शरीर ढलान की तरफ फिसलता था। डर के मारे मेरी चीख निकल गई। मैं वहीं बैठ गई। अब बैठकर पैर और नितंब के सहारे नीचे खिसकने लगी। परंतु यह क्या? मैं बर्फ-से फिसल पड़ी। ओह ! मैं चीखी। नीचे मेरे पिता जी मुझे सँभालने के लिए खड़े थे। वह रोमांच मुझे कभी नहीं भूलता।

6. पालतू पशु

पशु को पालना बहुत ही आनंददायक अनुभव है। सभी पशु नहीं पाले जा सकते। कुत्ता सबसे अधिक पालतू पशु है। गरीब-अमीर सभी लोग कुत्ते को पालने का शौक पूरा करते हैं। सच बात यह है कि कुत्ता पलने को हमेशा तैयार रहता है। उसे स्नेह और भोजन देने वाला मालिक चाहिए। वह जल्दी पल जाता है। कुत्ता रोटी की भाषा जानता है। कोई भी मनुष्य रोटी का टुकड़ा डालकर उसे अपना सेवक बना सकता है। कुत्ता स्वभाव से स्वामिभक्त होता है। एक बार किसी का होने के बाद वह उसे आसानी से नहीं छोड़ता। धीरे-धीरे वह मालिक के इशारों को, उसकी इच्छा को समझने लगता है। लोग कुत्ते को इसलिए पालते हैं क्योंकि वह स्नेह के बदले सुरक्षा देता है। भोजन के बदले चरणों में लोटता है। सबसे बड़ी बात–वह कभी सवाल नहीं करता, धोखा नहीं देता, तनख्वाह नहीं माँगता। तभी तो कबीर ने स्वयं को 'राम का कुत्ता' कहा है।

7. जल ही जीवन है

रहीम ने लिखा है–

रहिमन पानी राखिए, बिन पानी सब सून।
पानी गए न ऊबरै, मोती मानुस चून॥

जल सचमुच जीवन है। हमारे शरीर का दो-तिहाई हिस्सा जल है। जल से ही अन्न और फल-फूल पैदा होते हैं। इसी से भोजन बनता है। अगर जल न हो तो जीवन चल ही नहीं सकता। मानव ने अपनी बस्तियाँ वहीं बसाईं जहाँ नदियाँ थीं या कुएँ थे। दुर्भाग्य से आज धरती पर जल का संकट खड़ा हो गया है। जल के सारे भंडार दूषित हो गए हैं। इसलिए भोजन भी दूषित हो गया है। परिणामस्वरूप बीमारियाँ बढ़ने लगी हैं। जनसंख्या बढ़ती जा रही है, परंतु जल के भंडार उतने के उतने ही हैं। उनमें किसी प्रकार की वृद्धि नहीं हो सकती। अत: हमें जल की एक-एक बूँद को कीमती मानकर उसे बचाना होगा। हमें याद रखना होगा–

अगर हमें जल नहीं मिलेगा।
अन्न और फल नहीं मिलेगा।
आज अगर जी भी लेंगे तो
जीने को कल नहीं मिलेगा।

8. हँसी–एक वरदान

कुछ वरदान केवल मानव को मिले हैं। हँसी भी ऐसा ही एक वरदान है। मनुष्य खुश होता है तो हँसता है। परंतु पशु कभी नहीं हँसता। वह हँस भी नहीं सकता। इसलिए जो लोग हँस नहीं पाते, वे पशु के समान होते हैं। ऐसे लोग स्वभाव से बहुत कठोर होते हैं। हँसी तनाव को कम करती है। हँसने से हृदय खिल उठता है। हँसने वाले का चेहरा सुंदर हो जाता है। हँसते हुए को देखकर और लोग भी हँसने लगते हैं। हँसी प्रसाद की तरह अनेक गुना होकर बढ़ती है। इसलिए मनुष्य को हँसने का कोई भी मौका छोड़ना नहीं चाहिए। यह जिंदादिली की निशानी है। किसी बात पर हँसना तो ठीक है, किसी बुराई पर हँसना भी ठीक है, किंतु किसी मनुष्य की हँसी नहीं उड़ानी चाहिए। लूले-लंगड़ों या बेचारों पर हँसना पाप है। इसका प्रभाव उलटा होता है।

9. बरसात का दुख

बरसात वरदान है। उसी से अन्न और फल-फूल पैदा होते हैं। यह सबसे सुहानी ऋतु है। परंतु अति सबसे बुरी चीज़ है। अत्यधिक वर्षा से बाढ़ आ जाती है। लोगों के घर और खेत-खलिहान नष्ट हो जाते हैं। फसलें तबाह हो जाती हैं। पशु पानी में डूबकर मर जाते हैं। ग़रीबों के कच्चे मकान ढहकर टूट जाते हैं। अनेक लोग बेघरबार हो जाते हैं। आने-जाने के रास्ते बंद हो जाते हैं। गाँवों और शहरों के संपर्क तक टूट जाते हैं। बिजली और टेलीफोन जैसी सुविधाएँ भी बाधित हो जाती हैं। हर कहीं दलदल और कीचड़ दिखाई देती है। वातावरण में मच्छर और टिड्डे पैदा हो जाते हैं। अनेक बार बीमारियाँ पैदा हो जाती हैं। स्कूल और कॉलेज बंद होने के कारण पढ़ाई पर भी बहुत बुरा असर पड़ता है। इस प्रकार वरदान-सी लगने वाली बरसात अति के कारण अभिशाप प्रतीत होने लगती है। सच ही कहा है किसी ने–

यों दशरथ को राम है बारिश
राधा को भी श्याम है बारिश
पर जो डूबे, रोकर बोले
हाय हाय, कोहराम है बारिश॥

10. मधुर वचन

कविवर रहीम ने कहा है–

ऐसी वाणी बोलिए, मन का आपा खोय।
औरन को सीतल करै, आपहुँ सीतल होय॥

मीठी वाणी ऐसी शीतल वायु की तरह होती है जो तन-मन को ही नहीं, पूरे वातावरण को महमहा देती है। मीठी वाणी बोलने के लिए अहंकार छोड़ना आवश्यक है। अहंकार आग है। घमंडी आदमी रावण की तरह व्यवहार करता है और वातावरण को भय से कंपित कर देता है। जबकि सरल और विनम्र व्यक्ति पहले स्वयं सरलता और मिठास का अनुभव लेता है। फिर वह औरों से मीठे वचन कहता है।

एक भूखे ने दूसरे भूखे मित्र से कहा–लो भैया, मेरे पास एक ही रोटी है। तुम्हें भूख लगी है। तुम खा लो। मित्र ने सुना तो उसका दिल खुशी से भर गया। आनंद के कारण उसकी आँखों में आँसू आ गए। बोला–नहीं, मेरे प्यारे मित्र! यह रोटी तुम्हीं खाओ। मेरा पेट तो तुम्हारे मीठे वचन सुनकर ही भर गया है। दोनों प्रेम में मग्न हो गए। उन्होंने मिल-बाँटकर रोटी खा ली। सचमुच मीठे वचनों में अमृत छलकता है।

कुछ अनुच्छेद स्वयं लिखें

1. मेरा प्रिय खिलाड़ी

● उसका नाम ● खेल का नाम ● उसके रिकार्ड ● उसका व्यवहार ● मुझे प्रिय क्यों? ● शुभकामनाएँ।

2. मेरा विद्यालय

● विद्यालय का नाम ● भवन ●प्राचार्य ● आचार्य (अध्यापक) ● अनुशासन ● सुविधाएँ ● सफल विद्यालय।

3. मेरा मित्र

● मित्र का नाम ● शारीरिक रंग-रूप ● स्वभाव के गुण ● कोमल व्यवहार ● मुझे प्रिय क्यों?

4. जल-संकट

● जल जीवन है ● जल की कमी ● कमी के कारण ● जल बचाने के उपाय ● वर्षा-जल को बचाना ● नदियों को साफ़ रखना ● पानी को व्यर्थ बहने से रोकना।

5. मेरी प्रिय अध्यापिका

● अध्यापिका का नाम ● मुझे प्रिय क्यों? ● मधुर व्यवहार ● प्रेरणा देना ● हर प्रश्न का उत्तर देना ● मेरी शुभकामनाएँ।

6. स्वामिभक्त कुत्ता

● मेरा प्रिय कुत्ता–नीलू ● रंग-रूप ● मुझे प्रिय क्यों? ● उसकी स्वामिभक्ति के उदाहरण–कोई घटना।

7. मेरा प्रिय खेल

● प्रिय खेल–बैडमिंटन ● इनडोर खेल ● एक साथी की जरूरत ● एक घंटे में संपूर्ण व्यायाम ● खेलने की सुविधा आवश्यक ● आनंद और स्वास्थ्य का लाभ।

अच्छे निबंध की विशेषताएँ–

- निबंध जंजीर की भाँति शुरू से अंत तक जुड़ा हुआ होना चाहिए। हर वाक्य का संबंध अगले वाक्य से होना चाहिए। हर अनुच्छेद का संबंध अगले अनुच्छेद से होना चाहिए।
- निबंध संक्षिप्त होना चाहिए। सभी विचार सीधे और स्पष्ट होने चाहिए।
- निबंध का आरंभ जिज्ञासा से, प्रश्न से, किसी सूक्ति से, कविता की पंक्ति से अथवा किसी घटना या समाचार आदि से होना चाहिए। आरंभ ऐसा हो कि पढ़ने वाला आगे भी पढ़ने के लिए उत्सुक हो।
- बीच-बीच में घटनाएँ, उदाहरण, महापुरुष, महान वचन, आँकड़े, समाचार आदि का उल्लेख होना चाहिए।
- निबंध का अंत प्रेरणा देने वाला, रोचक और आशा जगाने वाला होना चाहिए।
- निबंध की शब्द-संख्या लगभग 200 से 250 शब्द होनी चाहिए।

कुछ महत्त्वपूर्ण निबंध

निम्नलिखित विचार-बिंदुओं के आधार पर 200 शब्दों का एक निबंध लिखिए।

1. मेरा प्यारा भारतवर्ष

विचार बिंदु– • त्याग भूमि • धर्म भूमि • महान पूर्वज • आपसी भाईचारा • त्योहार • वर्तमान दशा।

मेरा सौभाग्य है कि मैं भारत में जन्मा। यहाँ की जलवायु में पला-बढ़ा।
इस धरती के संस्कार मुझे मिले। मुझे भारतवासी होने का गौरव मिला।

त्याग भूमि–मेरा भारत महान है। इसने संसार को दिया ही दिया है। यह शांति का देश है। भारत के किसी राजा ने अपने पड़ोसी देश पर आक्रमण नहीं किया। दूसरे की धरती छीनना-झपटना भारतीयों के खून में नहीं है। तभी राम ने लक्ष्मण को कहा था–

अपि स्वर्णमयी लंका लक्ष्मण मे न रोचते।
जननी जन्मभूमिश्च स्वर्गादपि गरीयसी।।

धर्म भूमि–भारत की धरती धर्म भूमि है। यहाँ संसार के अनेक बड़े-बड़े धर्म पैदा हुए। बौद्ध धर्म चीन और जापान तक फैल गया। हमने पड़ोसी देशों को धर्म शक्ति से जीता, तलवार से नहीं। तभी तो हम गर्व से कहते हैं–

जीते हैं किसी ने देश तो क्या, हमने तो दिलों को जीता है।
यहाँ राम अभी तक हैं नर में, नारी में अभी तक सीता है।

महान पूर्वज–भारत का नाम लेते ही अनेक महान वीर, धर्मात्मा हमारी आँखों के सामने आ जाते हैं। यह धरती शकुंतला के पुत्र भरत की धरती है, जो बचपन में सिंहों के साथ बाहें मिलाकर खेला करता था। यहाँ भीम-अर्जुन जैसे वीर योद्धा हुए। राम जैसे आदर्श राजा हुए। यहाँ ध्रुव, प्रह्लाद और हनुमान जैसे भक्त हुए। कृष्ण जैसे नीतिवान हुए। शिवाजी और सुभाष जैसे वीर हुए। कबीर, सूर, तुलसी जैसे संत हुए। भगतसिंह, चंद्रशेखर जैसे क्रांतिकारी हुए और राष्ट्रपिता गाँधी जैसे देश-निर्माता हुए। मैं इस पावन भूमि को प्रणाम करता हूँ।

आपसी भाईचारे की धरती–भारत की सबसे बड़ी विशेषता है–इसका रंगबिरंगा रूप। यहाँ अनेक धर्मों, जातियों, विश्वासों, रंगों और अनेक परंपराओं वाले लोग मिलजुलकर रहते हैं। यहाँ हिंदू, मुसलमान, ईसाई–सब प्रेम से रहते हैं। यहाँ केरल के काले भी रहते हैं और गोरे कश्मीरी भी। सब मिलाकर भारत एक प्यारा-सा गुलदस्ता है, जिस पर हरेक को गर्व है।

जलवायु की विविधता–मेरा भारत गर्म देश है। यहाँ साल में आठ महीने गर्मी रहती है। परंतु यहाँ बर्फ से ढकी पहाड़ियाँ भी हैं। यहाँ लू भी चलती है और बर्फ भी गिरती है। यहाँ राजस्थान का रेगिस्तान भी है और मेघालय का मासिनराम भी, जहाँ संसार की सबसे अधिक बारिश होती है। यहाँ का मौसम तो इंद्रधनुष जैसा मनमोहक है। छह ऋतुएँ बारी-बारी आती हैं और हमारा मन मोह लेती हैं।

यहाँ की तीन-चौथाई सीमा पर समुद्र-तट लगता है और एक-चौथाई सीमा पर हिमालय पर्वत शोभायमान है। गंगा और यमुना यहाँ की पवित्र नदियाँ हैं, जिनका जल अमृत माना जाता है।

त्योहार–भारत के त्योहार भी तरह-तरह के हैं। दशहरा, दीवाली, होली यहाँ के प्रमुख त्योहार हैं। यहाँ ईद और क्रिसमस भी धूमधाम से मनाए जाते हैं। राखी, जन्माष्टमी, रामनवमी, मुहर्रम, पंद्रह अगस्त, छब्बीस जनवरी आदि त्योहारों को मिलाकर देखें तो यह देश धूमधाम और मस्ती भरा दिखाई देता है।

वर्तमान दशा–भारत 'सोने की चिड़िया' रहा है। इसलिए विदेशी लुटेरे सदियों तक यहाँ आते रहे। कभी मुसलमान आए, कभी अंग्रेज़ आए। वे यहाँ की सम्पत्ति को लूट-लूटकर अपने घर भरते रहे। परंतु अब भारत जाग चुका है। मुसलमान भी अब भारतीय रंग में रंग चुके हैं। अब हम फिर से उन्नति की ओर बढ़ रहे हैं। जल्दी ही वह दिन फिर से आएगा, जब हम संसार के सबसे शक्तिशाली देश होंगे। हमें विश्वास है–

हम होंगे कामयाब एक दिन।

2. स्वतंत्रता दिवस

विचार बिंदु– •स्वतंत्रता हमारा स्वभाव •स्वतंत्रता कैसे मिली? •स्वतंत्रता दिवस-उत्सव •महान प्रेरणाएँ

स्वतंत्रता हमारा स्वभाव–हर आदमी स्वतंत्र रहना चाहता है। परंतु कुछ लोग मनमानी करते हैं। वे सारी दुनिया को अपना गुलाम बनाना चाहते हैं। दुर्भाग्य से भारत सैकड़ों वर्षों तक गुलाम रहा। 15 अगस्त, 1947 को वह फिर-से स्वतंत्र हुआ। उस स्वतंत्रता की याद में 15 अगस्त को स्वतंत्रता दिवस मनाया जाता है।

स्वतंत्रता कैसे मिली?–स्वतंत्रता का इतिहास बलिदानों का इतिहास है। हमें स्वतंत्रता भीख में नहीं मिली। उसे पाने के लिए कठोर संघर्ष करना पड़ा। कितने ही युवकों को प्राणों की बलि देनी पड़ी। सन् 1857 में पहला स्वतंत्रता संग्राम हुआ। उसमें लक्ष्मीबाई, तात्याटोपे, बहादुरशाह ज़फर जैसे अनेक सेनानियों ने बलिदान दिया। उस संघर्ष के बाद अंग्रेज़ों ने भारत पर खूब अत्याचार किए। कुछ सालों तक संघर्ष रुक गया। किंतु आज़ादी की चिनगारी सुलगती रही। इस बीच कांग्रेस की स्थापना हुई। 1920 से 1947 के बीच महात्मा गाँधी ने कांग्रेस को सँभाला। उधर सुभाषचंद्र बोस, भगतसिंह, चंद्रशेखर आज़ाद जैसे क्रांतिकारियों ने अंग्रेज़ों पर भीषण चोटें कीं। उधर नेहरू, पटेल आदि नेताओं ने 'भारत छोड़ो आंदोलन' छेड़ दिया। परिणामस्वरूप अंग्रेज़ भारत को स्वतंत्र करके चले गए।

स्वतंत्रता दिवस-उत्सव–यह राष्ट्रीय उत्सव है। इसे पूरा भारत पूरी आन-बान-शान से मनाता है। इस दिन सभी सरकारी कार्यालय बंद रहते हैं। सभी सरकारी कार्यालयों और भवनों पर तिरंगा झंडा फहराया जाता है। राष्ट्रगान गाया जाता है। विद्यालयों और महाविद्यालयों में अनेक सांस्कृतिक कार्यक्रम किए जाते हैं।

इस दिन देश के प्रधानमंत्री लालकिले पर राष्ट्रीय झंडा फहराते हैं। वे राष्ट्र के नाम संदेश भी देते हैं। उनके भाषण को सुनने के लिए देश-भर से लाखों लोग इकट्ठे होते हैं। इस दिन महान क्रांतिकारियों को याद किया जाता है। इस दिन हमें सीख मिलती है कि हम भारतवासी आपस में कभी न झगड़ें। शक्तिशाली बनें। अपनी सीमाओं की रक्षा करें।

महान प्रेरणाएँ–देश को स्वतंत्र कराने के लिए महापुरुषों ने जो वचन कहे, वे हमें आज भी प्रेरणा देते हैं। **तिलक** ने कहा था–**'स्वराज्य हमारा जन्मसिद्ध अधिकार है।'** **सुभाषचंद्र बोस** ने कहा था–**'तुम मुझे खून दो, मैं तुम्हें आज़ादी दूँगा।'** **गाँधी** ने कहा था–**'करो या मरो।'** इन वचनों को सुनकर आज भी हमारे मन से यही आवाज़ आती है–

ऐ वतन ! ऐ वतन ! हमको तेरी कसम
तेरी राहों में जाँ तक लुटा जाएँगे।
फूल क्या चीज़ है, तेरे कदमों पे हम
भेंट अपने सिरों की चढ़ा जाएँगे।।

3. मेरा प्रिय महापुरुष : सुभाषचंद्र बोस

विचार बिंदु– • प्रेरणा भरे वचन • बचपन • देशसेवा • क्रांति का मार्ग • संघर्ष और बलिदान

तुम मुझे खून दो, मैं तुम्हें आज़ादी दूँगा।

ये वचन सुनते ही मेरा मन बलिदान के लिए उमड़ने लगता है। मुझे ऐसा नेता चाहिए, जिसके वचनों में सच्चाई हो, उमंग हो और निडरता हो। उसके एक इशारे पर मैं अपने प्राण भी न्योछावर कर सकता हूँ। भारत के इतिहास में मुझे सुभाषचंद्र बोस ऐसे नेता लगते हैं जिनके वचनों में देशभक्ति की भावना कूट-कूटकर भरी हुई थी। कवि **गोपाल प्रसाद व्यास** ने लिखा है–

वह खून कहो किस मतलब का
जिसमें उबाल का नाम नहीं।
वह खून कहो किस मतलब का
आ सके देश के काम नहीं।

सुभाषचंद्र बोस बलिदानी और ओजस्वी नेता थे। वे 23 जनवरी 1897 को कटक (उड़ीसा) में जन्मे। वे ऐसे स्कूल में पढ़ते थे जिसके अध्यापक अंग्रेज़ थे। अंग्रेज़ अध्यापक बात-बात में भारतीयों का अपमान करते थे। बालक सुभाष को बुरा लगता था। एक दिन उनकी अपने अध्यापक से कहा-सुनी हो गई। अध्यापक ने उन्हें 'यू ब्लैक इंडियन' कहकर गाली दी। सुभाष ने अध्यापक के गाल पर ज़ोरदार तमाचा जड़ दिया। परिणामस्वरूप उन्हें स्कूल से निकाल दिया गया।

सुभाषचंद्र बोस ने बड़े होने पर आई.सी.एस. की परीक्षा अच्छे अंकों से उत्तीर्ण की। परंतु उन्होंने अंग्रेज़ सरकार की नौकरी नहीं की। उन्होंने देशसेवा का निश्चय किया। वे कांग्रेस के सदस्य बन गए तथा देश को अंग्रेज़ों के कुशासन से आज़ाद कराने में जुट गए। उनका विश्वास था कि अंग्रेज़ बड़े मक्कार और दुष्ट हैं। वे गाँधी जी की अहिंसा से नहीं भागेंगे। उन्हें हिंसा और क्रांति से भगाना होगा। इसलिए उन्होंने गर्म रुख अपनाया। वे सशस्त्र क्रांति चाहते थे। उनका विश्वास था–

जिसने मरना सीख लिया है, जीने का अधिकार उसी को।
जो काँटों के पथ पर आया, फूलों का उपहार उसी को।।

जब भगतसिंह को फाँसी हुई तो सुभाष तिलमिला उठे। उन्होंने गाँधी जी की अहिंसा नीति का विरोध किया। उन्होंने नेहरू जी को प्रभाव में लिया और कांग्रेस के लाहौर अधिवेशन में **'पूर्ण स्वराज्य'** का बिल पास करवा दिया। बार-बार उन्हें नरम रुख वाले गाँधी जी से टकराना पड़ता था। इसलिए उन्होंने **आल इंडिया फारवर्ड ब्लॉक** नामक पार्टी बनाई। जब दूसरा विश्वयुद्ध हुआ तो वे अंग्रेज़ों की जेल तोड़कर जापान जा पहुँचे। वहाँ वे हिटलर से मिले। उन्होंने **आज़ाद हिंद फौज** की स्थापना की तथा अंग्रेज़ सरकार पर धावा बोल दिया। दुर्भाग्य से 18 अगस्त, 1945 को उनका विमान दुर्घटनाग्रस्त हो गया। तब से सुभाष लापता हैं। भारत की जनता आज भी यही मानती है कि वे जीवित हैं। शायद वे फिर से भारत की जनता में प्रकट हो जाएँ। उन्हें कोटि-कोटि प्रणाम !

4. महात्मा गाँधी

विचार बिंदु– • महानतम व्यक्ति • बचपन • दृढ़निश्चयी • दक्षिणी अफ्रीका में कांग्रेस का नेतृत्व • बलिदान

आइंस्टीन ने महात्मा गाँधी के बारे में लिखा था–**"आने वाली पीढ़ियाँ शायद ही इस बात पर विश्वास कर सकेंगी कि गाँधी जैसा हाड़-मांस का कोई महामानव सचमुच धरती पर पैदा हुआ था।"**

गाँधी अहिंसा के अवतार थे। वे देशवासियों के लिए पिता-समान थे। सज्जनता और सरलता की मूर्ति थे। पाप और हिंसा के श्मशान थे। किसी ने सच ही लिखा है–

भारत माँ की आस थे गाँधी।
नेताओं में खास थे गाँधी।
तभी देश बापू है कहता
हम सबके विश्वास थे गाँधी।

गाँधी का जन्म 2 अक्टूबर, 1869 को गुजरात के काठियावाड़ जिले में पोरबंदर नामक स्थान पर हुआ। उनका पूरा नाम मोहनदास करमचंद गाँधी था। वे बचपन से बहुत सरल, सीधे और सच्चे इन्सान थे। वे पढ़ाई में साधारण कोटि के छात्र थे।

उनकी विशेषता यह थी कि वे अपनी धुन के पक्के थे। उन्होंने नकल न करने की ठान ली तो ठान ली। उनके अध्यापक चाहकर भी उन्हें नकल न करा सके।

गाँधी जी वचन के पक्के थे। वे बड़े होकर वकील बने। उन्हें किसी मुकदमे के सिलसिले में दक्षिण अफ्रीका जाना पड़ा। उन्होंने माँ को वचन दिया–मैं शराब, मांस और व्यभिचार से दूर रहूँगा। इस वचन को उन्होंने दृढ़ता से निभाया। इसी कठोर अनुशासन ने उन्हें विश्व का महानतम नेता बना दिया। उन्होंने न तो जोरदार भाषण दिए, न बंदूक उठाई। केवल शांतिपूर्वक बुराई को नकार दिया।

दक्षिण अफ्रीका जाकर गाँधी जी ने देखा कि वहाँ गोरे शासक कालों पर मनमाने अत्याचार करते हैं। जब वे प्रथम श्रेणी में यात्रा कर रहे थे तो अंग्रेज़ अधिकारी ने उनका सामान उठाकर प्लेटफार्म पर फेंक दिया। उन्होंने इस घटना का जबरदस्त विरोध किया। धीरे-धीरे लोग उनके साथ जुड़े। वहाँ एक जन-आंदोलन खड़ा हो गया।

भारत आकर गाँधी जी ने कांग्रेस की बागडोर सँभाली। उन्होंने अंग्रेज़ों के विरुद्ध अनेक जन-आंदोलन चलाए। 1920–22 में असहयोग आंदोलन किया। 1929 में नमक-सत्याग्रह किया और प्रसिद्ध डांडी यात्रा की। 1942 में उन्होंने भारत छोड़ो आंदोलन चलाया। देश का बच्चा-बच्चा उनके साथ कटने-मरने के लिए तैयार हो गया। परिणामस्वरूप 15 अगस्त, 1947 को भारत आज़ाद हो गया। वे राष्ट्रपिता कहलाए।

महात्मा गाँधी संत थे। उन्होंने देश की बागडोर नेहरू जी को दी तथा स्वयं साधारण जीवन जीने लगे। 1947 में भारत-पाकिस्तान का विभाजन हुआ। उसमें लाखों हिंदू-मुसलमान मारे गए। 30 जनवरी, 1948 को उनके एक विरोधी ने उन्हें गोलियों से भून डाला। मानवता रो उठी। अहिंसा का पुजारी हिंसा से मारा गया। वे बलिदान हो गए। परंतु आज भी उनकी आत्मा जीवित है। सारा भारत उन्हीं से प्रेरणा लेता है।

5. परिश्रम का महत्त्व

विचार बिंदु– • उन्नति के लिए परिश्रम • विवेकपूर्ण परिश्रम • परिश्रम के लाभ • परिश्रम की प्रेरणा

यदि उन्नति चाहते हो, तो एक मंत्र याद रखो–**श्रमएव जयते**। परिश्रम की ही जीत होती है। सफलता पाने में तीन बातों का योगदान होता है–**भाग्य, योग्यता और परिश्रम**। भाग्य मनुष्य के हाथ में नहीं है। इसलिए उसकी चिंता छोड़ देनी चाहिए। योग्यता दो तरह से मिलती है–1. जन्म से 2. सीखने से। जन्म से मिलने वाली योग्यता पर हमारा कोई वश नहीं। इसलिए उसकी भी चिंता नहीं करनी चाहिए। मनुष्य के हाथों में तो बस एक ही ताकत है–परिश्रम करने की और नया सीखने की। दूसरे शब्दों में, कर्म करने की ताकत ही मनुष्य की असली ताकत है। गीता में भगवान कृष्ण ने भी यही कहा है–**'कर्मण्येवाधिकारस्ते'** अर्थात कर्म करना ही मनुष्य का अधिकार है।

कुछ लोग बिना सोचे-समझे परिश्रम करते हैं। इस अंधाधुंध श्रम का कोई लाभ नहीं होता। जैसे रेगिस्तान में बीज बोए चले जाने से कोई लाभ नहीं होता। परिश्रम सोच-समझकर किया जाना चाहिए। परिश्रम कब करना चाहिए, कहाँ करना चाहिए, कितना करना चाहिए–यह भी सोचना चाहिए। उचित समय पर थोड़ा-सा परिश्रम करने से भी जो लाभ मिलता है, वह गलत समय पर ढेर सारा परिश्रम करने पर भी नहीं मिलता।

परिश्रम के लाभ–परिश्रम का सीधा-सा लाभ है–उन्नति। कहते हैं–'परिश्रम कभी निष्फल नहीं जाता।' परिश्रम अपनी मंजिल की ओर बढ़ता एक कदम है। जैसे-जैसे परिश्रम बढ़ता है, वैसे-वैसे मंजिल पास आती-जाती है।

कई बार मंजिल बहुत दूर होती है। लोग परिश्रम करते-करते थककर चूर हो जाते हैं। वे बीच में ही परिश्रम करना छोड़ देते हैं। यह निराशा ठीक नहीं है।

रास्ता ही मंजिल–सच्चा राही वही होता है जो रास्ते को ही मंजिल मानता है। उसके लिए गति ही जीवन है। चलने में ही रस है। परिश्रमी व्यक्ति को कभी पछताना नहीं पड़ता। उसे यह संतोष रहता है कि वह जो कुछ कर सकता था, उसने किया। फल पर उसका कोई अधिकार नहीं।

किसी कवि ने ठीक ही कहा है–

न वो खाने में मिला, ना पीने में।
न ही आराम की जिंदगी जीने में।
वो मज़ा बिन बुलाए मिल गया मुझको
जब मैं घर आया डूबकर पसीने में।।

6. समय का महत्त्व

विचार बिंदु– • समय जीवन है • समय का सदुपयोग एवं दुरुपयोग • समय का प्रबंधन • समय का पालन

समय जीवन है। हम अगर जीवित हैं तो इसका यही अर्थ है कि हमारे पास जीने का कुछ समय है। हमारा समय खत्म हुआ तो समझो जीवन भी समाप्त हो गया। इसलिए समय का महत्त्व समझना बहुत जरूरी है।

समय का सदुपयोग–समय का सबसे अच्छा उपयोग यही है कि उसे अच्छे काम में लगाया जाए। ऐसे लोगों का जीवन सफल कहलाता है। जैसे महात्मा गाँधी ने अपने समय को देशभक्ति में लगाया। उनका जीवन सफल हो गया। आइंस्टीन ने अपना समय नई-नई खोजों में लगाया–उनका जीवन भी सफल हो गया। हम सभी महापुरुषों को इसलिए याद करते हैं, क्योंकि उन्होंने अपने समय का बहुत अच्छा उपयोग किया।

कुछ लोग समय का महत्त्व नहीं समझते। वे समय को नष्ट कर देते हैं। इसलिए समय उनको नष्ट कर देता है। जो छात्र परीक्षा से पहले तैयारी नहीं करते, उनका एक साल खराब हो जाता है। वे बाद में रोते और पछताते हैं। जो किसान वर्षा से पहले बीज नहीं बोते, उनकी जमीन में कुछ नहीं उगता। ऐसे लोग ही समय और जीवन को नष्ट करते हैं।

कुछ लोग ऐसे भी होते हैं जो समय का गलत उपयोग करते हैं। उन्हें समय का ठीक उपयोग करना नहीं आता। ऐसे लोग आग लगने पर बचने की जगह हाय-हाय करते हैं। परीक्षा की तैयारी की जगह नकल के तरीके ढूँढ़ते हैं। वे अपनी शक्तियों को बेकार कर डालते हैं। कुछ लोग काम का दबाव नहीं झेल पाते। अगर उन्हें एक ही समय में तीन काम करने हों तो वे बौखला कर सो जाते हैं या उलझे रहते हैं। वे भी समय को नष्ट करते हैं।

समय का प्रबंधन–समय का सदुपयोग करने के लिए समय की सही योजना बनाना आवश्यक है। अपनी दिनचर्या निश्चित करने से मनुष्य बहुत सारे काम कर सकता है। अगर कुछ भी निश्चित न हो तो सारे काम इकट्ठे होकर सिर पर सवार रहते हैं। यह कहावत प्रसिद्ध है–

एकै साधे सब सधै, सब साधै सब जाय

एक-एक काम करने से सब काम हो जाते हैं। सबको करने की कोशिश में कोई भी काम नहीं हो पाता। इसलिए मनुष्य को चाहिए कि वह जरूरत के हिसाब से कामों को बाँटकर करे।

समय का कठोरता से पालन करना चाहिए। जिस देश में काम समय से नहीं होते, उनका बहुत सारा समय नष्ट हो जाता है। लोग प्रतीक्षा ही करते रहते हैं। ऐसे समाज में उलटा समय का पालन करने वालों का अपमान होता है। हमें चाहिए कि हम समय का पूरी तरह पालन करें। इसी से समय, शक्ति और धन की बचत होगी।

7. व्यायाम और स्वास्थ्य

विचार बिंदु– • स्वास्थ्य का आनंद • वरदान • व्यायाम आवश्यक • व्यायाम के आधुनिक साधन

टामसन महोदय लिखते हैं–**"आनंद स्वास्थ्य से मिलता है और स्वास्थ्य व्यायाम से।"** स्वस्थ रहने के लिए पौष्टिक भोजन उतना जरूरी नहीं है जितना कि व्यायाम। व्यायाम शरीर को शक्तिशाली, स्वस्थ और नीरोग बनाए रखता है।

कहावत है–**'पहला सुख निरोगी काया।'** बीमार आदमी जीवन का कोई सुख नहीं ले पाता। इसलिए **तिलक** कहा करते थे–**"शरीर को दुर्बल और रोगी रखने के समान कोई दूसरा पाप नहीं है।"** स्वास्थ्य ही प्रसन्नता का खज़ाना है। स्वास्थ्य का अर्थ है–शरीर का सब प्रकार से कुशल होना। हाथ-पाँव ठीक चलते हों। खून का दौरा सहज हो। पेट में कोई विकार न हो। अपच, गैस, वायु आदि विकार न हों। पाचन-क्रिया ठीक हो। पसीना, मल आदि का निकास ठीक होता हो। शरीर का यही स्वभाव है। यह स्वभाव ठीक बना रहना चाहिए।

जब मनुष्य स्वस्थ होता है तो वह उत्साह और खुशी से भरा रहता है। उसकी सोच भी ठीक रहती है। वह हर खुशी का भरपूर आनंद लेता है और हर संकट का डटकर मुकाबला करता है। यही स्वस्थ जीवन की निशानी है।

स्वास्थ्य के लिए व्यायाम–कुछ लोग काजू-बादाम, दूध-मलाई खाने पर ज़ोर देते हैं। वे सोचते हैं कि इनसे स्वास्थ्य अच्छा बनेगा। यह बात पूरी तरह सच नहीं है। शरीर की गति ठीक बनाने के लिए उसे लगातार चलाते रहना ज़रूरी है। शरीर को चलाने का ही नाम व्यायाम है।

व्यायाम के प्रकार–व्यायाम के अनेक प्रकार हैं–

1. दौड़-कूद, योग-आसन आदि।
2. हॉकी-फुटबॉल, क्रिकेट आदि शारीरिक खेल।
3. सैर।

इन तीनों से ही शरीर स्वस्थ रह सकता है। बचपन और जवानी में शक्ति बहुत अधिक होती है। इसलिए तब थकाने वाले और पसीना निकालने वाले खेल और व्यायाम करने चाहिए। उम्र बढ़ने पर हल्के व्यायाम ठीक रहते हैं। इसलिए योग-आसन आजकल लोकप्रिय हो रहे हैं। गाँधी जी प्रातःकालीन लंबी सैर को पूर्ण व्यायाम मानते थे। व्यायाम कैसा भी हो, होना अवश्य चाहिए।

व्यायाम का सबसे बड़ा लाभ यही है कि इससे शरीर चुस्त बना रहता है। चरक मुनि कहते हैं–"व्यायाम करने वालों पर बुढ़ापा सहसा आक्रमण नहीं करता।" कसरती मनुष्य सदा जवान बना रहता है।

व्यायाम के आधुनिक साधन–आजकल व्यायाम के नए-नए और आधुनिक सामान बनते जा रहे हैं। नगरों में जिम खुलते जा रहे हैं। वहाँ ऐसी-ऐसी मशीनें हैं जिनसे आप अपने शरीर को मनचाहे रूप में ढाल सकते हैं। हमें उनका उपयोग करना चाहिए। यदि हम किसी खेल में रुचि ले लें तो यह और भी अच्छा होता है। खेल में व्यायाम और मनोरंजन दोनों साथ-साथ रहते हैं।

8. 20–20 क्रिकेट

विचार बिंदु– •तेज क्रिकेट •रोमांचक खेल •धुआँधार बल्लेबाजी •खतरनाक गेंदबाजी •मज़ेदार खेल

आज जमाने की गति बहुत तेज़ है। किसी के पास समय नहीं है। पाँच-पाँच दिन तक चलने वाले टैस्ट मैचों के दिन बीत गए। फिर 50-50 ओवरों के एकदिवसीय क्रिकेट मैच शुरू हुए। जमाना और तेज़ हुआ। आजकल 20-20 ओवरों के क्रिकेट मैच लोकप्रिय हैं।

20-20 क्रिकेट मैच आतिशबाजी के समान रोमांचक होते हैं। एक टीम को कुल 120 गेंदें खेलने को मिलती हैं। एक-एक गेंद कीमती होती है। एक भी गेंद खाली चली जाए तो बल्लेबाज माथा पीटता है, गेंदबाज खुश होता है और दर्शक अफसोस प्रकट करते हैं। बल्लेबाज पहली ही गेंद पर चौका ठोकने के मूड में होता है और गेंदबाज विकेट चटखाने की मुद्रा में। इसलिए दर्शक कमर सीधी करके मैच देखते हैं।

जब से 20-20 क्रिकेट मैच शुरू हुए हैं, खेल आक्रामक हो गया है। वही बल्लेबाज चुने जाते हैं जिनमें हर प्रकार की गेंद पर प्रहार करने की क्षमता हो। गेंद को सम्मानपूर्वक रोकने वाले बल्लेबाजों के दिन लद गए। अब तो धुआँधार रन बनाने वाले सहवाग, गंभीर, धोनी और युवराज जैसे बल्लेबाजों का जमाना है। आज गेंद को सीमा-रेखा के पार पहुँचाने वालों की इज्जत होती है। युवराज ने 6 गेंदों पर 6 छक्के ठोककर संसार-भर के क्रिकेट प्रेमियों के दिल में जगह बना ली।

20-20 क्रिकेट में गेंदबाज भी जादुई चाहिए। उसमें हर गेंद पर विकेट लेने का उन्माद चाहिए। अब ढीले-ढाले गुड लेंथ वाले गेंदबाजों के दिन नहीं रहे। आज तो बल्लेबाज को आतंकित करने वाले तेज़ गेंदबाज चाहिए जो तूफान की गति से सबको भौंचक्का कर दें या ऐसा फिरकी गेंदबाज चाहिए जिसकी वक्रता खुद उसको भी न समझ में आए। बल्लेबाज यह समझ न पाए कि गेंद किधर जाएगी। यदि वक्रता और गति दोनों मिल जाएँ तो ऐसे गेंदबाज मैच का पासा पलट देते हैं। उनके सामने सभी बल्लेबाज ताश के पत्तों की भाँति भरभराकर ढह जाते हैं।

ऐसे धुरंधर गेंदबाज और बल्लेबाज जब आमने-सामने होते हैं तो एक-एक गेंद को देखने का अपना आनंद होता है। रोमांच और पागलपन दोनों का मेल हो जाता है। इसलिए आजकल के क्रिकेटर यही गुनगुनाते हैं–20-20 क्रिकेट है यह!

धुआँधार जमाना आया खेलो ऐसा मैच।
या तो चौका छक्का ठोको, या हो जाओ कैच।।
तभी तुम खेल सकोगे।
नहीं तो बाहर दिखोगे।।

9. मेरी प्रिय पुस्तक

विचार बिंदु– • महाभारत कथा • कथा का आरंभ • स्मरणीय घटनाएँ • प्रेरणा और रोचकता

मैं पुस्तक प्रेमी हूँ। मुझे कहानियाँ पढ़ने का बहुत शौक है। पिछले दिनों मुझे 'महाभारत कथा' नामक पुस्तक पढ़ने का सौभाग्य मिला। यह पुस्तक छोटी-छोटी कहानियों में लिखी गई है। इसके लेखक हैं–चक्रवर्ती सी.गोपालाचारी। मैंने इस पुस्तक का हिंदी अनुवाद पढ़ा। इसकी रोचक कहानियों ने मुझे सदा-सदा के लिए इसका प्रशंसक बना दिया।

'महाभारत-कथा' का आरंभ शांतनु और भीष्म की कथा से होता है। पहले ही भाग में भीष्म की प्रतिज्ञा मुझे मोहित कर देती है। मैं उसकी कठोर प्रतिज्ञा का प्रशंसक बन जाता हूँ। फिर अंबा, अंबिका और अंबालिका के प्रसंग आते हैं। उसके बाद मुझे पांडु और धृतराष्ट्र के प्रसंग अपनी ओर खींचते हैं। शकुनि की टेढ़ी चालें और दुर्योधन का हठी होते जाना मन में भय पैदा करता है। मेरे मन में पांडु-पुत्रों के प्रति गहरी ममता जगती है।

द्रोणाचार्य और अर्जुन की धनुर्विद्या के प्रसंग मुझसे भुलाए नहीं भूलते। अर्जुन ने जिस तरह मछली की आँख को बेधा और द्रोपदी से विवाह रचाया, वह प्रसंग मेरे मन में बस गया। मैं अर्जुन के वीर व्यक्तित्व पर मुग्ध हो जाता हूँ। उसके बाद जिस घटना ने मुझे प्रभावित किया–वह थी जुए में इंद्रप्रस्थ और द्रोपदी को हारना। मैंने प्रण किया कि कुछ भी हो, कभी जुआ नहीं खेलूँगा।

अज्ञातवास के दौरान भीम ने जिस प्रकार कीचक को मारा, अर्जुन ने जैसे बृहन्नला बनकर राजकुमार उत्तर को बचाया, वह मुझसे भुलाए नहीं भूलता। वे दृश्य याद करके मैं आज भी रोमांचित हो उठता हूँ। कोई भी एक्शन फिल्म इन दृश्यों का मुकाबला नहीं कर सकती। महाभारत के युद्ध में अभिमन्यु का वध, जयद्रथ का संहार, द्रोणाचार्य का वध, भीष्म की मृत्यु, भीम द्वारा दु:शासन की छाती का लहू पीना, दुर्योधन का वज्र बनना और भीम द्वारा मारा जाना अत्यंत रोमांचकारी घटनाएँ हैं। वास्तव में महाभारत कथा अत्यंत रोचक, स्वाभाविक और प्रेरणादायी है। यह पुस्तक उपदेश का एक भी शब्द नहीं कहती। फिर भी इसकी घटनाएँ जीवन जीने की कला सिखाती हैं। किसी ने सच कहा है–महाभारत में जीवन की सारी घटनाएँ हैं। **जो महाभारत में नहीं, वह भारत में भी नहीं है।**

10. मेरी पहली यात्रा
अथवा
मेरी पहली रेल यात्रा

विचार बिंदु– • भ्रमण का कार्यक्रम • रेलगाड़ी से यात्रा • टिकट लेना • रास्ते के दृश्य • डिब्बे में रौनक • समाप्ति

जब मैं कक्षा पाँच में थी, तभी मुझे पहली बार यात्रा करने का अवसर मिला। 25 से 31 दिसंबर की छुट्टियाँ थीं। मैंने पिताजी से शिकायत की–आप हमें कहीं घुमाने नहीं ले चलते। मेरी माँ ने भी मेरी शिकायत में हाँ मिलाई। इस तरह आगरा घूमने का कार्यक्रम बन गया।

दिल्ली से आगरा कई बसें भी जाती हैं। किंतु मुझे रेलगाड़ी में बैठने का शौक था। इसलिए हम रेलवे-स्टेशन पहुँचे। वहाँ की भीड़भाड़ देखकर ऐसा लगा जैसे पूरा हिंदुस्तान आगरा जाना चाह रहा हो। टिकट-खिड़की पर लंबी कतारें थीं। महिलाओं की कतार में भी धक्का-मुक्की कम नहीं थी। जैसे-तैसे हमने चार टिकटें लीं और प्लेटफार्म पर पहुँचे।

हमारी टिकट रिज़र्व नहीं थी। इसलिए हम जनरल डिब्बे में चढ़े। परंतु वहाँ तो तिल रखने की भी जगह नहीं थी। हम रिज़र्व डिब्बे में चढ़ गए। टिकट-चैकर से हमने प्रार्थना की कि वह हमें आगरा तक की सीटें दे दे। चैकर भला आदमी निकला। उसने हमें चार सीटें दे दीं। इस तरह हमारा सफर शुरू हुआ।

मैं खिड़की के पास बैठी। मेरे भैया को भी सामने वाली सीट मिल गई थी। हम बहुत खुश थे। जब गाड़ी चली तो हमें गुदगुदी होने लगी। पता नहीं क्यों, हम बिना बात मुसकराए चले जा रहे थे। कभी बाहर फैले नगर, गाँव और खेतों को देखते तो कभी अंदर के सहयात्रियों को। हम कोई भी सीन छोड़ना नहीं चाहते थे। गाड़ी में बैठकर बाहर के चलते हुए दृश्य हमें ऐसे लग रहे थे जैसे अपने सामने कोई फिल्म देख रहे हों और हीरो-हीरोइन कोई गाना शुरू करने वाले हों। गाड़ी के अंदर चाय, कॉफी, ठंडा, नाश्ता, मूँगफली आदि बेचने वाले आए। हमने फ्रूटी पी। माँ और पिताजी ने चाय ली। मथुरा स्टेशन पर गाड़ी रुकी तो पिता जी वहाँ उतरे। वे गर्म-गर्म पकौड़ियाँ, पूरियाँ और सब्ज़ी ले आए। कुछ पराँठे हम घर से लाए थे। हमें गाड़ी में ही पिकनिक का आनंद आ गया।

खाना खाने के बाद हम फिर-से बाहर के मनोरम दृश्य देखने लगे। अचानक गाड़ी की आवाज़ बदली। वह गूँज-भरी आवाज़ थी। देखा, हम छोटी सी नदी के ऊपर बने पुल से गुजर रहे थे। एक महिला ने दो सिक्के नदी में डाले और हाथ जोड़ दिए। वे नदी को प्रणाम कर रही थीं। गाड़ी के अंदर कभी गाना सुनाने वाले बच्चों की जोड़ी आ जाती, कभी सामान बेचने वाले। कभी किसी स्टेशन पर कुछ यात्री उतर जाते तो कुछ यात्री चढ़ जाते। उनकी आँखों में विशेष प्रकार की चमक होती थी। चढ़ने वाले यात्री मानो कुछ ढूँढ़ रहे होते थे और उतरने वाले अपने किसी मिलने वाले की तलाश में होते थे। हम उनकी आँखों में झाँकते थे और मुसकराते थे। इस तरह कुछ ही मिनटों में घंटों का सफ़र बीत गया। गाड़ी से उतरते हुए लगा जैसे कोई प्यारा खज़ाना हमारे हाथ से छूट गया हो। मुझे यह रेलगाड़ी किसी देवदूत से कम नहीं लगी।

11. वर्षा-ऋतु

विचार बिंदु- • मनभावन ऋतु • सुहाना वातावरण • अन्नदायिनी • आनंददायी • कीचड़ • उपसंहार।

वह कौन-सी ऋतु है, जिसका नाम सुनते ही मन झूमने लगता है, मोर नाचने लगते हैं, पेड़-पौधे नहाने-धोने की तैयारी से फड़फड़ाने लगते हैं, धरती की प्यास शांत हो जाती है? वह है-वर्षा-ऋतु।

छह ऋतुओं में से वर्षा-ऋतु सबसे सुहानी है। यह ऋतु तेज़ गर्मी के बाद आती है। लोग गर्मी में धूप और लू से झुलस जाते हैं। माथे पर पसीना, शरीर से दुर्गंध-कुछ भी अच्छा नहीं लगता। हमारा रोम-रोम कहने लगता है-**'अल्ला! मेघ दे, पानी दे। हमें धूप से बचा। हमें तपिश से बचा।'** ऐसे समय में घुमड़ते हैं बादल। होती है रिमझिम बारिश। धरती की प्यास शांत हो जाती है। हवा शीतल हो जाती है। पेड़-पौधे धुल जाते हैं। आँधी थम जाती है। उसकी जगह चलने लगती है-शीतल बयार। ऐसी बयार भला किसे सुहानी नहीं लगती?

किसी ने सच ही कहा है-

सबके मन की मीत है बारिश।
मधुर-मधुर संगीत है बारिश।
आसमान से झूम बरसती
रब्बा, तेरी प्रीत है बारिश।।

वर्षा अन्न और जल देने वाली है। यही हमारी भूख और प्यास मिटाती है। बारिश से ही फसलें उगती हैं। गेहूँ और चावल उगते हैं। इसलिए बादलों को घुमड़ता देखकर किसान झूम उठते हैं। किसानों का घर-परिवार तो इन्हीं फसलों पर चलता है। इसलिए वर्षा को देखकर उनकी खुशी का ठिकाना नहीं रहता।

बारिश के कारण तालाब, नदियाँ और सरोवर भर जाते हैं। इससे साल-भर पीने का पानी और पशुओं को चारा मिलता रहता है। यदि बारिश न हो तो सूखा पड़ जाता है। कितने ही पशु मर जाते हैं। फसलें नष्ट हो जाती हैं।

वर्षा-ऋतु देखने और अनुभव करने में भी सुहावनी है। आकाश से बरसता पानी देखकर मन खुशी से नाच उठता है। बच्चे किलकारियाँ मारकर नहाते और खेलते हैं। बारिश के कारण रोज़-रोज़ के काम रुक जाते हैं। रास्तों में पानी भर जाता है। इसलिए घर के सदस्य इकट्ठे बैठते हैं। गप्पें मारी जाती हैं। पकौड़े-समोसे बनाए और खाए जाते हैं। सबको आराम और सुख मिलता है। घर में बैठे-बैठे ही पिकनिक का मज़ा आ जाता है।

वर्षा-ऋतु की हानियाँ भी हैं। कहीं-कहीं नदियों में बाढ़ आ जाती है। गाँव के गाँव डूब जाते हैं। हज़ारों लोग घर से बेघर हो जाते हैं। अनेक पशु मारे जाते हैं। शहरों में भी गली-रास्ते रुक जाते हैं। आना-जाना कठिन हो जाता है। जो जहाँ होता है, वहीं ठहर जाता है। अधिक पानी भरने से कई बार स्कूटर, कारें, बसें और रेलगाड़ियाँ तक रुक जाती हैं। पानी उतर जाने पर भी कीचड़ और गंदगी भर जाती है।

वर्षा की दूसरी हानि यह है कि इस मौसम में कीड़े-मकोड़े पैदा हो जाते हैं। साँझ के बाद इतने पतंगे हो जाते हैं कि घर में बैठना भी मुश्किल हो जाता है।

अधिक मात्रा में कोई चीज़ अच्छी नहीं लगती। अधिक वर्षा के अपने दुख हैं तो कम वर्षा के अपने दुख। वर्षा तभी सुहानी लगती है, जबकि वह धीमी-धीमी और मधुर हो।

12. हमारे पर्व

विचार बिंदु- • भारत में पर्वों का महत्त्व • प्रमुख पर्व • होली • दशहरा • दीवाली • ईद • स्वतंत्रता दिवस • गणतंत्र दिवस • उपसंहार

भारतवासी उमंग और उल्लास से जीना जानते हैं। हज़ारों सालों की गुलामी से भी हमारा उत्साह नहीं मरा। हमारी परंपराएँ जीवित रहीं। हमारी संस्कृति बनी रही। इसका कारण है-हमारे उत्सव।

भारत के सबसे बड़े उत्सव हैं—होली, दशहरा, दीवाली और ईद। होली भारत का सबसे मस्त और रंगीन उत्सव है। इस अवसर पर होलिका और प्रह्लाद की याद में रात को होली जलाई जाती है तथा अगले दिन फाग खेला जाता है। फाग के रंग, उल्लास, नाच-गाने सबको मस्त बना देते हैं।

दशहरे का त्योहार सीता की मुक्ति तथा रावण की मृत्यु की खुशी में मनाया जाता है। इस दिन देशवासी अपने-अपने नगरों में रावण का पुतला जलाते हैं। लोग हज़ारों की भीड़ में इकट्ठे होते हैं और मेले का भरपूर आनंद लेते हैं। दशहरे से पंद्रह दिन पहले देश में रामलीलाएँ शुरू हो जाती हैं।

दशहरे से बीस दिन बाद ज्योति का पर्व दीवाली आता है। यह भारत का सबसे बड़ा उत्सव है। इस दिन भगवान राम चौदह वर्षों का वनवास काटकर अयोध्या वापस लौटे थे। इसी खुशी में लोग आज भी अपने घरों में घी के दीपक जलाते हैं। आजकल बिजली की लड़ियों से घर-दुकान आदि सजाए जाते हैं। बच्चे बम-पटाखे और आतिशबाज़ी का आनंद लेते हैं। इन दिनों बाज़ारों में बहुत रौनक होती है। लोग खूब खरीदारी करते हैं और अपने घर साफ़ करते हैं।

ईद और मुहर्रम मुसलमानों के त्योहार हैं। ईद के दिन मुसलमान मसजिद में जाकर नमाज़ अदा करते हैं और आपस में गले मिलकर आपसी प्रेम प्रकट करते हैं। ईद से एक माह पहले से व्रत-रोज़े रखकर खुदा से प्रार्थना की जाती है। बाज़ारों की चहल-पहल देखने योग्य होती है।

पंद्रह अगस्त और छब्बीस जनवरी भारत के राष्ट्रीय पर्व हैं। ये हमारी आज़ादी के प्रतीक हैं। पंद्रह अगस्त को भारत अंग्रेज़ों के शासन से आज़ाद हुआ था। इस दिन सभी सरकारी कार्यालयों में राष्ट्रीय ध्वज फहराया जाता है। सभी विद्यालयों तथा जिला-केंद्रों पर देशभक्ति-पूर्ण सांस्कृतिक कार्यक्रम किए जाते हैं। लोगों में अपार उत्साह होता है। 26 जनवरी को भारत का संविधान लागू हुआ था। इस दिन दिल्ली में राष्ट्रपति भवन के सामने विशाल उत्सव होता है। सभी प्रांतों की सेनाएँ तथा कलाकार अपने-अपने कार्यक्रम प्रस्तुत करके देशवासियों का मन मोह लेते हैं।

इन पर्वों के अतिरिक्त क्रिसमस, रामनवमी, कृष्ण जन्माष्टमी, रक्षाबंधन, वसंत पंचमी, मकर-संक्रांति आदि अनेक उत्सव बड़े धूमधाम से मनाए जाते हैं।

13. विज्ञान—वरदान या अभिशाप

विचार बिंदु– • विज्ञान वरदान भी अभिशाप भी • वरदान • अभिशाप • उपसंहार।

वरदान और अभिशाप जुड़वाँ भाई हैं। ये एक-साथ जन्म लेते हैं। विज्ञान भी ऐसा वरदान है जिसके साथ अभिशाप जुड़े हैं। इसने जहाँ सुख दिए हैं, वहीं दुख भी दिए हैं। इसने जहाँ जीवन को सुरक्षा दी है, वहीं मौत का सामान भी इकट्ठा किया है। विज्ञान ऐसा सिक्का है जिसका एक पहलू काटकर अलग नहीं किया जा सकता।

विज्ञान ने हमें अनंत सुख दिए हैं। विज्ञान के कारण ही हम घर बैठे संसार-भर से बात कर सकते हैं। अपना संदेश भेज सकते हैं। अपने प्रियजनों की शक्ल-सूरत और घर का हालचाल देख सकते हैं। विज्ञान के कारण ही हम कुछ घंटों में पृथ्वी के एक कोने से दूसरे कोने तक आ-जा सकते हैं। विज्ञान ने हमें भीषण गर्मी में ठंडक देने वाले यंत्र दिए हैं और कंपकंपाती सर्दी में गर्मी देने वाले साधन दिए हैं। अब तो बनावटी वर्षा द्वारा मौसम को भी हाथ में ले लिया गया है।

किसी ने कहा है–

अगर कहीं विज्ञान न होता।
ये साजो-सामान न होता।
धरती यों जगमग न होती
नभ में वायुयान न होता।

विज्ञान के कारण ही अंधों को आँखें मिल रही हैं, बूढ़ों को घुटने और लूलों को हाथ। इसी के कारण आज की दुनिया रंगबिरंगी हो गई है। सब जगह सुंदर साज-सज्जा, प्रिंटिंग, रंग-रोगन दिखाई देता है। मनोरंजन के क्षेत्र में तो अद्‌भुत क्रांति हो गई है। हर आदमी के पास रेडियो, टेलीविज़न, कैमरा, मोबाइल आदि मौजूद हैं जो दिन-रात उसका मन बहलाने में लगे हुए हैं।

किसी कवि ने विज्ञान के बारे में ठीक कहा है–

चौबीस हाथों वाला लगता, मुझको यह अवतार।
बारह हाथों में सर्जन है, बारह में हथियार।।

विज्ञान ने ध्वंस, प्रदूषण और तनाव पैदा करने वाले अनेक साधन बना लिए हैं। युद्धों में जितना ध्वंस आज होता है, उतना पहले कभी नहीं होता था। आज हज़ारों मील दूर मार करने वाले अस्त्र बना लिए गए हैं। परमाणु बम का खतरा विश्व की छाती पर भूत की तरह मँडरा रहा है। विज्ञान के दखल के कारण जलवायु प्रदूषित हो चुकी है। जीव-जंतुओं के साथ-साथ मौसम भी बिगड़ गए हैं। मनुष्य के जीवन में असीम वासनाएँ जाग उठी हैं। अकेलापन, तनाव, पागलपन और जानलेवा बीमारियाँ भी विज्ञान की देन हैं।

विज्ञान अंधा है तो मानवता प्रकाशवान। यदि मानवता के विकास पर भी बल दिया जाए तो विज्ञान के ध्वंसक रूप समाप्त हो सकते हैं। हमें आइंस्टीन और गाँधी साथ-साथ चाहिए। **विज्ञान को सेवक की तरह काम में लाना चाहिए, हथियार की तरह नहीं।**

14. कंप्यूटर के लाभ

विचार बिंदु– • कंप्यूटर-युग • लाभ • सुविधा • विश्व-एक परिवार • हानियाँ • निष्कर्ष

बीस साल पहले कहते थे–'आज विज्ञान का युग है।' परंतु आज कहते हैं–'यह कंप्यूटर युग है।' कंप्यूटर ने ज्ञान-विज्ञान में इतनी तेज़ी ला दी है कि संसार में एक नई क्रांति हो गई है।

कंप्यूटर एक प्रकार का गणना-यंत्र है। यह पलक झपकते ही हज़ारों, लाखों क्या करोड़ों गणनाएँ कर सकता है। इसकी सहायता से हमारी ज़िंदगी बहुत आसान हो गई है। यह गणना के साथ-साथ बहुत-सी बातें याद भी रख सकता है। इसके पास एक मशीनी मस्तिष्क होता है। उसे जो चीज़ सिखाओ, वह समझ लेता है तथा आज्ञाकारी कर्मचारी की भाँति अपने-आप हमें उत्तर बता देता है।

कंप्यूटर का सबसे बड़ा लाभ बैंकों, कार्यालयों और हिसाब-किताब रखने वालों को हुआ है। पहले पैसे लेने-देने, गिनने और हिसाब-किताब मिलाने का काम मनुष्य करते थे। उनसे भूल हो जाया करती थी। अगर कभी काम का बोझ बढ़ जाता था तो हिसाब मिलने में नहीं आता था। हर बैंक या कार्यालय के सामने लंबी-लंबी कतारें दीखती थीं। रेलवे-स्टेशन या बुकिंग कार्यालय तो परेशानी के घर बने रहते थे। परंतु अब कंप्यूटर की सहायता से बैंकों का काम बहुत आसान हो गया है। दस आदमियों का काम एक कंप्यूटर ही कर लेता है।

कंप्यूटर ने हर मशीन में ऐसी प्रणाली डाल दी है कि हमें मेहनत कम-से-कम करनी पड़ती है। वाशिंग मशीन में कपड़े डालकर भूल जाएँ तो मशीन अपने-आप उन्हें धोकर सुखा देती है। छापेखाने की पुरानी मशीन की जगह नई डी.टी.पी. मशीनें आ गई हैं। उनके सहारे छपाई बहुत सुंदर, आसान और सस्ती हो गई है। कपड़ों के डिजाइन हों या मकानों के नक्शे, अब छपने या बनने से पहले उन्हें कंप्यूटर पर देखा जा सकता है। उन पर कौन-से रंग जँचेंगे-यह भी देखा जा सकता है।

कंप्यूटर ने संसार के सभी व्यक्तियों को बहुत नज़दीक ला दिया है। कंप्यूटर की सहायता से अमरीका, इंग्लैंड, रूस, भारत, पाकिस्तान आदि देश मोहल्ले के पड़ोसी जैसे हो गए हैं। पहले जो पत्र महीनों या हफ्तों में पहुँचता था, अब सैकेंडों में पहुँच जाता है। सूचना-तकनीक में तो बहुत तेज़ प्रगति हुई है। सारा संसार टेलीफोन, मोबाइल और इंटरनेट से जुड़ गया है। अब तो अलग-अलग देशों में बैठकर भी एक कमरे में मीटिंग की जा सकती है। अलादीन के चिराग ने भी इस जादू की कल्पना नहीं की होगी। ठीक ही कहा है किसी ने –

जब से आए हो कंप्यूटर, बदल गए दिन-रैन।
तुझ बिन जीवन सूना-सूना, नहीं मिलता है चैन।।

हर वरदान में हानियाँ भी छिपी होती हैं। कंप्यूटर के आने से भारत में बेरोजगारी की समस्या बढ़ी है। बैंकों, कार्यालयों, फैक्टरियों में कंप्यूटरों से काम होने लगा है। आदमी की ज़रूरत कम हुई है। हर कार्यालय से पुराने कर्मचारी हटाए जा रहे हैं। रोजगार न मिलने पर खाली आदमी क्या करेगा-यह किसी ने सोचा ही नहीं।

कंप्यूटर की दूसरी हानि यह है कि आदमी पूरे संसार की तो खबर रखता है किंतु अपने घर-परिवार और पास-पड़ोस के लिए उसके पास समय नहीं रहा। इसलिए जीवन में रस नहीं रहा। लालच बढ़ रहा है, संतोष कम हो रहा है।

तीसरे, मनुष्य पूरी तरह मशीनों का गुलाम हो गया है। यदि ये मशीनें न रहें या काम करना बंद कर दें तो उसकी क्या दशा होगी-यह सोचकर भी डर लगता है।

कंप्यूटर की हानियों पर काबू पाया जा सकता है। इसके लिए उसे दोष नहीं दिया जा सकता। शायद कंप्यूटर ही इन हानियों से बचने का कोई उपाय सुझा दे।

15. बढ़ता प्रदूषण

विचार बिंदु– • प्रकृति एक स्वच्छ वरदान • नदियाँ प्रदूषित • फल-फूल दूषित • वायु और मौसम दूषित • कारण और समाधान

प्रकृति की गोद बहुत सुहावनी है। धरती से उपजे फल-फूल-वनस्पतियाँ हमें पौष्टिक भोजन देते हैं। नदियों का पवित्र जल हमें जीवन देता है। मधुर-मंद हवाएँ हमें आनंद प्रदान करती हैं। पक्षियों का मनोरम कलरव सुख देता है। वातावरण की शीतलता रस प्रदान करती है। इन्हीं प्राकृतिक तत्त्वों के कारण हमें जीवन सुखदायी लगता है।

पिछले 50 वर्षों से प्रकृति के ये अनमोल कोष दूषित हो गए हैं। दिल्ली में जो यमुना बहती है, उसे देखकर आदमी सिहर उठता है। उसमें नालों, फैक्टरियों और नगरों का इतना कचरा मिल चुका है कि उसे छूने का भी मन नहीं करता। यही हाल पवित्र गंगा का है। तभी यह गाना लिखा गया था–

राम तेरी गंगा मैली हो गई
पापियों के पाप धोते-धोते।

आज कुओं, तालाबों, नहरों–सबका पानी दूषित हो चुका है। इसलिए पानी बोतलों में बंद होकर बिक रहा है। खाने की कोई चीज़ साफ़-स्वच्छ नहीं है। सभी फल और अन्न विषैले रसायनों के कारण हानिकारक हो चुके हैं। आम हो या सेब, केला हो या घीया– सब में रसायन छिड़के जा रहे हैं। यहाँ तक कि दूध भी बनावटी बिक रहा है। भैंस को टीका लगाकर उसके दूध को भी अस्वच्छ बनाया जा रहा है।

आज वायुमंडल भी दूषित हो चुका है। शीतल स्वच्छ हवा के झोंके नदारद हो गए हैं। उनकी जगह मिलती हैं–लू, गैस और पैट्रोल के धुएँ से भरी दमघोंटू हवाएँ। वातावरण में नमी की जगह गर्मी ने ले ली है। उमस और घुमस के कारण जीना कठिन हो गया है। पृथ्वी का ताप रोज़-रोज़ बढ़ता जा रहा है। उसके कारण बर्फ के ग्लेशियर पिघल-पिघलकर समुद्र का स्तर बढ़ा रहे हैं। किसी ने सच कहा है–

अगर बढ़ाओगे अब ताप।
करना होगा पश्चात्ताप।

अब न तो बागों में कोयल कूकती है, न मोर नाचते हैं। यहाँ तक कि गिद्ध भी नज़र नहीं आते। दूषित वातावरण के कारण कई जीव-जंतु और पक्षी लुप्त होते जा रहे हैं। वातावरण में शोर इतना है कि लोग बहरे हो गए हैं। आज सड़कों पर वाहनों का शोर, उत्सवों पर डी.जे. संगीत का शोर–सब जगह शोर ही शोर है। इसके कारण तनाव बढ़ने लगा है।

प्रदूषण बढ़ने के कारण दो हैं–बढ़ती आबादी और अंधाधुंध विकास। इन दोनों पर लगाम रखने से ही प्रदूषण घट सकता है।

अपनी परीक्षा स्वयं लें

निम्नलिखित विचार बिंदुओं के आधार पर निबंध लिखिए–

दूरदर्शन

• दूरदर्शन एक प्रभावशाली यंत्र • लाभ–मनोरंजन • शिक्षा • समाज-सुधार • शेष दुनिया से संबंध • जन-जागरण • हानियाँ–गंदे कार्यक्रम • हिंसा और अश्लीलता को बढ़ावा • समय की बर्बादी • स्वास्थ्य पर बुरा असर • उपसंहार।

रक्षाबंधन

• रक्षाबंधन–भाई-बहन का प्रेम • आरंभ कैसे हुआ? • राजा बलि की घटना • बहनों का भाई के घर जाना • मिठाई-तिलक और राखी बाँधना • भाई द्वारा उपहार देना • पारिवारिक भावना का विकास • कन्या का उसके मायके से जुड़ाव • सुखद त्योहार।

सच्ची मित्रता

• सच्चा मित्र आवश्यक • मित्र के गुण • सुख-दुख का भागीदार • विश्वासपात्र • विपत्ति में सहायक • संबंधों में बराबरी • मित्रता का आधार पैसा या पद नहीं, मन का मेल • कृष्ण और सुदामा का उदाहरण • मित्र कैसे चुनें • मित्रता कैसे निभाएँ • क्या सावधानी आवश्यक • सच्चा मित्र एक ख़ज़ाना होता है।

मेरे जीवन का लक्ष्य

• लक्ष्य आवश्यक • लक्ष्य रखने के लाभ • जीवन में गति और रुचि • मेरा लक्ष्य–गायक बनना • पढ़ाई आवश्यक • बोलचाल के तौर-तरीके सीखना आवश्यक • निरंतर मार्गदर्शन और अभ्यास आवश्यक • मेरे गुरु • अभ्यास • मंच पर प्रस्तुति • गायन-प्रतियोगिता में भाग • सफल होने का विश्वास।

मेरा प्रिय खिलाड़ी सचिन

• मेरा प्रिय खिलाड़ी सचिन तेंदुलकर • क्यों प्रिय? • प्रतिभाशाली क्रिकेटर • शतकों का अंबार • विश्व में सर्वाधिक रन • स्वभाव से विनम्र • सहयोगी • अहंकार से दूर • निरंतर अभ्यास • अब भी उत्साह • मेरी शुभकामनाएँ।

अपनी बात कहने को **अभिव्यक्ति** कहते हैं। अभिव्यक्ति दो प्रकार से होती है–

1. बोलकर (मुख से)
2. लिखकर

भाषा मूल रूप से मौखिक होती है। मौखिक भाषा में कुशलता प्राप्त करना आवश्यक है। इसकी अभिव्यक्ति निम्नलिखित रूपों में होती है–

- बातचीत द्वारा (संवाद द्वारा)
- भाषण द्वारा
- कहानी द्वारा
- वर्णन द्वारा
- कविता द्वारा

भाषा में कुशल होने के लिए हमें अभ्यास करना चाहिए।

संवाद (बातचीत)

हम दिन-भर में अनेक लोगों से बातचीत करते हैं। इसे संवाद भी कहते हैं। बातचीत करना सामान्य-सी बात है। किंतु अच्छी और प्रभावी बातचीत करना एक कला है। जो लोग प्रभावी बात करने में कुशल होते हैं, वे हर जगह सराहे जाते हैं। वे जल्दी ही लोकप्रिय हो जाते हैं। नीचे दो उदाहरण दिए जा रहे हैं–

एक अध्यापक और छात्र की बातचीत

छात्र– नमस्कार सर!

अध्यापक– नमस्कार बेटे! कहो कैसे हो?

छात्र– अच्छा हूँ सर! आपकी कृपा है।

अध्यापक– कहो, कैसे आना हुआ?

छात्र– सर! मुझे महादेवी वर्मा की कविता अच्छी तरह समझ नहीं आई। आपसे समझना चाहता हूँ।

अध्यापक– हाँ! तुम ऐसा करो। छुट्टी के बाद 2.05 पर मुझे स्टाफ रूम में मिलो।

छात्र– ठीक है सर! धन्यवाद सर!

दो लड़कियों की बातचीत *(नाटक में भाग लेने पर)*

स्नेहा– हलो महिमा! कैसी हो?

महिमा– तुम सुनाओ! सुना है नाटक में रोल कर रही हो।

स्नेहा– हाँ, मज़ेदार अनुभव है यह! मैं नायिका का रोल कर रही हूँ।

महिमा– हाँ, पहले यह रोल मुझे दिया गया था। परंतु मेरी परीक्षाएँ हैं।

स्नेहा– हाँ, पता चला था। चलो इसी बहाने मुझे मौका मिल गया। वरना तुम्हारे होते मुझे कौन पूछता?

महिमा– नहीं, नहीं, ऐसा बिल्कुल नहीं है। तुम पर भी भगवान की असीम कृपा है। अच्छा अभिनय कर लेती हो।

स्नेहा– धन्यवाद!

महिमा– मेरी शुभकामनाएँ तुम्हारे साथ हैं।

अभ्यास कीजिए

- एक भिखारी और सेठ की बातचीत लिखिए।
- क्रिकेट-मैच पर दो मित्रों की बातचीत लिखिए।

भाषण

भाषण देना एक कला है। इसका उद्देश्य श्रोताओं को प्रभावित करना होता है। एक प्रभावी भाषण में निम्नलिखित गुण होने चाहिए–

- भाषण देने से पहले श्रोताओं को संबोधित करना चाहिए। जैसे–
  आदरणीय गुरुजन तथा मेरे प्रिय सहपाठियो!
  सभा में उपस्थित सभी श्रोताओं को मेरा प्रणाम! मैं आपके सामने '......................' विषय पर अपने विचार प्रकट करना चाहता हूँ।
- भाषण की भाषा बहुत सरल, भावपूर्ण और रोचक होनी चाहिए। उसमें सूचनाएँ न होकर दिल को छूने वाले भाव होने चाहिए।
- वाक्य छोटे-छोटे होने चाहिए। बीच-बीच में सूक्तियाँ, काव्य-पंक्तियाँ या महापुरुषों के प्रसंग या कथन होने चाहिए।

उदाहरण–

1. गुरुभक्ति पर भाषण दीजिए।

आदरणीय गुरुजन तथा मेरे प्रिय सहपाठियो!

आज मैं आपके सामने 'गुरुभक्ति' पर अपने विचार प्रकट करने जा रहा हूँ। आशा है, आप ध्यानपूर्वक सुनेंगे। कबीरदास लिखते हैं–

गुरु गोविंद दोऊ खड़े, काके लागूँ पाय।
बलिहारी गुरु आपने, गोविंद दियो बताय।।

गुरु भगवान से भी बढ़कर हैं। वे हमें अच्छे-बुरे का ज्ञान कराते हैं। वे हमें संसार की एक-एक वस्तु का परिचय कराते हैं। यहाँ तक कि भगवान तक पहुँचने का रास्ता बताने वाले भी गुरु हैं। वे अँधेरे में प्रकाश के समान हैं। गर्मी में बरसात के समान हैं। वे प्यासे के लिए पानी और भूखे के लिए भोजन हैं। गुरु के बिना मनुष्य पशु के समान भटकता है। मनुष्य को इन्सान बनाने वाला गुरु ही है। ऐसे गुरु को मेरा शत-शत प्रणाम!

2. समय पर भाषण दीजिए।

समय जीवन है। यह धन से भी अधिक मूल्यवान है। धन खो जाए तो कमाया जा सकता है, लेकिन एक बार गँवाया हुआ समय वापस नहीं लौटा करता। हर काम का समय तय है। समय पर काम न करना आलस्य है। आलसी आदमी ही समय को नष्ट करता है। इसलिए समय उसके जीवन को नष्ट कर देता है। रोगी रोग का इलाज न करके समय नष्ट करता है। कुछ दिनों बाद वह रोग रोगी को नष्ट कर देता है। गाड़ी पकड़ने के लिए समय पर न पहुँचे तो गाड़ी छूट जाती है। परीक्षा के समय परिश्रम न करें तो विद्यार्थी असफल हो जाता है। अत: समय का सम्मान सभी को करना चाहिए।

अभ्यास कीजिए

- विज्ञापनों की चकाचौंध पर भाषण दीजिए।
- खेलों के महत्त्व पर भाषण दीजिए।
- 'रीयल्टी शो' पर एक भाषण दीजिए।

कहानी सुनाना

कहानी सुनाने की कला में निम्नलिखित बातें होती हैं—

- कहानी पूरी तरह याद हो।
- सभी संवाद जबान पर चढ़े हों।
- पात्रों के नाम भी याद हों।
- वाक्य छोटे-छोटे हों।
- बीच-बीच में भाषण न हों। कहानी की एक कड़ी अगली कड़ी से तुरंत जुड़ जानी चाहिए।

उदाहरण—

एक सेठ के चार पुत्र थे। चारों आपस में लड़ते रहते थे। जब सेठ मृत्यु के नज़दीक आया तो उसने अपने चारों पुत्रों को बुलाया। उसने सबके हाथों में एक-एक छड़ी दी। उसने पुत्रों को कहा कि इस छड़ी को तोड़ दो। चारों ने झट से छड़ियाँ तोड़ डालीं।

अब सेठ ने चार वैसी ही छड़ियाँ निकालीं। उनको एक रस्सी से बाँधा। अब उसने सभी बेटों को बारी-बारी से बुलाया। उनको कहा कि वे इस गट्ठर को तोड़ें। चारों ने ज़ोर लगाया। गट्ठर नहीं टूटा।

सेठ ने पुत्रों की आँखों में देखा। सभी की नज़रें झुकी हुई थीं। वे बोले—पिता जी! आगे से हम कभी नहीं लड़ेंगे। पिता बोले—अब मैं आराम से मर सकूँगा। तुम्हारी सदा विजय होगी।

अभ्यास कीजिए

- परिश्रम के महत्त्व पर एक कहानी सुनाइए।
- निस्वार्थ सेवा के महत्त्व पर एक कहानी सुनाइए।
- देशभक्ति और बलिदान पर एक कहानी सुनाइए।

रिपोर्ट, समाचार या वर्णन

किसी सूचना, घटना या समाचार को सुनाना वर्णन-कला के अंतर्गत आता है। वर्णन में निम्नलिखित गुण होने चाहिए–

वर्णन विषय के अनुसार गंभीर या हल्का होना चाहिए। करुणा या दुःख भरी घटनाओं का वर्णन करते समय हमारी वाणी शांत और गंभीर होनी चाहिए। अच्छी घटनाओं का वर्णन करते समय वाणी में उत्साह और प्रसन्नता होनी चाहिए।

उदाहरण–

एक दुर्घटना का वर्णन

आज शाम 5.00 बजे रेलवे फाटक पर एक दुर्घटना घट गई। एक बैलगाड़ी रेलवे लाइन पर फँस गई। पहिए के टूटने के कारण बैल भी गाड़ी के साथ फँसा रहा। रेलगाड़ी अपनी गति से उन्हें रौंदती हुई चली गई। घटनास्थल पर करुणा-भरा नज़ारा था। बैल काफ़ी दूर तक गाड़ी के साथ-साथ घिसटता गया। अंत में उसकी मौत हो गई। अचानक हुई इस खराबी के कारण चाहते हुए भी कोई कुछ नहीं कर पाया।

क्रिकेट-मैच का वर्णन

आज भारत-पाकिस्तान के बीच क्रिकेट का रोमांचक मैच हुआ। टॉस पाकिस्तान ने जीता। उन्होंने पहले खेलने का फैसला किया। उनके पहले दो खिलाड़ी जमकर खेले। उन्होंने 8 ओवरों में धुआँधार 60 रन बना दिए। तभी ज़हीर खान को पहली विकेट मिली। उसके बाद पाकिस्तानी खिलाड़ियों का ध्यान भंग हो गया। देखते-ही-देखते उनके सभी खिलाड़ी 48 ओवरों में केवल 185 रनों पर सिमट गए।

भारत की शुरुआत खराब हुई। दूसरी ही गेंद पर वीरेंद्र सहवाग लपके गए। परंतु गौतम गंभीर और युवराज की जोड़ी ने 50-50 रन बनाकर जीत की नींव रख दी। सचिन के छक्के ने 40वें ओवर में ही भारत को जीत दिला दी।

अभ्यास कीजिए

- बरसात में डूबी सड़कों का वर्णन कीजिए।
- दशहरे की भीड़ का वर्णन कीजिए।
- परीक्षा-भवन के दृश्य का वर्णन कीजिए।

कविता-पाठ

कविता-पाठ का लक्ष्य है—श्रोताओं को आनंदित करना। अच्छे कविता-पाठ में निम्नलिखित बातें होनी चाहिए—

- कविता पूरी तरह याद करके बोलनी चाहिए।
- भाव के अनुसार लय और ध्वनि में उतार-चढ़ाव होना चाहिए।
- चेहरे और शरीर से भी कविता के अनुसार भाव प्रकट होने चाहिए।

उदाहरण—

वीर रस की कविता का पाठ

महाराणा प्रताप की नन्हीं बिटिया बोल रही है—

वह कौन शत्रु है जिसने
सेना का नाश किया है।
तुझको मुझको और माँ को
जिसने बनवास दिया है।
इक पतली-सी पैनी-सी
तलवार मुझे भी दे दे।
मैं उसको मार भगाऊँ
क्षण मुझको रण करने दे।

करुण रस की कविता

भूखी बच्ची अपने पिता (महाराणा प्रताप) से कहती है—

सुनती हूँ तू राजा है।
मैं प्यारी छौनी तेरी।
क्या दया न आती तुझको
यह दशा देखकर मेरी।
मैं रोती थी तो देता था
खाने को मुझे मिठाई।
अब रोती हूँ खाने को
आती क्यों तुझे रुलाई?

अभ्यास कीजिए

- मानवता के संदेश पर कविता-पाठ कीजिए।
- गाँधी जी पर एक कविता-पाठ कीजिए।
- आगे बढ़ते रहने पर कविता-पाठ कीजिए।
- संघर्ष से न घबराने पर कविता-पाठ कीजिए।

अपनी बात कहने के दो साधन हैं–1. बोलना 2. लिखना।

इन दोनों की विशेषताएँ अलग-अलग हैं। बोलने का प्रभाव अस्थायी होता है तो लिखने का स्थायी। इसलिए लिखना अधिक कठिन माना जाता है। लिखित रचना को लंबे समय तक पढ़ा जा सकता है। इसलिए उसमें भाषा का संयम और संतुलन आवश्यक है। नीचे लिखित रचना के कुछ रूप और उदाहरण दिए जा रहे हैं–

रिपोर्ट (प्रतिवेदन)

किसी घटना, कार्यक्रम, बैठक, सभा आदि की क्रमवार सूचना देना रिपोर्ट लेखन कहलाता है। इन्हीं के आधार पर समाचार लिखे जाते हैं। एक अच्छी रिपोर्ट में निम्नलिखित बातें होनी चाहिए–

- रिपोर्ट तथ्यों पर आधारित होनी चाहिए।
- उसमें संस्था, कार्यक्रम-स्थल, आयोजक, वक्ता तथा मुख्य श्रोताओं के नाम भी आने चाहिए।
- सारे कार्यक्रम या भाषण का विवरण सिलसिलेवार होना चाहिए।
- रिपोर्ट की भाषा सूचनात्मक होनी चाहिए, भावनात्मक या कलात्मक नहीं।

उदाहरण–

1. अपने विद्यालय के वार्षिकोत्सव की रिपोर्ट लिखिए।

2 फरवरी, 2014, नई दिल्ली। आज हंसराज मॉडल स्कूल, दिल्ली का वार्षिकोत्सव इसके प्रांगण में आयोजित हुआ। इस अवसर पर देश के जाने-माने कवि श्री अशोक चक्रधर मुख्य अतिथि के रूप में पधारे। ठीक 10.00 बजे बैंड की ध्वनि के बीच उनका स्वागत किया गया। मंच पर डी. ए. वी. प्रबंध समिति के प्रबंधक श्री दरबारी लाल एवं विद्यालय की प्राचार्या श्रीमती कुमार शोभायमान थीं। कार्यक्रम दीप-प्रज्वलन से आरंभ हुआ।

इस अवसर पर विद्यालय के बाल कलाकारों ने अनेक सांस्कृतिक कार्यक्रम प्रस्तुत किए। पंजाब का गिद्दा नृत्य, राजस्थान का घूमर नृत्य और हरियाणवी नृत्य बहुत मनमोहक थे। दो छात्राओं ने शास्त्रीय नृत्य भी प्रस्तुत किए। गीत, कविता, भजन और नाटक की प्रस्तुतियाँ भी मनमोहक थीं। सारा वातावरण तालियों की गड़गड़ाहट से गूँज उठा। तत्पश्चात प्राचार्या श्रीमती कुमार ने विद्यालय की उपलब्धियों पर प्रकाश डाला। अंत में मुख्य अतिथि श्री अशोक चक्रधर ने संबोधित किया। उन्होंने सभी बाल कलाकारों की सराहना की। विद्यालय के अनुशासन, प्रबंध और स्तर की प्रशंसा की। उन्होंने बच्चों को संवेदनशील और जिम्मेदार नागरिक बनने की प्रेरणा दी। धन्यवाद ज्ञापन और राष्ट्रगान के साथ कार्यक्रम संपन्न हो गया।

2. आपके विद्यालय में तीन कुल हैं–ब्रह्मा, विष्णु, महेश। तीनों में भाषण-प्रतियोगिता हुई। आप एक प्रतिवेदन तैयार कीजिए।

12 मार्च, 2014 को सरस्वती बाल मंदिर, नेहरू नगर, दिल्ली में एक भाषण प्रतियोगिता आयोजित हुई। इसमें तीनों कुलों के 12 छात्र-छात्राओं ने भाग लिया। भाषण का विषय था–भ्रष्टाचार : गंभीर समस्या।

प्रतियोगिता दोपहर 12.00 बजे रवींद्र भवन में शुरू हुई। विद्यालय के प्राचार्य श्री मनोहर लाल शर्मा कार्यक्रम के अध्यक्ष थे। मंच पर उप-प्राचार्य श्रीमती मंजु कौशिक तथा श्रीमती सरला गुप्ता [हिंदी विभागाध्यक्षा] उपस्थित थीं। निर्णायक की भूमिका श्री अनुराग अरोड़ा, श्रीमती वंदना शर्मा तथा सुश्री शालिनी दहिया ने निभाई। मंच-संचालन कक्षा 12 के छात्र अवध बिहारी ने किया।

सभी वक्ताओं ने भ्रष्टाचार पर तीखी प्रतिक्रिया व्यक्त की। उनके रोष को सुनकर पूरा सदन तालियों से गूँज उठता था। ऐसा लगता था कि मेरे देश की यह नई पीढ़ी अपने होते भ्रष्टाचार को खत्म करके रहेगी। जब कभी भ्रष्टाचार पर व्यंग्य की कविता सुनाई जाती थी तो चारों ओर से तालियों का एक तूफ़ान-सा खड़ा होता था। अंत में जब निर्याणक मंडल ने अपना निर्णय सुनाया तो सदन तालियों से इसलिए गूँज उठा क्योंकि जो वक्ता सर्वश्रेष्ठ चुने गए वे सबकी पसंद के थे। अंत में प्राचार्य महोदय ने विजेताओं को पुरस्कार दिए। उन्होंने अन्य वक्ताओं को भी और अधिक अच्छा बोलने के लिए प्रेरित किया।

अभ्यास कीजिए

1. अपने विद्यालय के वार्षिकोत्सव की एक रिपोर्ट तैयार कीजिए।
2. अपने विद्यालय के खेल-उत्सव पर एक रिपोर्ट तैयार कीजिए।
3. गणतंत्र-दिवस पर आयोजित उत्सव पर एक रिपोर्ट तैयार कीजिए।
4. स्वतंत्रता दिवस पर एक रिपोर्ट तैयार कीजिए।
5. आपके विद्यालय और एक अन्य विद्यालय के मध्य क्रिकेट मैच आयोजित किया गया। एक रिपोर्ट तैयार कीजिए।
6. नगर में एक चित्रकला-प्रदर्शनी आयोजित की गई। आप एक रिपोर्ट तैयार कीजिए।
7. नगर में एक पुष्प-प्रदर्शनी आयोजित की गई। एक रिपोर्ट तैयार कीजिए।
8. भ्रष्टाचार के विरुद्ध नगर में एक प्रदर्शन हुआ। एक रिपोर्ट तैयार कीजिए।

संवाद लेखन

बातचीत को **संवाद** कहते हैं। संवाद करना एक बात है और कल्पना करके संवाद लिखना और बात। संवाद बोलते समय हम बहुत कुछ छूट ले लेते हैं। भाषा के संयम की अधिक परवाह नहीं करते। परंतु लिखित संवाद हमारे हाथ में होता है। हमें संवादों को प्रभावी बनाना होता है। एक ओर संवाद स्वाभाविक लगने चाहिए और दूसरी ओर प्रभावी होने चाहिए। यह रचनात्मक कार्य है। थोड़े प्रयास और अभ्यास से इसमें कुशल हुआ जा सकता है। एक प्रभावी संवाद के गुण निम्नलिखित हैं–

- संवाद छोटे और चुस्त होने चाहिए।
- संवादों में सहजता होनी चाहिए। पात्र दिल की बात खुलकर बोलें।
- पात्रों के बीच जो संबंध है, उसके अनुसार सम्मान, प्रेम, क्रोध, दया या तिरस्कार का भाव प्रकट होना चाहिए।
- संबोधन का विशेष ध्यान रखना चाहिए।

नीचे संवादों के कुछ उदाहरण दिए जा रहे हैं–

1. **तेज ड्राइविंग पर दो दोस्तों के संवाद लिखिए।**

मधुर– यार रोहित ! तू बैठ बाइक पर। मैं तुझे सैकेंडों में स्कूल पहुँचा दूँगा।

रोहित– नहीं यार, मुझे तेरी बाइक पर बैठने में डर लगता है।

मधुर– अरे बैठ भी। मैं तुझे गिराऊँगा नहीं। तूने कभी सुना है मेरा एक्सीडेंट होते?

रोहित– तेरी इन्हीं बातों से तो मुझे डर लगता है।

मधुर– बैठ यार ! जो डर गया वो मर गया।

रोहित– नहीं तू जा। मैं रिक्शा करके आ जाऊँगा।

मधुर– बड़ा डरता है बे। अच्छा चल बैठ। मैं तेरे लिए बहुत धीरे चलाऊँगा।

रोहित– ठीक है! पर याद रखना। चलाते वक्त तुझे बस स्पीड ही याद रहती है।

मधुर– नहीं यार ! जब कह दिया तो कह दिया। वैसे भी बात तो तू ठीक कह रहा है। स्पीड में थ्रिल बहुत होती है। परंतु दुर्घटना का खतरा भी अधिक होता है।

2. अपनी कक्षा में आए नए छात्र के साथ दोस्ती का हाथ बढ़ाते हुए एक संवाद लिखिए।

सुनील– कहो दोस्त ! कैसे हो?

विनीत– मैं ठीक हूँ। तुम कैसे हो?

सुनील– इस स्कूल में नए आए हो? पहले कहाँ पढ़ते थे?

विनीत– इससे पहले मैं अलवर [राजस्थान] में पढ़ता था। मेरे पिताजी मिलिट्री में हैं। उनका ट्रांसफर दिल्ली में हो गया है। सो अब यहाँ आ गया हूँ।

सुनील– तो अलवर के दोस्तों की याद आती होगी।

विनीत– हाँ, याद तो आती ही है। पर तुमसे बात करके ऐसा लगता है कि मुझे दोस्त की कमी यहाँ नहीं खलेगी।

सुनील– हाँ अवश्य ! मुझे अपना दोस्त समझना। अपने को कभी अकेले न समझना।

विनीत– धन्यवाद ! मैंने तो सोचा भी नहीं था कि इतनी जल्दी मुझे नया दोस्त मिल जाएगा।

अभ्यास कीजिए

1. कल देखे किसी मैच पर टिप्पणी करते हुए एक संवाद की रचना कीजिए।
2. बाज़ारों में बढ़ती भीड़ पर आपस में संवाद कीजिए।
3. पेपर के बाद दो सहेलियों की आपसी वार्ता लिखिए।
4. नए फैशन को लेकर दो सखियों की वार्ता लिखिए।

कहानी लिखना

कहानी लिखना एक कला है। कुछ लोगों में यह कला होती है, परंतु उन्हें अपने पर विश्वास नहीं होता। वे अवसर न मिलने के कारण या अज्ञात भय के कारण कहानी नहीं लिखते। कहानी लिखना सरल है। यदि इसे जटिल विधा न माना जाए तो अच्छी कहानी लिखी जा सकती है। एक अच्छी कहानी में निम्नलिखित गुण होने चाहिए–

- किसी भी घटना को कहानी बनाने से पहले अपने मन में यह अनुभव करना आवश्यक है कि वह घटना क्यों घटी? उसका कारण क्या था? ऐसा सोचने से घटना में कहानी के भाव आने शुरू हो जाएँगे।
- कहानी की भाषा बहुत सरल होनी चाहिए। जानबूझकर बड़े-बड़े शब्दों का प्रयोग करने से कहानी रसहीन हो जाती है।
- छोटे-छोटे वाक्य, छोटे-छोटे संवाद, छोटे-छोटे अनुच्छेद कहानी को रोचक बनाते हैं।

- कहानी वास्तविक जीवन पर भी आधारित हो सकती है और रामायण-महाभारत जैसी किसी पुरानी गाथा पर भी आधारित हो सकती है। पहले विद्यार्थी को चाहिए कि वह किसी सुनी-सुनाई कहानी को लिखे। धीरे-धीरे मौलिक कहानी लिखनी भी आ जाएगी। नीचे दो कहानियों के उदाहरण दिए जा रहे हैं–

1. यह बात महाराष्ट्र की है। उन दिनों शिवाजी महाराज का राज्य था। शिवाजी के सेनापति सोनदेव ने कल्याण प्रांत को जीत लिया। जब वे सोना-चाँदी, हीरे-जवाहरात से भरी पेटियाँ लेकर शिवाजी के दरबार में पहुँचे तो सभी प्रसन्न हो उठे। आवाजी सोनदेव की जय-जयकार होने लगी।

तभी शिवाजी की नज़र एक पालकी पर पड़ी। उन्होंने सोनदेव से पूछा–'इसमें कौन है?' सोनदेव ने मुसकराते हुए कहा–'यह विशेष तोहफ़ा आपकी सेवा के लिए लाया हूँ।' शिवाजी चौंके। सोनदेव ने बताया–'कल्याण के सूबेदार अहमद की पुत्रवधू बहुत सुंदर है। इसलिए उसे मैं आपके लिए…'

यह वाक्य सुनते ही शिवाजी आगबबूला हो उठे। परंतु उन्होंने संयम रखा। उन्होंने अहमद की पुत्रवधू को पालकी से बाहर निकलवाया। वे उसकी सुंदरता पर मोहित हुए। फिर भी उन्होंने उससे क्षमा माँगते हुए कहा–'क्षमा करना बेटी! तुम बहुत सुंदर हो। तुम्हें देखकर मैं यही सोच रहा हूँ कि यदि मेरी माँ भी तुम्हारे जैसी सुंदर होती तो मैं भी रूपवान होता।' यह सुनकर अहमद की पुत्रवधू स्तब्ध रह गई। सोनदेव भी सकते में आ गए। उन्होंने क्या सोचा था, क्या हो गया?

अब शिवाजी सोनदेव की ओर मुड़े। उन्होंने रोष से फुँफकारते हुए कहा–'आवाजी सोनदेव! अगर तुम मेरी सेना के योग्य सेनापति न होते तो मैंने तुम्हारा सिर कलम कर दिया होता! तुमने यह सोच कैसे लिया कि शिवाजी माँ-बहनों के साथ खिलवाड़ करेगा। मेरे लिए एक हिंदू की बेटी जितनी सम्माननीया है, उतनी ही किसी मुसलमान की।'

सोनदेव ने शिवाजी के पैरों में पड़कर क्षमा माँगी। शिवाजी ने कहा–'तुम्हारी सज़ा यही है कि तुम अभी इसी वक्त इस बेटी को इसके घर छोड़कर आओ तथा इनके परिवारजनों से क्षमा माँगो।'

2. समुद्र के किनारे जामुन का वृक्ष था। उस पर एक बंदर निवास करता था। एक दिन एक मगरमच्छ वहाँ आया। चंचल बंदर ने उसे जामुन खिलाए। मगरमच्छ को बंदर की दोस्ती भा गई। वह रोज़ आकर जामुन खाता और कुछ जामुन अपनी पत्नी के लिए भी ले जाता।

एक दिन मगरमच्छ की पत्नी मगरमच्छ से जिद करने लगी–'मुझे उस बंदर का कलेजा लाकर दो। जो बंदर इतने मीठे जामुन खाता है, उसका कलेजा कितना मीठा होगा!' लाचार मगरमच्छ बंदर को फँसाने की योजना बनाने लगा।

मगरमच्छ उदास होकर पेड़ के पास लेट गया। बंदर ने उससे पूछा–'तुम उदास क्यों हो?' मगरमच्छ ने कहा–'क्या करूँ! तुम्हारी भाभी तुम्हें अपने घर बुलाना चाहती है। वह कहती है कि तुम अपने मित्र को आज ही दावत पर घर बुलाओ।'

बंदर ने कहा–'इसमें परेशानी क्या है? मैं चलता हूँ। परंतु तुम्हारा घर तो पानी में है। फिर मैं चलूँगा कैसे?' मगरमच्छ ने कहा–'अरे नहीं। मेरे घर के पास भी एक बगीचा है। वहाँ हरे-हरे पेड़ हैं। और दोस्त! तुम्हें मैं अपनी पीठ पर बिठाकर ले चलूँगा।'

यह सुनते ही बंदर मगरमच्छ की पीठ पर सवार हो गया। बोला–'तो चलो। तुम्हारे घर की दावत का आनंद भी आज ले लूँ।'

मगरमच्छ ने खुशी-खुशी उसे पीठ पर बिठा लिया। अभी वह पानी के बीच में ही था कि उसने सोचा–बंदर अब कहाँ भागेगा? यह तो फँस ही गया। अतः इसे सब कुछ सच बता दिया जाए। उसने बंदर को सच-सच बता दिया कि उसकी पत्नी उसका कलेजा खाना चाहती है।

यह सुनते ही चतुर बंदर ने चहकते हुए कहा–'बस! इतनी-सी बात थी! यार, तुम भी यूँ ही परेशान रहे। तुम मुझे पेड़ पर बता देते तो मैं कम-से-कम अपना कलेजा तो ले आता। वह मेरे कोटर में रखा है। दोस्त के लिए कलेजा भी न दे सका तो फिर दोस्ती कैसी?'

मूर्ख मगरमच्छ ने कहा–'तो चलो! मैं तुम्हें वापस पेड़ पर ले चलता हूँ।' जैसे ही पेड़ आया, बंदर उस पर चढ़ गया। मगरमच्छ ने बहुत पुकारा–'भाई बंदर! जल्दी आओ, मेरी पत्नी राह देखती होगी।'

बंदर बोला–'मेरी भी बंदरिया राह देखती होगी। अब तुम जाकर अपनी मगरमच्छी को अपना मूर्ख मुँह दिखाना और फिर यहाँ कभी न आना।'

अभ्यास कीजिए

1. महात्मा बुद्ध के जीवन से संबंधित कोई एक कहानी अपने शब्दों में लिखिए।
2. महात्मा गाँधी या भगतसिंह के जीवन से संबंधित कोई कहानी अपने शब्दों में लिखिए।
3. सुभाष चंद्र बोस अथवा अन्य किसी क्रांतिकारी के जीवन की किसी घटना को कहानी के रूप में प्रस्तुत कीजिए।
4. पंचतंत्र अथवा किसी पशु-पक्षी से संबंधित कोई कहानी अपने शब्दों में लिखिए।
5. अपने पाठ्यक्रम में पढ़ी किसी कहानी को अपने शब्दों में प्रस्तुत कीजिए।
6. अपने आसपास के जीवन से संबंधित किसी घटना को कहानी के रूप में लिखिए।

डायरी-लेखन

अपने जीवन में रोज़ होने वाले अनुभव को लिखना **डायरी-लेखन** कहलाता है। इसे दैनंदिनी भी कहते हैं। डायरी लेखन में निम्नलिखित गुण होने चाहिए–

- डायरी लेखन में दिनांक और समय का उल्लेख अवश्य होना चाहिए।
- अपने अनुभव को सरल शब्दों में बेहिचक होकर लिखना चाहिए। डायरी व्यक्तिगत होती है। इसलिए इसमें किसी प्रकार की बनावट या किसी को प्रभावित करने की कोशिश नहीं करनी चाहिए।
- डायरी-लेखन की सबसे बड़ी विशेषता है–सच्चाई। एक तरह से यह अपने समय का दर्पण होता है।

उदाहरण–

1. 12 जुलाई, 2013, कानपुर। दूरदर्शन पर ब्रिटेन में हुए दंगों के भयानक दृश्यों को देखा। भीषण आगज़नी को देखकर दिल काँप गया। कैसे दंगाई मिलकर आक्रमण करते हैं, दुकानों का सामान लूटते हैं और दुकान को आग लगाकर भाग जाते हैं। पुलिस भले ही हथियारों से लैस होकर उनका मुकाबला करती है, किंतु दंगाइयों के हौसले नहीं टूटते। घर बैठे-बैठे डर लगता है कि ऐसी स्थिति में क्या कोई कहीं सुरक्षित रह सकता है? वहाँ रहने वाले भारतीयों पर भी हमले हुए। उनके जानमाल को निशाना बनाया गया। मन में सवाल उठता है कि हम तो ब्रिटेन को अमीर और सभ्य देश मानते हैं। क्या वह भी भिखारी हो गया है? क्या वहाँ भी इतनी भुखमरी है? या वहाँ युवकों पर कोई नियंत्रण नहीं है? या पुलिस इतनी बेचारी है? या यह वहाँ चल रहे भीषण शोषण और उपेक्षा का परिणाम है? एक बात मन में ज़रूर आई कि यदि किसी को किसी भी बहाने से दुरदुराया जाता है तो उसका परिणाम बहुत भयंकर होता है।

2. 15 सितंबर, 2013, दिल्ली

आज दिल्ली से गुड़गाँव जाने का अवसर मिला। सारा रास्ता कारों, बसों और वाहनों की भीड़ से अटा पड़ा था। यूँ लगता था कि मानो सभी पागल होकर अफरातफरी में भागमभाग कर रहे हैं। बड़े-बड़े वाहनों के बीच में मोटरसाइकिल वाले यों चलते हैं मानो वे जिंदा बम हों और उनका मकसद अपने निशाने पर बम फेंकना हो। न तो उन्हें अपनी जान की परवाह है और न ही औरों की। कितनी ही बार उनकी बाइक किसी बड़े वाहन से छूते-छूते बच जाती है। मन में आता है कि कहीं एक बार तेज स्पीड पर बाइक टकरा गई तो? उसके बाद मुझे तो डर लगता है, परंतु जिन्हें डरना चाहिए, वे तो मानो अमरता का वरदान लेकर आए हैं। काश! युवक अपनी जवानी को इन सड़कों पर कुर्बान करने से बच सकें। कमाल की बात यह है कि सड़क-नियंत्रण के नियम भी उनसे कुछ नहीं पूछते! आखिर क्यों?

अभ्यास कीजिए

1. आपने फैशन में रंगी-पुती लड़कियों को देखा तो आपके मन में जो विचार आए, उन्हें अपनी डायरी में लिखिए।
2. भारतीय क्रिकेट टीम को इंग्लैंड की टीम के सामने ताश के पत्तों की तरह बिखरते देखा तो उस अनुभव को अपनी डायरी में लिखिए।
3. आज आपकी माता जी ने आपको जबरदस्ती सुबह उठाकर सैर करने के लिए कहा तो आपके मन में जो भाव आए उन्हें एक डायरी में लिखिए।
4. आज अच्छी कविता या भाषण बोलने पर आपके अध्यापक ने जो प्रोत्साहन दिया, उस अनुभव को अपनी डायरी में लिखिए।
5. आज बेकसूर डाँटे जाने पर आपके मन में जो भाव आए, उन्हें एक डायरी में लिखिए।

गद्य में लिखे गए किसी अनुच्छेद को गद्यांश कहते हैं। यदि वह गद्यांश पहले से न पढ़ा गया हो तो उसे **अपठित गद्यांश** कहते हैं। परीक्षा में ऐसा गद्यांश देकर उससे संबंधित प्रश्न पूछे जाते हैं। नीचे ऐसे कुछ अपठित गद्यांश दिए जा रहे हैं। इन्हें पढ़िए और प्रश्नोत्तरों को भी पढ़िए। इनके आधार पर आप भी प्रश्नों के उत्तर देना सीखिए।

उदाहरण–

1. भारत की संस्कृति बहुत प्राचीन है। यह त्याग और तपस्या की भूमि है। यहाँ त्यागी-तपस्वी ऋषि और मुनि हुए हैं। उन्होंने अपने जीवन को संयम और तप से सँवारा। लोग उनके जीवन से बहुत प्रभावित हुए। धीरे-धीरे उनके अनुयायियों की संख्या बढ़ने लगी। परिणाम यह हुआ कि ऋषियों-मुनियों ने जिन आदर्शों की स्थापना की, वे हमारी संस्कृति के अंग बन गए। हम भोग की बजाय त्याग को महत्त्व देने लगे। इससे हमारे जीवन में सादगी आई, सच्चाई आई। आज पूरी दुनिया 'खाओ, पियो और मौज करो' की नीति पर चलकर प्रदूषण और विनाश को निमंत्रण दे रही है, वहीं भारत त्याग, बचत और कल्याण के मार्ग पर चल रहा है। तभी हमारे देश में महात्मा गाँधी जैसे महान नेता हुए। उन्होंने अहिंसा और त्याग के बल पर अंग्रेज़ों को भारत से खदेड़ दिया।

प्रश्न– (क) त्याग से आप क्या समझते हैं?

(ख) भारत में त्याग को महत्त्व क्यों दिया जाने लगा?

(ग) संसार के अन्य देश किस नीति पर चल रहे हैं?

(घ) भोग की नीति क्या कहती है?

(ङ) अंग्रेज़ों को भारत से किसने भगाया?

उत्तर– (क) त्याग का अर्थ है–भोग पर नियंत्रण रखना।

(ख) भारत के ऋषियों-मुनियों के कारण।

(ग) संसार के अन्य देश 'खाओ, पियो और मौज करो' की नीति पर चल रहे हैं।

(घ) भोग की नीति कहती है–'खाओ, पियो और मौज करो'।

(ङ) महात्मा गाँधी जैसे नेताओं ने अंग्रेज़ों को भारत से भगाया।

2. महात्मा गाँधी अपना काम अपने हाथ से करने पर बल देते थे। वे प्रत्येक आश्रमवासी से आशा करते थे कि वह अपने शरीर से संबंधित प्रत्येक कार्य-सफाई तक स्वयं करेगा। उनका कहना था कि जो श्रम नहीं करता है, वह पाप करता है और पाप का अन्न खाता है। ऋषि-मुनियों ने कहा है–बिना श्रम किए जो भोजन करता है, वह वस्तुतः चोर है। उनका समस्त अर्थशास्त्र यही बताता था कि प्रत्येक उपभोक्ता को उत्पादनकर्ता होना चाहिए। उनकी नीतियों की उपेक्षा करने के परिणाम हम आज भी भोग रहे हैं। न गरीबी कम होने में आती है, न बेरोजगारी पर नियंत्रण हो पा रहा है और न अपराधों की वृद्धि को रोकना हमारे वश की बात हो रही है। दक्षिण कोरियावासियों ने श्रमदान करके ऐसे श्रेष्ठ भवनों का निर्माण किया है, जिनसे किसी को भी ईर्ष्या हो सकती है।

प्रश्न– (क) उचित शीर्षक दीजिए।

(*i*) श्रम एवं जयते | (*ii*) गाँधी जी
(*iii*) अहिंसा परम धर्म | (*iv*) गाँधी जी के श्रम संबंधी विचार।

(ख) 'समस्त' का पर्यायवाची–

(*i*) विग्रह | (*ii*) अस्त
(*iii*) संपूर्ण | (*iv*) एकल।

(ग) महात्मा गाँधी चोर किसे कहते थे?

(*i*) चोरी करने वाले को | (*ii*) अन्याय करने वाले को
(*iii*) शोषक को | (*iv*) बिना श्रम भोजन करने वाले को।

(घ) गाँधी जी के अनुसार पापी कौन है?

(*i*) हिंसक | (*ii*) झूठा
(*iii*) श्रम न करने वाला | (*iv*) अत्याचारी।

(ङ) आश्रम में सफाई का काम कौन करता था?

(*i*) गाँधी जी | (*ii*) कर्मचारी
(*iii*) सभी बारी-बारी से | (*iv*) सभी लोग स्वयं करते थे।

उत्तर– (क) गाँधी जी के श्रम संबंधी विचार।

(ख) संपूर्ण

(ग) बिना श्रम भोजन करने वाले को।

(घ) श्रम न करने वाला

(ङ) सभी लोग स्वयं करते थे।

3. दैनिक जीवन में हम अनेक लोगों से मिलते हैं जो विभिन्न प्रकार के काम करते हैं–सड़क पर ठेला लगाने वाला, दूधवाला, नगर निगम का सफाईकर्मी, बस कंडक्टर, स्कूल-अध्यापक, हमारा सहपाठी और ऐसे ही अन्य कई लोग। शिक्षा, वेतन, परंपरागत चलन और व्यवसाय के स्तर पर कुछ लोग निम्न स्तर पर कार्य करते हैं तो कुछ उच्च स्तर पर। एक माली के कार्य को सरकारी कार्यालय के किसी सचिव के कार्य से अति निम्न स्तर का माना जाता है, किंतु यदि यही अपने कार्य को कुशलतापूर्वक करता है और उत्कृष्ट सेवाएँ प्रदान करता है तो उसका कार्य उस सचिव के कार्य से कहीं बेहतर है जो अपने काम में ढिलाई बरतता है तथा अपने उत्तरदायित्वों का निर्वाह नहीं करता। क्या आप ऐसे सचिव को एक आदर्श अधिकारी कह सकते हैं? वास्तव में पद महत्त्वपूर्ण नहीं है, बल्कि महत्त्वपूर्ण होता है कार्य के प्रति समर्पण भाव और कार्यप्रणाली में पारदर्शिता।

प्रश्न– (क) उपयुक्त शीर्षक बताइए।

(ख) 'कार्यप्रणाली में पारदर्शिता' का तात्पर्य क्या है?

(ग) एक माली का कार्य सरकारी सचिव के कार्य से भी बेहतर है, यदि.... पूरा कीजिए।

(घ) 'बेहतर' के लिए हिंदी शब्द लिखिए।

(ङ) सरल वाक्य बनाइए–

दैनिक जीवन में हम अनेक लोगों से मिलते हैं जो विभिन्न प्रकार के काम करते हैं।

उत्तर– (क) काम की महिमा

(ख) काम करने के प्रति ईमानदारी।

(ग) माली सचिव की तुलना में कुशलतापूर्वक काम करे।

(घ) अच्छा

(ङ) दैनिक जीवन में हम विभिन्न प्रकार के काम करने वाले लोगों से मिलते हैं।

4. कारलाइल एक राजकुमार था। वह संसार-त्यागी हो गया था। वह कहता था कि जो जी से हँसता है, वह कभी बुरा नहीं होता। जी से हँसो, तुम्हें अच्छा लगेगा। अपने मित्र को हँसाओ, वह अधिक प्रसन्न होगा। शत्रु को हँसाओ, तुम से कम घृणा करेगा। एक अनजान को हँसाओ, तुम पर भरोसा करेगा। उदास को हँसाओ, उसका दुख घटेगा। निराश को हँसाओ, उसकी आशा बढ़ेगी। एक बूढ़े को हँसाओ, वह अपने को जवान समझने लगेगा। एक बालक को हँसाओ, उसके स्वास्थ्य में वृद्धि होगी। वह प्रसन्न और प्यारा बालक बनेगा। पर हमारे जीवन का उद्देश्य केवल हँसी ही नहीं है, हमको बहुत काम करने हैं। तथापि उन कामों में, कष्टों में और चिंताओं में एक सुंदर आंतरिक हँसी, बड़ी प्यारी वस्तु भगवान ने दी है।

प्रश्न– (क) संसार-त्यागी का क्या आशय है?

(*i*) मृत (*ii*) संन्यासी

(*iii*) जंगली (*iv*) वनवासी

(ख) कौन बुरा नहीं हो सकता?

(*i*) भला आदमी (*ii*) संत-महात्मा

(*iii*) हँसने वाला (*iv*) जी से हँसने वाला मनुष्य

(ग) हँसी मन में कौन-सा भाव जगाती है?

(*i*) उपहास (*ii*) मनोरंजन

(*iii*) प्रसन्नता (*iv*) उदासी

(घ) हँसी से बूढ़े व्यक्ति पर क्या प्रभाव होता है?

(*i*) वह स्वस्थ हो जाता है (*ii*) वह जवान हो जाता है

(*iii*) वह थक जाता है (*iv*) वह दुखी हो जाता है

(ङ) हँसी किसकी देन है?

(*i*) मनुष्य की (*ii*) भगवान की

(*iii*) चुटकुलों की (*iv*) परिस्थितियों की

उत्तर– (क) संन्यासी

(ख) जी से हँसने वाला मनुष्य।

(ग) प्रसन्नता

(घ) वह जवान हो जाता है

(ङ) भगवान की।

5. परिश्रम को सफलता की कुंजी माना गया है। जीवन में सफलता पुरुषार्थ से ही प्राप्त होती है। कहा भी है–उद्योगी सिंह पुरुष को लक्ष्मी वरण करती है। जो भाग्यवादी हैं उन्हें कुछ नहीं मिलता। वे हाथ-पर-हाथ धरे रह जाते हैं। अवसर उनके सामने से निकल जाता है। भाग्य कठिन परिश्रम का ही दूसरा नाम है।

प्रकृति को ही देखिए। सारे जड़-चेतन अपने कार्य में लगे रहते हैं। चींटी को भी पल-भर चैन नहीं। मधुमक्खी जाने कितनी लंबी यात्रा कर बूँद-बूँद मधु जुटाती है। मुरगे को सुबह बाँग लगानी ही है। फिर मनुष्य को बुद्धि मिली है, विवेक मिला है। वह निठल्ला बैठे तो सफलता की कामना करना व्यर्थ है।

प्रश्न– (क) इस अनुच्छेद का एक शीर्षक दीजिए।

(*i*) सफलता (*ii*) कुंजी

(*iii*) परिश्रम का आधार (*iv*) परिश्रम–सफलता का आधार

(ख) 'हाथ पर हाथ धरने' का आशय क्या है?

(*i*) पकड़ कर रखना (*ii*) दोस्ती बनाना

(*iii*) निकम्मा होना (*iv*) सहयोग देना

(ग) लक्ष्मी किसे कहते हैं?

(*i*) पार्वती को (*ii*) देवी को

(*iii*) पत्नी को (*iv*) धन की देवी संपत्ति को

(घ) चींटी और मधुमक्खी में क्या समानता है?

(*i*) दोनों जीव हैं (*ii*) दोनों पक्षी हैं

(*iii*) दोनों दिन-भर परिश्रम करती हैं (*iv*) दोनों लोभी हैं

(ङ) 'व्यर्थ' का अर्थ लिखिए।

(*i*) अर्थवान (*ii*) सफल

(*iii*) बेकार (*iv*) असफल

उत्तर– (क) → (*iv*) परिश्रम–सफलता का आधार।

(ख) → (*iii*) निकम्मा होना।

(ग) → (*iv*) धन की देवी संपत्ति को।

(घ) → (*iii*) दोनों दिन-भर परिश्रम करती हैं।

(ङ) → (*iii*) बेकार।

अभ्यास कीजिए

निम्नलिखित अपठित गद्यांशों से संबंधित प्रश्नों के उत्तर लिखिए।

6. जीवन की सबसे प्यारी और उत्तम-से-उत्तम वस्तु एक बार हँस लेना तथा शरीर को अच्छा रखने की अच्छी-से-अच्छी दवा एक बार खिलखिला उठना है। पुराने लोग कह गए हैं कि हँसो और पेट फुलाओ। हँसी कितने ही कला-कौशलों से भली है। जितना ही अधिक आनंद से हँसोगे उतनी ही आयु बढ़ेगी। एक यूनानी विद्वान कहता है कि सदा अपने कर्मों पर झीखने वाला हेरीक्लेस बहुत कम जिया, पर प्रसन्न मन डेमाक्रीट्स 109 वर्ष तक जिया। हँसी-खुशी का ही नाम जीवन है। जो रोते हैं, उनका जीवन व्यर्थ है। कवि कहता है-'ज़िंदगी ज़िंदादिली का नाम है, मुर्दादिल क्या खाक जिया करते हैं?'

प्रश्न– **1.** इस अनुच्छेद का उचित शीर्षक दीजिए।

(*i*) हँसी (*ii*) खूब हँसो

(*iii*) हँसी और स्वास्थ्य (*iv*) हँसी ही जीवन है

2. शरीर को स्वस्थ रखने का सर्वोत्तम उपाय क्या है?

(*i*) हँसना (*ii*) व्यायाम करना

(*iii*) सत्कर्म करना (*iv*) जिंदादिल होना

3. आनंदपूर्वक हँसने का क्या लाभ होता है?

(*i*) प्रसन्नता मिलती है (*ii*) आयु बढ़ती है

(*iii*) स्वास्थ्य बढ़ता है (*iv*) तनाव कम होता है

4. खीझने वाले लोगों का क्या हाल होता है?

(*i*) वे उदास रहते हैं (*ii*) वे बीमार रहते हैं

(*iii*) वे बूढ़े हो जाते हैं (*iv*) वे जल्दी मरते हैं

5. 'मुर्दादिल' से क्या आशय है?

(*i*) निराश (*ii*) उदास

(*iii*) दिल के मरीज (*iv*) शांत

7. ज़ाकिर साहब के बारे में कुछ बातें अविस्मरणीय हैं। 13 मई, 1967 को राष्ट्रपति का पद सँभालते हुए उन्होंने कहा था, "सारा भारत मेरा घर है, मैं सच्ची लगन से इस घर को मज़बूत और सुंदर बनाने की कोशिश करूँगा ताकि वह मेरे महान देशवासियों का उपयुक्त घर हो जिसमें इन्साफ और खुशहाली का अपना स्थान हो।" उनकी विनम्रता ऐसी थी कि उन्होंने कहा था, "मैं स्वीकार करता हूँ कि हमारी जनता ने इस उच्चतम पद के लिए निर्वाचित करके मुझ पर जो विश्वास प्रकट किया है उससे मैं बहुत प्रभावित हुआ हूँ। यह भावना इस वजह से और भी प्रबल हो जाती है कि भारत के महान सपूत डॉ. राधाकृष्णन के बाद मुझसे इस पद को सँभालने के लिए कहा गया। मैं उनके कदमों पर चलने की कोशिश करूँगा, लेकिन उनकी बराबरी कैसे कर सकूँगा?"

एक बार रामलीला में जनता ने उनसे रामचंद्र जी का तिलक करने के लिए कहा। ज़ाकिर साहब खुशी से आए और तिलक किया। इस पर कुछ उर्दू अखबारों ने ऐतराज़ किया। ज़ाकिर साहब ने जवाब दिया, "इन नादानों को मालूम नहीं है कि मैं भारत का राष्ट्रपति हूँ। किसी खास धर्म का नहीं।"

प्रश्न– 1. 'अविस्मरणीय' का क्या अर्थ है?

2. 'सपूत' का विलोम लिखिए।

3. ज़ाकिर हुसैन किस पद पर आसीन हुए?

4. ज़ाकिर हुसैन को रामचंद्र का तिलक करते देख किन लोगों ने उनका विरोध किया?

5. ज़ाकिर हुसैन ने विरोधियों को क्या उत्तर दिया?

8. बाबू जी अपने क्षेत्र के दिग्गज रहे हैं। उन्हें हमेशा मान-सम्मान मिलता रहा। अपनी जिंदगी में जो ख्याति मुझे अब मिली है, वह बहुत पहले मैं अपने बाबू जी के जीवन में देख चुका हूँ। जब मैं उनके साथ कवि सम्मेलनों में जाता था, तब मैं उनके अनगिनत प्रशंसकों से मिलता था। उन्हें सुनने के लिए लोगों की भारी भीड़ जुटी रहती थी। लोग उनके ऑटोग्राफ लेने के लिए बेताब रहते थे। बच्चन जी के बेटे के रूप में मेरे इंटरव्यू लिए जाते थे। जब मंच पर घोषणा की जाती थी कि बच्चन जी कविता-पाठ करने वाले हैं तो पूरा पंडाल लोगों की तालियों की गड़गड़ाहट से गूँज उठता, लोग उनके दीवाने हो जाते थे।

बाबू जी को हम लोगों की बहुत चिंता रहती थी। इलाहाबाद में बॉयज हाईस्कूल में स्कूल की दीवार पर लकीरें खींचने के अपराध में जब मेरे हाथों पर पहली बार डंडे बरसाए गए, तो बाबू जी का पारा चढ़ गया। उन्होंने मुझे अपनी साइकिल के पीछे बैठाया और साइकिल चलाते हुए स्कूल पहुँचे। वहाँ जाकर उन्होंने प्रधानाध्यापक से पूछा कि उसने उनके बेटे पर हाथ क्यों उठाया?

प्रश्न– 1. 'ख्याति' का पर्यायवाची लिखिए।

(*i*) निंदा (*ii*) प्रशंसा

(*iii*) अपयश (*iv*) प्रसिद्धि

2. 'दिग्गज' का संधिविच्छेद कीजिए।

(*i*) दिग + गज (*ii*) दिक् + गज

(*iii*) दिग्ग + ज (*iv*) दिक + गज

3. इस गद्यांश के लेखक कौन हैं?

(*i*) जया बच्चन (*ii*) अभिषेक बच्चन

(*iii*) हरिवंशराय बच्चन (*iv*) अमिताभ बच्चन

4. कवि-सम्मेलनों में लोग किनके प्रशंसक होते थे?

(*i*) अमिताभ बच्चन के (*ii*) ऐश्वर्या बच्चन के

(*iii*) जया बच्चन के (*iv*) हरिवंशराय बच्चन के

5. 'पारा चढ़ने' का आशय स्पष्ट कीजिए।

(*i*) गर्मी होना (*ii*) उत्साहित होना

(*iii*) जोश में आना (*iv*) क्रोध करना

9. हर स्वतंत्रता दिवस पर मेरे दादा जी हमारे घर की छत पर तिरंगा फहराया करते थे और हम राष्ट्रीय गीत गाया करते थे। सन् 2000 में 15 अगस्त के दिन मैंने यह तय किया कि अपनी तीन साल की बेटी को स्वदेश भक्ति के बारे में सचेत किया जाए।

हमने तिरंगा खरीदने का निश्चय किया। कागज़ के बने छोटे-छोटे तिरंगे झंडे उस समय भी बेचे जाते थे लेकिन मैं कपड़े का बुना हुआ झंडा अपने घर में फहराना चाहता था। कैंप की एक भी दुकान में मुझे कपड़े का बुना हुआ तिरंगा नहीं मिला। एक बुजुर्ग ने बताया कि कपड़े का बुना हुआ तिरंगा झंडा सिर्फ स्कूल, कॉलेज और सरकारी दफ्तरों में ही लहराया जाता है। व्यक्तिगत स्थानों–जैसे घरों में झंडा फहराना कानून के खिलाफ़ था। मुंबई में भी मैंने कभी किसी घर में तिरंगे को लहराते नहीं देखा था। मेरे दादा जी ने इन कानूनों और अपने उसूलों को तोड़ना कभी सही नहीं समझा लेकिन हमें हमेशा इस बात को लेकर प्रोत्साहित ज़रूर करते रहते थे। मैंने भी अपने दादा जी की तरह इस बात को लेकर कभी पहल नहीं की।

प्रश्न–
1. भारत का स्वतंत्रता दिवस कब आता है?
2. स्वतंत्रता दिवस को क्या हुआ था?
3. हमारा राष्ट्रीय गीत कौन-सा है?
4. तिरंगे में कौन-कौन से रंग हैं?
5. मुंबई में लोग घरों में तिरंगा क्यों नहीं फहराते थे?

कोई अपठित पद्यांश देकर उससे संबंधित प्रश्न पूछे जाते हैं। नीचे तीन पद्यांश उत्तर-सहित दिए जा रहे हैं। इन्हें पढ़कर आप भी उत्तर देना सीखिए।

उदाहरण–

1. मैंने देखा–

एक बड़ा बरगद का पेड़ खड़ा है
उसके नीचे कुछ छोटे-छोटे पौधे
बड़े सुशील विनम्र
देखकर मुझको यों बोले–
हम भी कितने खुशकिस्मत हैं
जो खतरों का नहीं सामना करते
आसमान से पानी बरसे, आँधी गरजे
बिजली कड़के, आगी बरसे
हमको कोई फिक्र नहीं है
एक बड़े की वरद छत्रछाया के नीचे
हम अपने दिन बिता रहे हैं
बड़े सुखी हैं।

प्रश्न– (क) छोटे पौधों का स्वभाव कैसा है?
(ख) 'खुशकिस्मत' का विलोम लिखिए।
(ग) किसकी छत्रछाया वरदान जैसी है?
(घ) सुख पाने का क्या तरीका बताया गया है?
(ङ) इस पद्यांश का एक शीर्षक दीजिए।

उत्तर– (क) छोटे पौधे स्वभाव से सुशील और विनम्र हैं।
(ख) बदकिस्मत।
(ग) बरगद की छाया।
(घ) अपने से बड़ों की कृपा प्राप्त करने से सुख मिलता है।
(ङ) बरगद और नन्हे पौधे।

2. सामने है घुप्प अँधेरा
और मैं सूरज नहीं हूँ
क्या इसी अहसास में जिऊँ?
या जैसा भी हूँ नन्हा-सा
इक दीया तो हूँ
क्यों न उसी की उजास में जिऊँ।

प्रश्न– (क) 'घुप्प' के पर्यायवाची लिखिए।
(ख) सूरज न होने पर भी कवि निराश क्यों नहीं है?
(ग) कवि अपने-आप को दीया क्यों कहता है?
(घ) इस कविता का संदेश स्पष्ट कीजिए।
(ङ) इस कविता का एक उचित शीर्षक दीजिए।

उत्तर– (क) घना, घनघोर।
(ख) कवि आशावादी है। वह अपनी सीमित शक्ति के बल पर जीना चाहता है।
(ग) कवि निराशा से लड़ने की शक्ति रखता है।
(घ) आपके पास जितनी भी शक्ति है, उसी के बल पर बुराई से लड़ो।
(ङ) नन्हा दिया।

3. पिता के चरणों में भगवान का आवास है
पिता छाता है, बरगद है, आकाश है
उनको आँख में पुतली-सा सँजोए रखना
उनके आशीष में दुनिया का हर उल्लास है।

प्रश्न– (क) पिता के चरणों में भगवान का आवास कैसे हो सकता है?
(ख) पिता को छाता कहने का क्या आशय है?
(ग) आँख में पुतली-सा रखने का क्या अर्थ है?
(घ) 'उल्लास' का वर्ण-विच्छेद कीजिए।
(ङ) एक शीर्षक दीजिए।

उत्तर– (क) पिता की सेवा करने से हमें वे सारी खुशियाँ मिलती हैं, जो हम भगवान से चाहते हैं।
(ख) छाता कहने का आशय है—सुरक्षा देने वाला।
(ग) बड़े सम्मान के साथ रखना।
(घ) उ + ल + ल् + आ + स् + अ
(ङ) पिता की महिमा।

अभ्यास कीजिए

निम्नलिखित पद्यांशों को पढ़कर उनसे संबंधित प्रश्नों के उत्तर दीजिए।

4. भीगते सिर पर वो छतरी समान होता है
पिता सचमुच में आसमान होता है
बिना उसके तलवे लू से जलते हैं
वो मकान में छत के समान होता है।

प्रश्न– (क) 'भीगता सिर' का सांकेतिक अर्थ बताइए।
(ख) 'आसमान' का विलोम शब्द लिखिए।
(ग) तलवे जलने से क्या आशय है?
(घ) पिता और मकान की छत में क्या समानता है?
(ङ) एक शीर्षक दीजिए।

5. फटेहाल है क्यों मज़दूर।
सेठ पड़ा मस्ती में चूर।
वो सोने की भस्म फाँकता।
वो फाकों को है मज़बूर।।

दिन-दिन भर वो हाड़ तुड़ाए।
फिर भी पेट को भर न पाए।
बच्चों को किस तरह पढ़ाए।
सुविधाओं से कोसों दूर।।

प्रश्न– (क) मज़दूर फटेहाल क्यों है?
(ख) कौन सोने की भस्म फाँकता है और क्यों?
(ग) 'फाके' पर एक मुहावरा लिखिए।
(घ) दिन-भर परिश्रम करने के बाद भी मज़दूर बेचारा क्यों है?
(ङ) इस कविता का शीर्षक दीजिए।

विद्या ने आज एक नया शब्द सुना–नवल। वह सोचने लगी कि इस शब्द का अर्थ क्या है? उसे याद आया कि इस जन्मदिवस पर उसके चाचा ने उसे हिंदी शब्दकोश दिया था। वह शब्दकोश उठा लाई और लगी शब्द ढूँढ़ने। परंतु 'नवल' शब्द ढूँढ़ने में उसके पसीने छूट गए। उसने चाचा से पूछा कि इतने बड़े शब्दकोश में से 'नवल' कैसे ढूँढ़ूँ। तब चाचा ने बताया–

पहले हिंदी की वर्णमाला याद करो। इस शब्दकोश के सारे शब्द वर्णमाला के हिसाब से क्रमवार सजाए गए हैं।

विद्या खुश होकर बोली–तब तो शब्द खोजना बहुत आसान हो गया। 'नवल' में पहले 'न' आता है, अत: 'न' से शुरू होने वाले शब्दों तक पहुँचें। चाचा बोले–हाँ, विद्या। तुम तो बहुत समझदार हो। अब देखो, 'नवल' में 'न' के बाद 'व' है। इसलिए तुम भी 'न' के बाद आने वाले 'व' तक पहुँचो। तुम जानती हो कि हर अक्षर वर्णमाला के क्रम से आता है।

विद्या बोली–हाँ चाचा जी, यह लो, मैं 'नव' तक पहुँच गई। अब आगे 'नव' वाले शब्दों में 'ल' तक खोजती चलूँगी। अपनी जगह पर 'नवल' ज़रूर आएगा। चाचा बोले–शाबाश! तुमने तो चुटकी बजाते ही 'नवल' शब्द खोज लिया।

यह सुनकर विद्या प्रसन्न हो गई। उसे लगा कि शब्दों का खज़ाना उसके हाथ लग गया है। आप भी शब्दकोश की सहायता से निम्नलिखित बातें जान सकते हैं–

1. शब्द का अर्थ
2. शब्द का स्रोत–संस्कृत (सं.), अंग्रेज़ी (अं), फ़ारसी (फ़ा.), अरबी (अ) आदि।
3. शब्द का लिंग–पुल्लिग (पुं.); स्त्रीलिंग (स्त्री.)
4. शब्द का व्याकरणिक रूप–संज्ञा (सं), सर्वनाम (सर्व.), विशेषण (वि.), क्रिया (क्रि.), अकर्मक क्रिया (अ. क्रि.), सकर्मक क्रिया (स. क्रि.), क्रियाविशेषण (क्रि.वि.)।

मात्रा वाले अक्षरों का क्या क्रम होगा?

हमें 'अ' से 'औ' तक 11 स्वरों का क्रम पता लग गया। 'क' से 'ह' तक व्यंजनों का क्रम भी पता लग गया। प्रश्न यह है कि मात्रा वाले व्यंजनों का क्रम क्या होगा? उत्तर आसान है। वर्णमाला में जिस क्रम से स्वर आते हैं, उसी क्रम से उनकी मात्राएँ आएँगी। देखिए–

स्वर-क्रम	=	अ	आ	इ	ई	उ	ऊ	ऋ	ए	ऐ	ओ	औ
व्यंजन-मात्रा-क्रम	=	क	का	कि	की	कु	कू	कृ	के	कै	को	कौ

अनुस्वार (ं), अनुनासिक (ँ), विसर्ग (:) का क्रम

अनुस्वार, अनुनासिक तथा विसर्ग वाले व्यंजन मात्रिक व्यंजनों से भी पहले आते हैं। उनका क्रम इस प्रकार रहता है–

1. अनुस्वार/अनुनासिक (इन्हें समान माना जाता है),
2. विसर्ग।

उदाहरणतया–अंध, अँध, अध:पतन।

क्ष, त्र, ज्ञ, श्र का क्रम

क्ष 'क्' और 'ष' के योग से बना है। अत: यह 'क्' की श्रेणी में आएगा। इसी प्रकार त्र, 'त्' की कड़ी में आएगा। ज्ञ 'ज्' और 'ञ्' से बना है। इसलिए यह 'ज्' की श्रेणी में आएगा। श्र 'श्' की कड़ी में आएगा। उदाहरणतया–

कल, क्षत्रिय, जान, ज्ञान, तार, त्रास, शाप, श्राप

कुछ उदाहरण–

1. अंगूर, अनार, आम, इमली, ईख, उठ, ऊँट, ऊन, ऋषि, एड़ी, ऐनक, ओखली, औरत
2. कँगूरा, कगार, काम, किसी, कीमत, कुल, कूड़ा, कृषि, केला, कैसा, कोई, कौन, क्लेश
3. आँख, उँगली, कान, घुटना, नाक, पैर, मुँह
4. कप, गिलास, चम्मच, चाय, चीनी, दूध, प्लेट
5. आलू, टमाटर, जीरा, नमक, प्याज, मिर्च, हल्दी

अपनी परीक्षा स्वयं लें

1. निम्नलिखित शब्दों को कोश-क्रम से सजाएँ–

1. जल, जिल्द, जाना, ज्वार, ज्वाला, जन, जून, जीवन, जेल, जोत, ज्योति, जोड़ी
2. ईख, आसमान, इत्र, ओखली, औजार, अनार, एड़ी, ऐनक, उठना, ऊँट
3. काम, क्षेत्र, चाल, ज्ञान, ज्वाला, जन, त्रेता, तेरा, श्री, शीत
4. केला, बादाम, तरबूज, खरबूजा, आम, आड़ू, पपीता, सेब

रचनात्मक गतिविधियाँ (Formative Activities)

- अपने परिवार के सदस्यों के नाम हिंदी कोश-क्रम से सजाइए।
- निम्नलिखित शब्दों के कौन-से युग्म कोश-क्रम से हैं–

हाथी-क्षत्रिय	ज्ञानी-जानवर	नेता-त्रास
विद्या-विधा	पत्ता-पता	मंत-मत
मित्र-मित	श्रेय-शेर	क्लेश-कुल

अंग्रेज़ी-हिंदी शब्द

आपने देखा, आम बोलचाल में अंग्रेज़ी और हिंदी के कुछ शब्द बराबर प्रयोग में आ रहे हैं।

अंग्रेज़ी के अनेक शब्द हिंदी में भी खूब प्रचलित हैं। विद्यार्थियों से अपेक्षा है कि वे इन दोनों रूपों को जानें। कुछ शब्द निम्नलिखित हैं–

Airport	हवाई अड्डा
Allowance	भत्ता
Announcement	उद्घोषणा
Applicant	आवेदक
Appointment	नियुक्ति
Arrival	आगमन
Auditorium	सभागार
Campus	परिसर
Canteen	जलपान-गृह
Chief Minister	मुख्यमंत्री
College	महाविद्यालय
Commissioner	आयुक्त
Confidential	गोपनीय
Court	न्यायालय

Departure	प्रस्थान
Deputy Commissioner	उपायुक्त
Director general	महानिदेशक
Entrance	प्रवेश
Exit	निकास
Judge	न्यायाधीश
Minister	मंत्री
Misbehaviour	दुर्व्यवहार
Parliament	संसद
Permanent	स्थायी
Prime Minister	प्रधानमंत्री
Principal	प्राचार्य
Secretary	सचिव
Seminar	गोष्ठी
Seniority	वरिष्ठता
Television	दूरदर्शन
Temporary	अस्थायी
Time Table	समय सारिणी
Toilet	शौचालय
University	विश्वविद्यालय
Waiting-room	प्रतीक्षालय

अपनी परीक्षा स्वयं लें

1. नीचे लिखे अनुच्छेद में कुछ अंग्रेज़ी शब्द हैं जिनका हिंदी रूपांतरण भी किया जा सकता है। उनके हिंदी शब्द लिखकर अनुच्छेद फिर-से लिखिए।

   आप टेलीविज़न पर कितने ही सेमिनार कर लें, पार्लियामेंट में कितनी भी बहस कर लें, यूनिवर्सिटी के कैंपस में कितनी ही बातें कर लें, परंतु जब तक हमारे कोर्ट न्याय नहीं करेंगे, लोग यों ही सिर धुनते रहेंगे।

   ....

   ....

   ....

   ....

रचनात्मक गतिविधियाँ (Formative Activities)

❖ अंग्रेज़ी के निम्नलिखित शब्दों के हिंदी पर्याय वर्ग-पहेली में से खोजिए।

Toilet	....	Secretary	....
College	....	Arrival	....
Departure	....	Temporary	....
Canteen	....	Commissioner	....

म	हा	वि	द्या	ल	य
आ	यु	क्त	स	शौ	आ
प्र	स्था	न	चि	चा	वे
अ	स्था	यी	व	ल	द
आ	ग	म	न	य	क
ज	ल	पा	न	गृ	ह

Applicant (आवेदक)

	अंग्रेज़ी शब्द	उच्चारण	हिंदी शब्द
1.	Advocate	एडवोकेट	वकील
2.	Anchor	एंकर	मंच-संचालक
3.	Author	ऑथर	लेखक
4.	Chief guest	चीफ़ गेस्ट	मुख्य अतिथि
5.	Chief Minister	चीफ़ मिनिस्टर	मुख्यमंत्री
6.	Deputy Commissioner	डिप्टी कमिश्नर	उपायुक्त
7.	Director	डायरेक्टर	निदेशक
8.	Doctor	डॉक्टर	चिकित्सक
9.	Engineer	इंजीनियर	अभियंता
10.	Headmaster	हेडमास्टर	मुख्याध्यापक
11.	Inspector	इंस्पेक्टर	निरीक्षक
12.	Judge	जज़	न्यायाधीश
13.	Manager	मैनेज़र	प्रबंधक
14.	Member of Legislative Assembly (M.L.A.)	मेंबर ऑफ लेजिस्लेटिव एसेंबली (एम.एल.ए.)	विधायक
15.	Member of Parliament (M.P.)	मेंबर ऑफ पार्लियामेंट (एम.पी.)	सांसद
16.	Minister	मिनिस्टर	मंत्री
17.	Parliament	पार्लियामेंट	संसद
18.	President	प्रेज़िडेंट	अध्यक्ष, सभापति
19.	Prime Minister	प्राइम मिनिस्टर	प्रधानमंत्री
20.	Principal	प्रिंसिपल	प्राचार्य
21.	Publisher	पब्लिशर	प्रकाशक
22.	Secretary	सेक्रेटरी	सचिव
23.	Seller	सेलर	विक्रेता
24.	Speaker of Loksabha	स्पीकर ऑफ लोकसभा	लोकसभा-अध्यक्ष
25.	Student	स्टुडेंट	विद्यार्थी
26.	Superintendent	सुपरिंटेंडेंट	अधीक्षक
27.	Superitendent of Police (S.P.)	सुपरिटेंडेंट ऑफ पुलिस (एस.पी.)	पुलिस अधीक्षक
28.	Supervisor	सुपरवाइज़र	पर्यवेक्षक
29.	Teacher	टीचर	अध्यापक
30.	Treasurer	ट्रेज़रर	कोषाध्यक्ष

स्वयं सोचकर बोलो

- अपने माता/पिता/भाई/बहन/दादा/दादी/अध्यापिका/अध्यापक/चौकीदार/दुकानदार के बारे में 5 वाक्य कहिए।
- मोबाइल/कंप्यूटर/इंटरनेट/फिल्म के लाभ पर 5 वाक्य लिखिए।

देखकर/याद करके सुनाओ।

- किसी भी कविता की चार पंक्तियाँ याद करके सुनाइए। आवाज़ के उतार-चढ़ाव; हाव-भाव, स्मृति और प्रभाव के आधार पर मूल्यांकन होगा।
- किसी नाटक के संवाद याद करके बोलिए।
- विचारपूर्ण अनुच्छेद को प्रभावी ढंग से सुनाइए।

लिखित रचना करो

- चार्ट बनाओ–
    - सरल, संयुक्त, मिश्र वाक्य पर
    - विधानवाचक आदि वाक्यों पर
    - संधि/समास/शब्द-भेद आदि पर
    - किसी कवि का चित्र चिपकाकर उसका परिचय दीजिए।

कविता लिखो

एक पंक्ति दी जा रही है–

भारत तेरी ऊँची शान!

अब जान, मान, ठान, गान, तान, दान, यान आदि तुकों का सहारा लेकर और तीन पंक्तियाँ जोड़िए।

ऐसी अन्य पंक्तियाँ देखिए–

- **बापू कैसे बने महान?** (तुकें – जहान, विहान)
- **करना बढ़िया-बढ़िया काम।** (तुकें – थाम, दाम, धाम, नाम, याम, राम, शाम)
- **रहे हमारी ऊँची नाक!** (तुकें – खाक, धाक, डाक, ढाक, ताक, पाक, शाक)

चार्ट बनवाइए/बोर्ड पर लिखवाइए–

- वाक्य के तीन भेद (रचना की दृष्टि से)
- वाक्य के आठ भेद (अर्थ की दृष्टि से)
- अव्यय और उसके भेद।

रूपांतरण कीजिए

- भूतकाल में कही गई कहानी को वर्तमान काल में सुनाइए।
- कर्तृवाच्य से कर्मवाच्य/भाववाच्य बनाकर अनुभव सुनाना–क्रिकेट का हाल सुनाना।
- एक वाक्य को अर्थ के आधार पर रूपांतरण करवाइए।
- दो सरल वाक्यों से सरल/संयुक्त/मिश्र वाक्य में रूपांतरण करवाइए।
- गलत वाक्य बोलकर उसे शुद्ध करवाइए।
- अधूरे वाक्यों में मुहावरे/लोकोक्ति भरकर पूरा कराइए।
- कान/मुँह/आँख/घुटना/पाँव आदि अंगों के आधार पर मुहावरों के वाक्य-प्रयोग करवाइए।

मंच पर बुलवाएँ

- कोई चुटकुला/कहानी/घटना/प्रसंग/अनुभव
- पाठ्यपुस्तक की कोई कहानी/संवाद
- कविता/दोहे/छंद/भाषण/वाद–विवाद
- कोई स्थिति/परिस्थिति बताकर उस पर प्रतिक्रिया देने को कहना। जैसे–
  - आप स्कूल आ रहे हैं। रास्ते में एक घायल पड़ा है। आप क्या करेंगे और क्यों?
  - आपको पर्स मिला है। आप उसका क्या करेंगे और क्यों?
  - आपके पड़ोसी के घर में चोर घुस गए हैं। आप क्या करेंगे और क्यों? आदि–आदि।

पढ़वाएँ

- समाचार पत्र से समाचार–अनुच्छेद–कविता–निबंध–कहानी–संवाद।

उचित उत्तर पर (✓) लगाइए–

1. क्रिया का भेद बताइए– **2**

   (*i*) *नेहा नहा रही है।*

   (क) अकर्मक (ख) सकर्मक (ग) द्विकर्मक।

   (*ii*) *हम दिल्ली अवश्य जाएँगी।*

   (क) सामान्य (ख) संयुक्त (ग) पूर्वकालिक (घ) सहायक।

2. काल-भेद बताइए– **2**

   (*i*) *पिताजी आए थे।*

   (क) भूतकाल (ख) वर्तमान काल (ग) भविष्यत् काल।

   (*ii*) *वह अभी भी जाता होगा।*

   (क) वर्तमान काल (ख) भूतकाल (ग) भविष्यत् काल।

3. वाच्य-भेद बताइए– **2**

   (*i*) *मुझसे क्रिकेट नहीं खेली जाती।*

   (क) कर्तृवाच्य (ख) कर्मवाच्य (ग) भाववाच्य।

   (*ii*) *मैं सड़क पर गिर गया।*

   (क) कर्तृवाच्य (ख) कर्मवाच्य (ग) भाववाच्य।

4. क्रियाविशेषण का भेद बताइए– **1**

   मैं रोज़ खेलता हूँ।

   (क) रीतिवाचक (ख) कालवाचक (ग) स्थानवाचक (घ) परिमाणवाचक।

5. परिमाणवाचक क्रियाविशेषण से वाक्य की पूर्ति कीजिए– **1**

   उसे .... *खाने की आदत है।*

   (क) जल्दी-जल्दी (ख) ढेर-सारा (ग) यहाँ (घ) अगले दिन।

6. संबंधबोधक छाँटिए– **1**

   मेरे और मोहन के सामने समस्या आ गई।

   (क) मोहन के सामने (ख) सामने (ग) मेरे सामने (घ) के सामने।

7\. समुच्चयबोधक छाँटिए– **1**

नेहा और नीति का घर मेरे घर के पास है।

(क) का (ख) और (ग) के पास (घ) पास।

8\. विस्मयादिबोधक का प्रकार बताइए– **1**

वाह! सुशील कुमार ने सिल्वर-पदक जीत लिया है।

(क) शोकबोधक (ख) भयबोधक (ग) तिरस्कारबोधक (घ) हर्षबोधक।

9\. निम्न वाक्य में कौन-सा भावबोधक चिह्न लगेगा? **1**

सचमुच मज़ा आ गया।

(क) शोकबोधक (ख) हर्षबोधक (ग) भयबोधक (घ) विस्मयादिबोधक।

10\. रचना की दृष्टि से वाक्य का प्रकार बताइए– **2**

(*i*) *मैं, मानू और गोलू खेलेंगे।*

(क) सरल (ख) जटिल (ग) मिश्र (घ) संयुक्त।

(*ii*) *यदि मैं कहता तो तुम आते।*

(क) सरल (ख) संयुक्त (ग) साधारण (घ) मिश्र।

11\. अर्थ की दृष्टि से वाक्य का भेद बताइए– **2**

(*i*) *मोहन बिल्कुल नहीं जाएगा।*

(क) विधानवाचक (ख) आज्ञावाचक (ग) इच्छावाचक (घ) निषेधवाचक।

(*ii*) *यदि वह जाता तो काम बन जाता।*

(क) इच्छावाचक (ख) संकेतवाचक (ग) विधानवाचक (घ) निषेधवाचक।

12\. निम्नलिखित वाक्य के किस पद में त्रुटि है? **2**

(*i*) *आज आपका दर्शन हुआ।*

(क) आपका (ख) हुआ (ग) दर्शन (घ) आपका, हुआ।

(*ii*) *वह रथचक्र के पहिए के नीचे आ गया।*

(क) रथचक्र (ख) के पहिए (ग) के नीचे (घ) पहले दोनों में से किसी में।

13\. रिक्त स्थान में कौन-सा विराम चिह्न लगेगा? **2**

(*i*) *सुनो भाइयो .... डरो मत।*

(क) , (ख) ; (ग) ! (घ) ।

(*ii*) *गाँधी जी ने कहा था .... सत्य की जीत होती है।*

(क) – (ख) , (ग) :– (घ) =

14. वाक्य की पूर्ति कीजिए– 1

पकौड़े देखकर मेरे मुँह में .... ।

(क) लार आ गई (ख) जल आ गया (ग) पानी भर गया (घ) पानी आ गया।

15. 'आँख फेरना' का अर्थ है– 1

(क) न देखना (ख) उपेक्षा करना (ग) घृणा करना (घ) अपमान करना।

16. लोकोक्ति पूरी कीजिए– 1

नाच न जाने आँगन .... ।

(क) रूठा (ख) टेढ़ा (ग) फूटा (घ) छोटा।

17. एक अनार सौ बीमार का आशय है– 1

(क) बीमारी फैलना (ख) वस्तु की कमी होना

(ग) बहुत अधिक माँग होना (घ) झपटमारी होना।

18. आप जी-मेल पर कोई चार ई-मेल पते बनाइए। 4

19. प्रधानाचार्य को पत्र लिखिए जिसमें खेल का सामान मँगाने की प्रार्थना की गई हो। 4

20. निम्नलिखित में से किसी एक विषय पर अनुच्छेद लिखिए– 4

(क) मेरा मित्र

[**संकेत :** मित्र का नाम, शारीरिक रंगरूप, स्वभाव के गुण, कोमल व्यवहार, मुझे प्रिय क्यों]

(ख) मेरा प्रिय खिलाड़ी

[**संकेत :** उसका नाम, खेल का नाम, उसके रिकार्ड, उसका व्यवहार, मुझे प्रिय क्यों, शुभकामनाएँ]

21. निम्नलिखित गद्यांश/पद्यांश को ध्यानपूर्वक पढ़कर संबंधित प्रश्नों के उत्तर लिखिए। 4

उस दिन गाँधी जी को एक पहाड़ी गाँव में किसी जनसभा को संबोधित करना था। पहाड़ की ऊँची चढ़ाई को पार कर दूसरी तरफ वह गाँव था। गाँधी जी तेज़ी के साथ पहाड़ की चढ़ाई पर चढ़ रहे थे। अचानक उन्होंने देखा कि एक बारह-तेरह वर्ष की लड़की अपने चार-पाँच साल के भाई को कंधों पर बिठाए उसी चढ़ाई पर चढ़ रही है। लड़की पसीने से लथपथ हो चुकी थी। गाँधी जी को लड़की पर दया आई। आगे बढ़कर बोले, "ला बेटी, अपना बोझ मुझे दे-दे।" लड़की ने अचकचाकर कहा, "कहाँ है बोझ? कैसा बोझ? यह तो मेरा भाई है।" गाँधी जी उसे देखते ही रह गए। लड़की ने कितनी बड़ी बात, कितने सहज रूप में समझा दी थी। जहाँ प्रेम है, ममता है, वहाँ कोई भी बोझ 'बोझ' नहीं होता।

(क) गाँधी जी पहाड़ पर क्या करने गए थे?

(*i*) सेवा करने (*ii*) भाषण देने

(*iii*) सैर करने (*iv*) लड़की की सहायता करने

(ख) लड़की पसीने से लथपथ क्यों थी?

(*i*) चढ़ाई के कारण (*ii*) अपने बच्चे को उठाने के कारण

(*iii*) बोझ के कारण (*iv*) अपने भाई को उठाने के कारण

(ग) गाँधी जी को लड़की पर दया क्यों आई?

(*i*) उसे रोता देखकर (*ii*) उसे पसीने से लथपथ देखकर

(*iii*) बच्चे की शरारतें देखकर (*iv*) लड़की को गिड़गिड़ाता देखकर

(घ) लड़की को अपना भाई बोझ क्यों नहीं लगा?

(*i*) हलका होने के कारण (*ii*) भाई का मन रखने के कारण

(*iii*) प्रेम के कारण (*iv*) दया के कारण।

अथवा

जिस-जिससे पथ पर स्नेह मिला उस-उस राही को धन्यवाद।
जीवन अस्थिर, अनजाने ही हो जाता पथ पर मेल कहीं
सीमित पग-डग, लंबी मंजिल तय कर लेना कुछ खेल नहीं
दाएँ-बाएँ सुख-दुख चलते सम्मुख चलता पथ का प्रमाद।
जिस-जिससे पथ पर स्नेह मिला उस-उस राही को धन्यवाद।।
जो साथ न मेरा दे पाए उनसे कब सूनी हुई डगर
मैं भी न चलूँ यदि तो भी क्या, राही मर, लेकिन राह अमर
इस पथ पर वे ही चलते हैं जो चलने का पा गए स्वाद।
जिस-जिससे पथ पर स्नेह मिला उस-उस राही को धन्यवाद।।

(क) कवि के अनुसार जीवन कैसा है?

(*i*) अस्थिर (*ii*) नाशवान (*iii*) अमर (*iv*) दुखमय।

(ख) जीवन रूपी यात्रा में कैसे-कैसे अनुभव आते हैं?

(*i*) सुख के (*ii*) दुःख के (*iii*) सुख-दुख के (*iv*) सुख-दुख और प्रमाद के।

(ग) मंजिल तय करना खेल नहीं है—क्यों?

(*i*) मंजिल दूर है (*ii*) रास्ते में कष्ट अधिक हैं

(*iii*) आकर्षण बहुत हैं (*iv*) (*i*) तथा (*ii*)।

(घ) जीवन रूपी डगर पर कौन चलते हैं?

(*i*) जुझारू (*ii*) आनंद लेने वाले

(*iii*) मुसीबत में फँसे (*iv*) प्रगति करने वाले।

कुल अंक : 40 प्राप्त अंक :

विक्रम संवत् *(चंद्र मास)* के अनुसार त्योहार

पर्व *(त्योहार)*	महीना	पक्ष	तिथि	
नवरात्र प्रारंभ, नववर्ष प्रारंभ	**चैत्र**	शुक्ल	प्रतिपदा	
रामनवमी	**चैत्र**	शुक्ल	नवमी	
अक्षय तृतीया	**वैशाख**	शुक्ल	तृतीया	
	ज्येष्ठ			
गुरु पूर्णिमा	**आषाढ़**	शुक्ल	पूर्णिमा	
रक्षाबंधन	**श्रावण**	शुक्ल	पूर्णिमा	
श्री कृष्ण जन्माष्टमी	**भाद्रपद**	कृष्ण	अष्टमी	
गणेश चतुर्थी	**भाद्रपद**	शुक्ल	चतुर्थी	
विजयादशमी (दशहरा)	**आश्विन**	शुक्ल	दशमी	
शरद पूर्णिमा, बाल्मीकि जयंती	**आश्विन**	शुक्ल	पूर्णिमा	

शुक्ल पक्ष : अमावस के बाद से पूर्णिमा के दिन तक (चंद्रमा बढ़ता है।)

कृष्ण पक्ष : पूर्णिमा के बाद से अमावस के दिन तक (चंद्रमा घटता है।)

पर्व (त्योहार)	महीना	पक्ष	तिथि	
करवाचौथ	**कार्तिक**	कृष्ण	चतुर्थी	
दीपावली	**कार्तिक**	कृष्ण	अमावस	
कार्तिक पूर्णिमा (गंगा स्नान), नानक जयंती	**कार्तिक**	शुक्ल	पूर्णिमा	
	मार्गशीर्ष			
	पौष			
बसंत पंचमी, सरस्वती पूजा	**माघ**	शुक्ल	पंचमी	
महाशिवरात्रि	**फाल्गुन**	कृष्ण	चतुर्दशी	
होलिका दहन	**फाल्गुन**	शुक्ल	चतुर्दशी	
होली (धुलेंडी)	**फाल्गुन**	शुक्ल	पूर्णिमा	

शुक्ल पक्ष : अमावस के बाद से पूर्णिमा के दिन तक (चंद्रमा बढ़ता है।)

कृष्ण पक्ष : पूर्णिमा के बाद से अमावस के दिन तक (चंद्रमा घटता है।)

महीनों के नाम (Name of Months)

भारत में मनाए जाने वाले त्योहार व मुख्य दिवस

(*सूर्य के अनुसार*)

जनवरी – नववर्ष, लोहड़ी, मकर सक्रांति, पोंगल, बिहू, गणतंत्र दिवस

फरवरी – वैलेंटाइन डे

मार्च – शहीद दिवस

अप्रैल – बिहू, बैसाखी, गुड फ्राइडे

मई – मज़दूर दिवस, रवींद्रनाथ टैगोर जयंती, मदर्स डे

जून – फादर्स डे, वर्ल्ड रेड क्रास डे

जुलाई – वन महोत्सव

अगस्त – स्वतंत्रता दिवस

सितम्बर – शिक्षक दिवस

अक्टूबर – महात्मा गाँधी जयंती, लाल बहादुर शास्त्री जयंती

नवम्बर – इंदिरा गाँधी जयंती, बाल दिवस, पर्यावरण दिवस

दिसम्बर – क्रिसमस डे

भारत में मनाए जाने वाले त्योहार

(चन्द्रमास के अनुसार)

जनवरी	–	बसंत पंचमी		
फरवरी	–	गुरु रविदास जयंती	महा-शिवरात्री	
मार्च	–	होली	संत तुकाराम जयंती	
अप्रैल	–	रामनवमी	महावीर जयंती	
मई	–	परशुराम जयंती		
जून	–	नाग पंचमी (बंगाल)		
जुलाई	–	गुरु पूर्णिमा		
अगस्त	–	तीज	रक्षाबंधन	जन्माष्टमी
सितम्बर	–	गणेश चतुर्थी	ओणम	
अक्टूबर	–	दशहरा	वाल्मीकि जयंती	
नवम्बर	–	दीपावली	भैया दूज	गुरु नानक जयंती
दिसम्बर	–			

अध्यापकों के लिए संकेत

भारतीय त्योहार, विक्रम संवत के देशी महीनों के अनुसार होते हैं। इसलिए कभी-कभी ये त्योहार ऊपर लिखित महीने में ना आकर, पहले या बाद के महीने में भी आ सकते हैं। जैसे–दीपावली कभी अक्टूबर में व कभी नवम्बर में आती है।